»Ich eine Spionin?« Ruth Zucker fiel aus allen Wolken, als ihr im Frühsommer 1937 der Vorschlag gemacht wurde, für die Haganah, die jüdische Untergrundorganisation, tätig zu werden. Sie war 23 Jahre alt und drei Jahre zuvor ihrem Verlobten, einem Arzt, aus Deutschland nach Haifa gefolgt. Damals hieß das Land Palästina und stand unter britischer Mandatsregierung. In diesem Buch erzählt sie von ihrer ebenso gefährlichen wie erfolgreichen elfjährigen Karriere als »Maulwurf« in der britischen Verwaltung und bei der UNO. Elf Jahre, die für das Judentum, den späteren Staat Israel und auch sie selbst schicksalhaft waren.

Ruth Zucker, geboren 1914 als Tochter wohlhabender Eltern in Bonn, besuchte die École Internationale in Genf und studierte Psychologie und Graphologie. 1934 kam sie als illegale Einwanderin nach Haifa, wo sie mit ihrer Familie auch heute noch lebt. Sie ist als Graphologin, Astrologin und Beraterin bedeutender Politiker international renommiert. Für ihre engagierte völkerverbindende Tätigkeit erhielt sie das Bundesverdienstkreuz.

Ruth Zucker
»Im Auftrag für Israel«

Mein Leben als Spionin

Deutscher Taschenbuch Verlag

Originalausgabe
März 1998
© Deutscher Taschenbuch Verlag GmbH & Co. KG,
München
Umschlagkonzept: Balk & Brumshagen
Umschlagbild: © Neil Folberg, Jerusalem
Satz und Gestaltung: Hartmut Czauderna,
Gräfelfing auf Apple Macintosh QuarkXPress
Schrift: 10,4/13˙ Stempel Garamond
Druck und Bindung: C. H. Beck'sche Buchdruckerei,
Nördlingen
Gedruckt auf säurefreiem, chlorfrei gebleichtem
Papier
Printed in Germany · ISBN 3-423-08444-8

Dieses Buch widme ich
meinem geliebten Vater, Paul Koopmann,
der mich lehrte, Bücher wie Freunde zu achten,
und dessen unausgesprochene Vaterliebe
mich bis heute begleitet.

Inhalt

Vorbemerkung

Ich möchte dieses Buch nicht in die Welt schicken, ohne all die Menschen, die ich notgedrungen täuschen mußte, um Verzeihung zu bitten. Es ist mein Wunsch, all denen, die mir nahestanden – wie zum Beispiel besonders Mister Stafford und Monsieur Grand, mit denen ich so eng zusammenarbeiten durfte –, zu versichern, daß ich nicht nur tiefe Sympathie für sie empfunden habe, sondern ihnen auch sehr dankbar bin.

Es fiel mir oft außergewöhnlich schwer, diese Menschen, die ich mit Hochachtung betrachtete und zu denen ich tiefe Zuneigung empfand, zu täuschen.

Auch liegt es mir sehr am Herzen, mich bei den drei Menschen zu bedanken, die mir ohne Zweifel in völlig aussichtsloser Situation das Leben retteten, indem sie zumindest in zwei Fällen ihr eigenes Leben für mich aufs Spiel setzten. Leider konnte ich von zweien nicht einmal ihre Namen erfahren!

Der eine war der sehr junge arabische Nachtportier in einem Jerusalemer Hotel, der verhinderte, daß ich dem Mordplan eines der Söhne des Mufti zum Opfer fiel (der Mufti war der fanatische religiöse Führer der Moslems in Palästina). Man wollte mir morgens um sechs Uhr auflauern, der Nachtportier warnte mich und sorgte dafür, daß ich mich mitten in der Nacht unbemerkt aus dem Hotel fort in Sicherheit bringen konnte. Ich habe ihn nie wieder getroffen, und ich konnte ihm nicht einmal danken.

Der zweite war ebenfalls ein junger Araber, ein Taxifahrer aus Beirut, der mich aus dem Libanon zurück nach Haifa chauffierte und der meinen Tod auf einer Brücke verhinderte, wodurch er sich selbst in größte Lebensgefahr begab.

Beide wußten, daß ich Jüdin bin, und hatten mich niemals vorher gesehen. Die Güte ihres Herzens war bei beiden stärker als die Angst vor dem Tod.

Der dritte war mein arabischer Freund Abyad, über den ich im Fortgang der Ereignisse einiges erzählen werde.

Historischer Hintergrund

Der Staat Israel wurde am Abend des 14. Mai 1948 von unserem Staatsgründer David Ben Gurion proklamiert. Damit endete auch das britische Mandat über Palästina, das der Völkerbund am 24. Juli 1922 an Großbritannien übertragen hatte. Dieses Mandat bestand bis Ende der zwanziger Jahre im Geiste der folgenreichen Balfour-Erklärung vom 2. November 1917. So das Datum des Briefes von Lord Balfour, damaliger britischer Außenminister, an Lord Rothschild, in dem er »folgende Sympathieerklärung für die jüdisch-zionistischen Bestrebungen« zum Ausdruck bringt:

»Die Errichtung einer nationalen Heimstätte in Palästina für das Jüdische Volk wird von der Regierung Seiner Majestät mit Wohlwollen betrachtet. Sie wird ihr Bestes tun, um das Erreichen dieses Zieles zu erleichtern, wobei unmißverständlich zu betonen ist, daß nichts getan werden darf, was die Bürgerrechte und religiösen Rechte der in Palästina lebenden nicht-jüdischen Bevölkerung oder die Rechte und den politischen Status der Juden irgendeines anderen Landes nachteilig betrifft.

Ich bitte Sie, diese Erklärung der Zionistischen Föderation zur Kenntnis zu geben.« [*]

Der Völkerbundbeschluß fiel 1920 auf der Konferenz von San Remo und verpflichtete Großbritannien, für die Erfüllung dieser Erklärung Sorge zu tragen. »Diese Tatsache [...] war einerseits die Rechtsbasis für das seither folgende zionistische Aufbauwerk im

---

[*] Friedrich Schreiber/Michael Wolffsohn, Nahost. Geschichte und Struktur des Konflikts, Opladen 1993, S. 29.

Lande Israel und andererseits die Ursache für den Konflikt mit den arabischen Nachbarn.«[*]

Dieser Konflikt eskalierte 1929 in der Folge des 16. Zionistenkongresses in Zürich. Dort wurde auf Betreiben Chaim Weizmanns die erweiterte Jewish Agency for Palestine gegründet, die aus je hundert Zionisten und hundert Nichtzionisten bestand und sich durch freiwillige Jahresbeiträge von Juden aus aller Welt finanzierte. »In den Augen der Araberführer kam diese erweiterte Jewish Agency einer ›zionistischen Regierung‹ gleich, die nur einen Zweck verfolgte: die arabischen Bewohner aus Palästina zu vertreiben.«[**]

Das Faß zum Überlaufen brachte die Rede Wladimir Jabotinskys, des revisionistischen Gegenspielers von David Ben Gurion, in der er die Errichtung eines Judenstaates zu beiden Seiten des Jordans forderte.

Die folgenden arabisch-jüdischen Auseinandersetzungen wegen der jüdischen Siedlungsvorhaben nahmen ein Ausmaß an – gleichzeitige arabische Angriffe auf Dutzende von jüdischen Siedlungen –, das die britische Armee auf den Plan rief, die sich auf breiter Front einschaltete.

Auch die politischen Folgen waren verheerend für die Juden: Um die aufgebrachten Araber zu beschwichtigen (auch ihnen hatten die Briten mit Beginn ihres Mandats zu verstehen gegeben, daß für sie eine neue Heimat geschaffen werde, »die bis an die Küste des Mittelmeers reiche [...] alles auf ein und demselben Landstrich«)[***], erließ der britische Kolonialminister und erklärte Antizionist Lord Passfield das Weißbuch vom 30. Oktober 1930. Es enthält Richtlinien für die künftige Palästinapolitik, nach denen die jüdische Einwanderungsquote und der jüdische Landerwerb »drastisch einzuschränken« seien: »Unter dem Vorwand eines ›Gleichgewichts‹ zwischen Juden und Arabern entzieht sich die

[*] Kurt Schubert, Jüdische Geschichte. München 1995, S. 132.
[**] Michael Bar-Zohar, David Ben Gurion. Bergisch-Gladbach 1992, S. 188.
[***] Bar-Zohar, David Ben Gurion, S. 94.

britische Regierung jeder weiteren Bemühung um den Aufbau einer nationalen Heimstatt.«[*]

Im Fortlauf der Geschichte bestimmte die Befürchtung Großbritanniens, die arabische Welt könnte sich mit Hitler-Deutschland zusammenschließen, verstärkt die Mandatspolitik. So kam es zu dem Weißbuch vom 17. Mai 1939: Um der arabischen Seite entgegenzukommen, wurde die jüdische Einwanderungsquote drastisch auf 75 000 für den Zeitraum der nächsten fünf Jahre beschränkt, danach sollten Einwanderer überhaupt nur noch mit Zustimmung der Araber zugelassen werden.

Damit wurde die Balfour-Erklärung faktisch aufgehoben, und die dramatische Folge war, daß »zur Zeit der akutesten Gefahr für das europäische Judentum die Tore des alt-neuen Heimatlandes für eine jüdische Masseneinwanderung geschlossen« wurden.[**]

Nun forcierte die Jewish Agency erst recht die illegale Einwanderung, und es kam zu den Flüchtlingsdramen zu Lande und vor allem zu Wasser, denen der Schriftsteller Leon Uris mit seinem Roman ›Exodus‹ ein unvergängliches Denkmal gesetzt hat.

Als auch nach 1945 die »Weißbuchpolitik« anhielt, wurden jüdische Sonderkommandos für den Kampf gegen die Engländer und die Araber gebildet. David Ben Gurion befal der Haganah, der geheimen Selbstschutzorganisation der Juden, die seit 1922 in Palästina bestand, die Aufnahme des bewaffneten Kampfes: Es kam landesweit zu Attacken der Haganah-Stoßtrupps (Palmach) sowie der rechtszionistischen Kampforganisationen Irgun Zwai'i Le'umi (kurz Etzel; »Nationale militärische Kampforganisation«) und Lechi (»Kämpfer für die Freiheit«) gegen die britischen Truppen. Gleichzeitig verstärkten sich die arabischen Unruhen.

Im Juli 1945 wurde in Kairo die Arabische Liga gegründet, bestehend aus Ägypten, Syrien, Libanon, Transjordanien, Irak, Saudi-Arabien und etwas später auch Jemen. Während die Juden die

*Bar-Zohar, David Ben Gurion, S. 120.
**Schubert, Jüdische Geschichte, S. 133.

13

Einwanderung forcieren wollten, drohte die Arabische Liga nun erstmals mit Krieg, falls es zu einem jüdischen Staat käme.

Am 22. Juli 1946 erreichten die antibritischen Attacken der rechtsextremen jüdischen Kampforganisationen mit dem Anschlag auf das King-David-Hotel in Jerusalem[*] einen traurigen Höhepunkt. In dem Hotel war das britische Militärhauptquartier untergebracht. Trotz eingegangener Warnungen fielen neunzig Menschen der Bombenexplosion, die fast den gesamten rechten Flügel des Hotels wegriß, zum Opfer.

Im Februar 1947 beschloß die britische Regierung, das Palästinamandat niederzulegen, und eine UNO-Untersuchungskommission, die sich vor Ort in Palästina selbst ein Bild machte, empfahl die Teilung in ein jüdisches und ein arabisches Territorium, wobei die Zone um Jerusalem und die Stadt selbst unter internationale Verwaltung gestellt werden sollten. Diese Empfehlung führte zum offiziellen UNO-Beschluß vom 29. November 1947 über die Teilung Palästinas.

Während die Juden verhandlungsbereit waren, lehnten die Araber den Teilungsplan völlig ab. In den folgenden Monaten flammten die arabisch-jüdischen Kämpfe heftig auf, und am Tag nach der Proklamation des Staates Israel (14. Mai 1948) brach der Unabhängigkeitskrieg aus.

Die provisorische jüdische Regierung mit David Ben Gurion als Ministerpräsident und Chaim Weizmann als Staatspräsident hatte vergebens an die arabischen Staaten wie auch an die einheimische arabische Bevölkerung appelliert, Israel nunmehr die Hand zu reichen, um in enger Kooperation und gegenseitiger Hilfe das Land aufzubauen. Die arabischen Völker, die Israel überfielen, zählten 204 Millionen, die jüdische Gesamtbevölkerung bestand aus nicht einmal einer Million …

Als die Gegner der Proklamation David Ben Gurion aus Angst bestürmten, er solle sie ja nicht verkünden, sagte er: »Wer in die-

---

[*] Es ist bis heute umstritten, ob Etzel oder Lechi dafür verantwortlich waren. Sicher ist, daß das Dynamit in Milchkannen ins Hotel geschmuggelt wurde.

sem heiligen Land nicht an Wunder glaubt, ist kein Realist; wir werden siegen.« Er sollte recht behalten.

Dieses Buch handelt von der nicht-militärischen Fraktion der geheimen jüdischen Untergrundorganisation Haganah zur Zeit des britischen Mandats. Haganah heißt Verteidigung. Prominente Mitglieder der jüdischen Gemeinschaft, des Jischuw, hielten es angesichts der für die Juden so bedrohlichen Lage für notwendig, sich in die zweideutige Welt des Nachrichtendienstes zu begeben. Unter ihnen waren der spätere Staatspräsident Chaim Herzog, der spätere Premierminister Yitzhak Shamir, der spätere höchste Beamte des Außenministeriums David Kimche, der spätere Verteidigungsminister General Moshe Dayan und viele andere.

Der Nachrichtendienst wurde später »Shai« genannt, als auch die jungen Leute, die der Untergrundbewegung angehörten, systematisch militärisch ausgebildet wurden. Mit der Staatsgründung Israels endete die »Maulwurf«-Tätigkeit der Haganah: Aus ihr wurde der offizielle israelische Geheimdienst »Mossad«. Damit wurde auch das Hauptquartier des Nachrichtendienstes – ein kleines, unscheinbares Büro in der Ben-Yehuda-Straße 85 im Zentrum von Tel Aviv – aufgelöst.

Da die Engländer seit 1939 versuchten, die jüdische Einwanderung nach Palästina fast zum völligen Stillstand zu bringen, bemühten sich die Mitglieder des Nachrichtendienstes, den britischen Verwaltungsapparat zu infiltrieren. So hatten sie eine Chance, rechtzeitig Informationen über Absichten und geplante Maßnahmen der Mandatsmacht zu erhalten und, wenn möglich, ihnen entgegenzusteuern. Auch die Ausspionierung aller arabischen in- und ausländischen Machtzentren gehörte dazu. Das Hauptziel war, Flüchtlinge ins Land zu schmuggeln und illegal Waffen zu besorgen, um verteidigungsbereit zu sein.

Dazu war es notwendig, daß Juden einflußreiche Posten in der britischen Verwaltung bezogen. Natürlich konnten diese »civil servants« in keiner Weise direkt aktiv werden, da sie sich als loyale englische Beamte tarnen mußten. Aber es gab die Organisation

»Shai«, die vor allem etabliert wurde, um die britische Blockade gegen die Einwanderung der in Europa verfolgten Juden zu durchbrechen und die bereits in Palästina ansässigen Juden zu schützen: Die Übergriffe der arabischen Terrorgruppen häuften sich, unter den Augen der britischen Machthaber. Fast täglich gab es jüdische Opfer.

Heute, nach fünfzig Jahren, fallen immer wieder durch Terrorakte einige unserer Mitbürger in dem eigentlich nie beendeten Krieg zwischen Arabern und Juden.

ERSTES KAPITEL

*Einschwörung – Ich eine Spionin? – Die Entführung –
Vom Regen in die Traufe? – »Dies über alles:
sei dir selber treu«*

Klopfenden Herzens suchte ich die Adresse, die Gaby mir gegeben hatte. Gaby war der Sohn unserer verwitweten Nachbarin. Er war fünfzehn Jahre alt, und wie alle so jungen Menschen hier glühte er vor Idealismus. Wie sollte Gaby mich überreden können, mich der jüdischen Widerstandsbewegung in Palästina, der Haganah, zur Verfügung zu stellen?

»Gaby, ich habe einen tuberkulösen kleinen Sohn von zwei Jahren, und ich habe niemanden, der ihn an meiner Stelle versorgen könnte! Tagsüber muß ich ihn schon notdürftig unterbringen, weil ich arbeiten muß. Und mein Mann hat Nachtdienst bei der Haganah ... Wie soll ich mich da zur Verfügung stellen?«

Gabys noch kindliche Augen blickten mich unendlich vorwurfsvoll an und musterten mich von oben bis unten. Dann sagte er: »Und was wirst du deinem Sohn sagen, wenn er so alt ist wie ich jetzt und dich fragen wird: Was hast du getan, als alle geholfen haben, unser Volk zu retten?«

Vor meinem inneren Auge sah ich das Antlitz meines Sohnes, wie er aussehen könnte in Gabys Alter, und sah wieder die vorwurfsvollen Augen von Gaby. Ich sah vor meinen Augen die Leichen der vielen jungen Menschen, von denen Walter mir erzählt hatte, die er hatte transportieren müssen.

Ich beschloß, mich am nächsten Tag zu melden.

Jetzt stand ich also da. Es war ein relativ kleiner Bau, der als Feuerwehrstation diente mit damals nur einem einzigen Feuerwehrauto. Nachts fungierte ein Hinterzimmer als Geheimzelle der Haganah. Ich stieg über viel Gerümpel und erreichte eine kleine Tür, die ich beklommen öffnete. Der Raum war dunkel bis auf den Schein einer großen Kerze, die auf einem Schreibtisch stand.

Die Umrisse eines mir mächtig erscheinenden Mannes waren im Halbdunkel zu sehen. Als ich näher kam, blickte ich in große, prüfende Augen eines jungen Mannes. Er mochte so alt sein wie ich. Viel später erfuhr ich, daß er Nechemia Argov war, der erste Adjutant von David Ben Gurion.

Ich fühlte mich unsicher vor dem Schreibtisch. Kein Stuhl war in Sicht. Aus dem in der Dunkelheit nur schwer zu erkennenden Gesicht richtete sich der Blick des Mannes durchdringend auf mich.

Angst überkam mich. Was hatte ich getan? Was würde dieses Mich-der-Widerstandsbewegung-zur-Verfügung-Stellen bedeuten? Ich war knapp zweiundzwanzig Jahre alt und mit diesem Land – meiner neuen Heimat – noch nicht verwachsen und, so fürchtete ich, ihr auch nicht gewachsen.

»Du bist also Ruth!«

Zögernd sagte ich: »Ja.«

»Glaubst du, daß du fähig bist, ein Haganah-Mitglied zu werden?«

»Ich glaube schon.«

»Weißt du auch, daß du dann täglich dein Leben riskieren mußt?«

Sehr zögernd: »Ja.«

Seine Stimme wurde sanfter: »Bist du innerlich wirklich bereit? Denk an dein Kind! Es ist ja kaum zwei Jahre alt!«

»Unsere Kinder sind mehr gefährdet, wenn wir uns nicht zur Wehr setzen.«

Er machte eine längere Pause und schien mich abzuschätzen: »Du bist 1934 aus Bonn nach Haifa gekommen. Deine Eltern waren reich und du warst sehr verwöhnt: Schweizer Mädchenpensionat, vier Jahre amerikanische Schule in Kalifornien, Abitur in Genf, Studium der Psychologie und Graphologie. Stimmt's?«

Fassungslos stammelte ich: »Woher weißt du das alles?«[*]
Ein kaum merkbares ironisches Lächeln huschte über sein Gesicht, und er fuhr fort:

»Heirat in Haifa 1934. Dein Mann war schon fünf Monate vor dir im Land. Bist du durch deine Ehe legal hier?«

»Nein, natürlich nicht. Mein Mann ist legal eingewandert, aber Palästinenser wird er erst nach fünf Jahren. Und ich habe mich ja durch meine illegale Einwanderung strafbar gemacht. Da kann er mich auch später nicht, wenn er seinen Paß hat, legalisieren.«

»Das wird uns noch Kopfzerbrechen bereiten. Aber wo waren wir stehengeblieben? Ah ja, du hast einen Sohn, Eli, geboren 1935. Dein Mann Walter ist Chawer[**] Haganah und Mitbegründer unseres Magen-David-Adom[***] sowie ehrenamtlicher Ausbilder bei der Ersten Hilfe. Sein Beruf ist Arzt, Kieferchirurg, zur Zeit Lastwagenfahrer und Ambulanzfahrer.«

Er machte eine lange, beklemmende Pause und musterte mich, darauf wartend, daß ich mich irgendwie äußerte. Ich fühlte mich entblößt. Ich konnte kein Wort hervorbringen.

Nach einer Weile schlug er vor: »Du kommst also auch in die Erste Hilfe, okay?«

»Nein!« erwiderte ich erregt. »Ich kann kein Blut sehen! Im Notfall tue ich meist das Richtige, aber täglich Menschen bluten und sterben zu sehen, das kann ich nicht durchhalten. Unmöglich!«

»So?« Wieder der lange, prüfende Blick. »Dann zu den Waffen.«

»Nein!« gab ich abermals laut von mir. »Ich kann nicht töten!«

»Was willst du dann eigentlich hier?« fuhr er mich an. »Wozu kann man dich überhaupt gebrauchen?«

»Ich weiß nicht«, sagte ich kleinlaut.

»Kannst du Sprachen?«

---

[*] Wie im Englischen gibt es auch im Hebräischen kein »Sie«.
[**] Chawer (fem. chawera, pl. chawerim) heißt Kamerad, Mitglied.
[***] Magen-David-Adom ist dem Roten Kreuz gleichzustellen.

»Ja, Sprachen kann ich: Deutsch, Englisch, Französisch. Fließend«, sagte ich mit einer gewissen Erleichterung.

»Hebräisch nicht fließend, wie ich höre. Die anderen Sprachen tatsächlich fließend?«

»Ja.«

»Also, dann hätten wir's: Informationsdienst. Lege zum Eid die Hand auf die Bibel.«

Ich legte meine Hand auf das dicke Buch, das im Halbdunkel auf dem Schreibtisch lag, und spürte eine tiefe Beklemmung. Wieder hatte ich, wie so oft seit meiner Ankunft, ein Gefühl der Bedrohung, die von diesem Land ausging. Mein Gegenüber sprach mir auf Hebräisch den Eid vor, mit dem ich mich unwiderruflich, auf Gedeih und Verderb, der jüdischen Widerstandsbewegung anschloß.

Danach huschte so etwas wie ein Lächeln über sein Gesicht. Er streckte die Hand aus: »Ich bin Nechemia. Shalom.«

Damit war ich verabschiedet.

Und schon stand ich draußen, fröstelnd trotz der warmen Mittelmeernacht. Die glänzenden Sterne über mir schienen viel näher als in Europa, und die zart beblätterten Baumkronen bildeten ein Filigran im hellen Mondlicht. Ich trug das seidene Kleid, das noch aus Bonn stammte, und ich fühlte mich entwurzelt …

Ich wurde als Ruth Amelie Koopmann in Bonn, in der Argelanderstraße, Ecke Poppelsdorfer Allee, in einer Stadtvilla geboren. Heute befindet sich darin die philippinische Botschaft. Meine Großeltern beiderseits stammten aus Holland. Mein sehr geliebter Vater, Paul Koopmann, konnte seinen Stammbaum bis in uralte Zeiten nach Spanien zurückverfolgen. Die Familie hieß Mendes, ein sehr aristokratischer, jüdischer Name, und sie mußte während der Inquisition und der Judenverfolgung im 15. Jahrhundert aus Spanien fliehen. Sie fand Zuflucht in Holland, wo sie, vordem anerkannte Ärzte, eine Familie von Kaufleuten wurde. Und um sich besser zu assimilieren, nahmen sie den Namen Koopmann (= Kaufmann) an.

Mein Großvater väterlicherseits heiratete eine deutsche Jüdin namens Amelie Freudenthal. Sie war als Kind Lehrmädchen in einem großen Warenhaus, wo sie sehr wenig verdiente. Aber sie legte Pfennig auf Pfennig und sparte fast alles, und abends ließ sie sich unbemerkt in dem großen Haus einschließen und schlief auf Stoffballen. Wasser zum Waschen war ja vorhanden, und sie ernährte sich von Butterbroten. Als sie meinen Großvater heiratete, der zu der Zeit schon als wohlhabender Einwanderer in Bonn lebte, war sie es, die ihn dazu bewog, das Kaufhaus Koopmann zu eröffnen. Es war 1910 das erste große Warenhaus in Bonn. Sie war immer die treibende Kraft und die Fachmännin, und sie blieb es bis zu ihrem frühen Tod. Ich habe sie leider nicht gekannt, jedoch habe ich oft geglaubt, sie sei mein Schutzengel.

Das Haus florierte, und mein Vater wurde in eine reiche Familie geboren. Mit viel Geschick mehrte er diesen Reichtum noch: Er erfand den ersten »Imbißraum« innerhalb eines Warenhauses, der später zum Restaurant wurde; er bestellte den ersten elektrischen Aufzug für die vielen Etagen; und er brachte es fertig, 1919, nach dem Ersten Weltkrieg, eine Wechselstube für Devisen innerhalb des Kaufhauses zu betreiben. Dort wechselten die Besatzungsmitglieder der Alliierten ihre starken Währungen gegen das vollkommen inflationäre deutsche Geld.

Da es im Krieg in den Städten sehr wenig zu essen gab, kaufte mein Vater schon damals ein Anwesen namens Jägerhof außerhalb der Stadt. Dort wuchs ich in wunderbar ländlicher Umgebung auf. Mein Vater erzählte mir immer, daß ich meiner Großmutter Amelie wie aus dem Gesicht geschnitten sei. Nur vermißte er damals an mir ihre berühmte Tatkraft, die sich ja bei mir erst später durch äußerste Not entwickelte. In jenen Jahren habe ich oft meine starke Großmutter in mir gespürt – und daher als Schutzengel über mir.

Das viele Geld stieg meiner Mutter zu Kopf, und als ich acht Jahre alt war, verließen wir Deutschland, um ganz Europa kennenzulernen. Später ging es dann nach Hollywood, wo mein Vater bei Metro-Goldwyn-Mayer und Universal Pictures geschäftlich tätig war. Mit vierzehn Jahren wurde ich dann in die École Internationale in Genf eingeschult. Diese Schule wurde von dem damaligen Völkerbund gegründet, hauptsächlich für die Kinder der Delegierten, die aus über dreißig Ländern kamen. Andere Kinder wohlhabender Eltern kamen hinzu. Wir wurden täglich in drei Sprachen unterrichtet, und unsere »heilige« Devise war Pazifismus und Verbrüderung der Völker.

Mehrmals im Jahr besuchte uns der große Mahatma Ghandi in dieser Schule, was ich als großes Glück empfand. Er kam, um sich einige »Jünger« auszuwählen, die an seiner Seite am gewaltlosen Kampf zur Befreiung Indiens von den Engländern teilnehmen sollten. Da ich von Anfang an dabei war, fühlte ich mich ausgesprochen »auserlesen«. Schon damals »studierte« ich indische Philosophie und Religion. Ich versuchte zu meditieren und fühlte mich weit mehr als Buddhistin denn als Jüdin.

Es mußte erst der Nationalsozialismus in Deutschland ausbrechen und der Gaskammergeruch bis zu uns ans Mittelmeer dringen, damit ich mich durch die Schicksalsgemeinschaft mit meinem verfolgten Volk definitiv als Jüdin empfand. Bis zum heutigen Tag bin ich Pazifistin geblieben und habe neben meiner neuen Heimat Israel immer noch eine seelische Heimat in Indien. Deshalb liebe ich das Völkergemisch in Israel so sehr, wo alle Hautfarben vertreten sind.

Aber damals sah ich meine Zukunft an Gandhis Seite. Ich war fest entschlossen, Journalismus zu studieren, um ihn mit der Feder, als intellektuelle Mitkämpferin, in Indien zu unterstützen. Und dann lernte ich Walter kennen. Er war gerade mit seinem Medizinstudium fertig und entschlossen, nach Palästina auszuwandern. Wir verlobten uns – ich verließ Gandhi und folgte seither Walter. Er besorgte sich ein fingiertes Zertifikat als landwirtschaftlicher Arbeiter, mit dem er damals, 1933, legal nach Palästina einwandern konnte, und fuhr voraus. Ich sollte so schnell wie möglich nachkommen. Meine Eltern, die gegen unsere Heirat waren, wollten mich natürlich nicht an »dieses wilde Land« verlieren. Da beschloß ich, mir das Geld für eine Schiffspassage selbst zu verdienen. Ich arbeitete fünf Monate in dem Warenhaus meines Vaters, bis ich das Geld zumindest für die Hinreise zusammen hatte. Mit der Schiffspassage in der Tasche ging ich in Bonn auf das englische Konsulat, um ein Visum für Palästina in meinen deutschen Paß gestempelt zu bekommen.

Als ich meine Passage vorwies, sagte der Beamte: »Darauf kann ich Ihnen aber kein Visum geben. Wo ist die Karte für Ihre Rückfahrt?«

Etwas verdattert sagte ich: »Die werde ich mir dort beschaffen.«

Grinsend sagte er: »Nee, Fräulein, das kennen wir, Sie wollen illegal dort bleiben.«

Blitzschnell überwand ich meine Zaghaftigkeit und sagte mit energischer Stimme: »Melden Sie mich beim Konsul. Ich will ihn persönlich sprechen!«

Erstaunt blickte er mich an und hob zögernd den Hörer ab: »Hier ist eine Dame, die Sie persönlich sprechen möchte.« Und einen Moment später: »Nein, ich habe keine Ahnung, wer sie ist.«

Nach einer Minute öffnete sich die Tür und ein mir für einen Konsul sehr jung erscheinender Mann schaute mich fragend an und sagte nach kurzem Zögern: »Bitte, treten Sie näher.«

Ich versuchte, an das gute Herz des britischen Konsuls zu appellieren und schenkte ihm reinen Wein ein: »Herr Konsul, ich bin mit einem Arzt verlobt, der legal nach Palästina eingewandert ist. Das ist jetzt fünf Monate her. Wir lieben uns sehr, und ich sterbe vor Sehnsucht. Ich kann unmöglich weitere fünf Monate hier arbeiten, um mein Rückticket zu verdienen. Bitte, bitte, geben Sie mir ein Visum auch ohne Rückfahrkarte!«

»Das kann ich nicht machen. Das ist verboten, und es würde Ihnen auch nichts nützen. Sie würden von unseren Einwanderungsbeamten bestimmt schon im Hafen zurückgeschickt.«

Entschlossen erwiderte ich: »Ich bin bereit, das Risiko auf mich zu nehmen, wir können die Angelegenheit mit dem Billet doch als ein Versehen darstellen. Wer wird schon bei Ihnen kontrollieren, ob ich ein oder zwei Tickets in der Tasche hatte.« Und mit bittenden, verzweifelten Augen fügte ich hinzu: »Wenn mein Freund dort inzwischen eine andere findet und mich nicht heiratet, bringe ich mich um!«

Er lächelte und sagte: »Wie schön, daß junge Menschen heute noch so romantisch sein können.«

Ich fürchtete, daß er meinen dramatischen Auftritt durchschaute, und gab mir die größte Mühe, heftig zu schluchzen. Um das zu können, mußte ich mir nur vorstellen, daß Walter mit ausgestreckten Armen sehnsüchtig im Hafen von Haifa stand und auf mich wartete.

Zu meiner Erleichterung stand der junge Konsul auf und rief dem Beamten zu: »Gib mir den Stempel für ein Visum!« Er unterzeichnete eigenhändig und sagte dann mit sehr eindringlicher Stimme: »Wenn Sie ankommen, erklären Sie, daß Ihnen das Reisebüro Ihr bereits bezahltes Rückticket irrtümlich nicht ausgehändigt hat und daß Sie dieses Versäumnis auch erst jetzt, bei der Kontrolle, bemerken. Ich wünsche Ihnen viel Glück. Wenn Sie aber bald wieder in Bonn sind, machen Sie nicht mich dafür verantwortlich.«

Ich hätte ihn am liebsten umarmt.

Meinen Eltern sagte ich erst im letzten Moment, daß ich den Zug nach Marseille nehmen würde. Sie waren bestürzt, spürten jedoch, daß sie an meinem Entschluß nichts ändern konnten. Sie begleiteten mich zum Bahnhof. Es wurde ein sehr schmerzlicher Abschied. Nazi-Posten standen bereits vor dem Warenhaus meines Vaters, und vor dem Bonner Rathaus auf dem Marktplatz waren wir Zeugen der Bücherverbrennung gewesen ... Ich wußte nicht, was meiner Familie geschehen würde, und in den Augen meines geliebten Vaters sah ich die verzweifelte Frage, ob wir uns jemals wiedersehen würden. [*]

In Marseille angekommen, fuhr ich vom Bahnhof direkt zum Hafen, wo ich nur wenige Stunden warten mußte, bis die Passa-

[*] Meinen Eltern gelang es 1937 zu uns nach Haifa zu kommen. Sie konnten jedoch den Verlust der Heimat nie überwinden.

giere auf das bereits wartende Schiff gelassen wurden. Es war ein normaler Touristendampfer, jedoch kam er mir sehr klein vor. Luxuriös war er nicht. Ich saß mit meinem kleinen Köfferchen im Warteraum auf dem Pier. Als »Touristin« durfte ich ja nicht mit auffällig großem Gepäck reisen, und so hatte ich nur das Nötigste bei mir. Noch Jahre später sollte mir vieles fehlen, da wir arm waren und an Neuanschaffungen nicht zu denken war.

Unentwegt ging mir die eine Frage durch den Kopf: Wie komme ich bloß in Haifa runter von diesem Dampfer? Ins Grübeln versunken, fiel mein Blick plötzlich auf einen jungen Mann, der mit ebenfalls relativ leichtem Gepäck in den Warteraum trat. Ich erkannte ihn sofort: Es war Leo Teicher, der als kleiner Junge mit mir in Bonn auf der Schule gewesen war. Ich rief, fast überschwenglich und erlöst aus meiner Einsamkeit: »Leo!«

»Bist du das? Ruth??« fragte er ungläubig.

Auch er schien sich zu freuen. Und ich hatte eine wunderbare Eingebung zur Lösung meines Problems und fragte erst einmal: »Was hast du vor, Leo, willst du einwandern?«

»Nee, einstweilen nicht. Ich fahre als Tourist. Ich soll Waren aus der Fabrik meines Vaters in Palästina ausstellen.«

»Ausstellen, wieso?«

»Weißt du das nicht? In Tel Aviv findet doch in diesem Jahr die erste palästinensische Industriemesse statt. Hast du nicht die Reklame gesehen? Und das Kennzeichen, das ›Fliegende Kamel‹? Hier, ein Prospekt.«

Ich steckte diesen Prospekt vorsichtig zwischen die Blätter meines deutschen Passes, und in mir reifte mein Plan.

Zögernd begann ich: »Leo, ich bin in einer furchtbaren Situation. Wärest du bereit, mir zu helfen?« Ich nahm ihn beiseite und fuhr im Flüsterton fort: »Ich fahre nicht als Touristin, ich will illegal einreisen. Der Mann, den ich heiraten will, wartet auf mich in Haifa. Aber es ist sehr fraglich, ob mich die Einwanderungsbeamten vom Schiff runter lassen. Und man hat mir auch gesagt, es seien immer Spitzel an Bord, die ausfindig machen sollen, wer beabsichtigt, illegal in Palästina zu bleiben. Deine Papiere sind

25

doch koscher, du könntest mich doch vielleicht als deine Braut ausgeben. Ich habe kein Rückticket, aber wir könnten ja so tun, als ob das ein Versehen des Reisebüros sei. Wenn du behaupten würdest, daß wir als Verlobte zusammen reisen, wird man mich bestimmt mit dir zusammen an Land gehen lassen!«

»Ich soll also deinen Bräutigam spielen«, sagte er lachend.

»Wenn du das tun würdest ...!?«

»Darf ich dich dann auch küssen?«

»Auf die Wange!«

Er nahm die Gelegenheit sofort wahr. Und ich war unendlich erleichtert – ich spürte, daß er das Zeug dazu hatte, diese Kommödie mitzuspielen, denn es war nicht ungefährlich.

»Wir müssen nur wahnsinnig vorsichtig sein wegen der Spitzel«, sagte ich eindringlich, »wir dürfen uns mit niemandem auf ein längeres Gespräch einlassen! Es könnte uns mal ein falsches Wort entgleiten, und schon sind wir aufgeflogen. Aber ich glaube, wir können es sicher die paar Tage nur zu zweit aushalten, ohne uns zu langweilen, wir haben uns ja genug zu erzählen.«

Offensichtlich unbesorgt, sagte Leo vergnügt: »Ich werde dir liebend gern ein musterhafter Bräutigam sein.«

So schöpfte ich Hoffnung, daß alles gutgehen würde. Soweit es möglich war, mieden wir ab sofort jeden Kontakt mit den anderen Passagieren. Als es soweit war, daß alle an Bord gehen konnten, sagte Leo zu dem Steward, der die Kabinen anwies: »Wir, meine Verlobte und ich, reisen zusammen.«

Wir bekamen zu meiner Bestürzung natürlich eine gemeinsame Kabine, Touristenklasse. Und so ging Leo abends immer auf Deck spazieren, bis ich zugedeckt in meinem Bett lag.

Den italienischen Kapitän bekamen wir während der ganzen Fahrt nur zweimal zu sehen, er widmete sich fast ausschließlich den Passagieren der ersten Klasse. Uns zeigte er sich, als wir gerade Arm in Arm auf dem Deck schlenderten. Er sprach mich auf Englisch an und schien sich über meine Sprachkenntnisse zu freuen, worauf ich es auch auf Französisch versuchte. Jetzt war er ganz entzückt und lud mich zum Abendessen in die erste Klasse ein. Mein »Bräutigam« spielte daraufhin mustergültig den Eifersüchtigen, faßte mich eng um die Taille, zog mich an sich und sagte: »Meine Braut diniert nirgendwo ohne mich.«

»Sie können selbstverständlich mitkommen«, beeilte sich der Kapitän zu versichern.

»Ach, nein, vielen Dank«, sagte Leo, »wir bleiben lieber unter uns.«

Als der Kapitän gegangen war, entschuldigte Leo sich bei mir. Ich sagte ihm jedoch, daß er goldrichtig reagiert hätte. In der ersten Klasse hätte ich mich unterhalten und womöglich Rede und Antwort stehen müssen.

Endlich kam der Tag der Ankunft, die Zeit schien uns wie im Fluge vergangen. Begeistert standen wir an der Reling und blickten auf die schöne blaue Bucht von Haifa und den majestätischen Gebirgszug, den Carmel, an dessen Fuß und bis auf halbe Höhe sich die Stadt entlangzog. »Lieber Gott«, flehte ich innerlich, »werde ich hierbleiben, oder wird das alles wieder wie eine Fata Morgana verschwinden?«

Im Speisesaal der ersten Klasse wurden Vorkehrungen für die Einwanderungsbeamten getroffen. Alles wurde herausgeräumt, und nur drei Pulte wurden aufgestellt, vor denen die Passagiere Schlange stehen mußten. Die Touristenklasse kam zum Schluß dran. Vor mir stand eine kleine Französin, die allein gereist war. Sie zitterte am ganzen Körper und flüsterte mir zu: »Meine Papiere sind nicht in Ordnung, aber ich will hierbleiben.«

Ich stammelte nur: »Sie Ärmste!«

Als sie an der Reihe war, wurde sie von dem Beamten sehr schnell zu dem ranghöheren Beamten am nächsten Pult geschickt. Es folgte eine sehr kurze Diskussion, dann winkte dieser einen Steward zu sich und gab ihm die Anweisung, sie in ihre Kabine zu sperren – bis zur Abfahrt des Schiffes zurück nach Europa. Schluchzend wurde sie abgeführt.

Leo schaute mich an, und ich schaffte es, ihn anzustrahlen und mich zärtlich in seinen Arm einzuhängen. Seine Papiere waren alle in Ordnung, und er wurde freundlich zu dem mittleren Pult gebeten. Er wartete neben mir, während der Beamte nun meinen Paß, aus dem das »Fliegende Kamel« herausflatterte, begutachtete. Dann wollte er meine Fahrkarten sehen. Leo nahm mein Ticket aus seiner Brieftasche und legte es dem Beamten vor.

Dieser stutzte und sagte: »Das ist nur die Hinfahrt. Und die Rückfahrt, wo ist die?«

Leo nahm in gespielter Ruhe seine Brieftasche wieder vor und suchte vergebens nach dem zweiten Ticket.

»Aber das ist doch nicht möglich«, sagte er erregt, »dieses verfluchte Reisebüro! So eine Schlamperei ist mir noch nicht vorgekommen. Die haben mir doch den Umschlag ausgehändigt, angeblich mit zwei kompletten Hin- und Rückfahrten. Ich habe sie doch bezahlt! Und jetzt habe ich hier nur drei!« Und er wiederholte fassungslos: »Das ist doch nicht möglich!«

Ungerührt sagte der Beamte: »Dann kann die Dame das Schiff nicht verlassen.«

»Was soll das heißen!« Leo schrie fast, packte mich am Handgelenk und zog mich mit sich zu dem in der Nähe stehenden obersten Einwanderungsbeamten: »Hier handelt es sich um einen furchtbaren Irrtum. Ich habe im Reisebüro beide Hin- und Rückfahrten bezahlt. Wir sind Aussteller auf der Messe. Die Dame ist meine Braut. Hier sind meine Papiere als Aussteller. Ich habe eine Fabrik in Deutschland. Ich bin gern bereit, sofort eine Karte für die Rückfahrt zu erwerben. Bitte arrangieren Sie das!«

Auch dieser Beamte schien ungerührt: »Mein Herr, das verstößt gegen unsere Gesetze. Ich kann Ihnen leider in keiner Weise helfen.«

Da war auch Leo mit seinem Redeschwall am Ende.

In diesem Moment erschien einer meiner Schutzengel, die sich später noch so oft einschalten mußten, und zwar in Gestalt des charmanten Kapitäns. Er trat auf den Einwanderungschef zu und sagte in etwas gebrochenem Englisch: »Fürchten Sie, daß diese Dame illegal im Land bleiben könnte?«

»Ja, natürlich«, antwortete er.

»Dann kann ich Ihnen versichern«, fuhr der Kapitän fort,

»wenn Sie diesem Herrn glauben, daß er Tourist ist und das Land wieder verlassen wird, dann können Sie der Dame das ebenso getrost glauben. Ich habe die beiden auf der ganzen Fahrt beobachtet. Die haben sich kaum einen Zentimeter voneinander getrennt …« Er zwinkerte dem Beamten zu: »Zu meinem Leidwesen«, und fuhr fort: »Wo er hingeht, geht auch sie hin. Und wenn er zurückgeht, dann geht sie mit. Darauf gebe ich Ihnen mein Wort.«

»Na, schön.« Der Beamte stempelte meinen Paß und sagte sichtlich erleichtert: »Der Nächste bitte.«

Sowohl Leo als auch mir zitterten die Knie, als wir die Gangway hinuntergingen. Schon von weitem erblickte ich Walter, er sah sehr blaß aus. Unten angekommen, stellten Leo und ich unsere Koffer ab und umarmten uns. Ich brachte nur heraus: »Ich werde dir ewig dankbar sein.«

Und Leo sagte nur »Tschüß« und verschwand. Walter kam bereits mit ausgestreckten Armen auf mich zu.

Als wir am nächsten Tag Arm in Arm auf der Herzl-Straße, der einzigen Hauptstraße im jüdischen Viertel in Haifa, spazierengingen, begegneten uns viele der Passagiere. Sie machten große Augen und fragten entrüstet: »Wo ist denn Ihr Verlobter?«

»Das hier ist mein Verlobter«, sagte ich.

»Die wechselt die Männer wie die Hemden«, hörte ich einen Berliner murmeln, aber ich war zu glücklich, um mich zu rechtfertigen.

Walter, der in Deutschland bereits als Zahnarzt und Kieferchirurg praktiziert hatte, mußte hier unseren Unterhalt als Lastenträger und Lastwagenfahrer verdienen. Eine Praxis zu eröffnen, war ihm damals unmöglich, wir hatten beide kein Geld. Da er der einzige »medizinische« Lastwagenfahrer war, wurde er unversehens zum anerkannten städtischen Leichentransporteur, besonders wenn es darum ging, die Toten aus abgelegenen jüdischen Siedlungen in die Stadt zu schaffen. Er war nämlich der einzige, der keine Angst vor Toten hatte: Die gebildeten Europäer, die wie er zu diesen schweren, körperlichen Arbeiten gezwungen waren, fürchteten sich vor Infektionen, die Orientalen dagegen hatten Todesangst vor Gespenstern. Ich litt sehr unter seiner Tätigkeit, da Walter stets den Geruch nach Formaldehyd und Leichen mit sich trug. Kein Duschen und Baden, auch mit der parfümiertesten Seife, konnte diesen Gestank besiegen. Er haftete an ihm, auch wenn er mich umarmte.

Nach der schweren Geburt – mein Sohn war kaum zwei Wochen alt – kam Walter eines Abends nicht nach Hause. Es war eine heiße Nacht, der Wüstenwind Chamsin fegte um die Häuser, und auch mein kleiner Sohn Eli war furchtbar unruhig. Beklommen wartete ich die ganze Nacht, meine Verzweiflung wuchs von Stunde zu Stunde. Um sechs Uhr früh riefen bei mir kurz hintereinander drei ebenso verzweifelte Frauen an. Auch deren Männer waren als Lastwagenfahrer unterwegs und in der Nacht nicht nach Hause gekommen. Alle vier waren ausgeblieben. Ich alarmierte die Polizei, und wenig später erschien ein »Noter«, ein jüdischer Aushilfspolizist[*], bei mir. Ich flehte ihn an, dafür zu sorgen, daß unsere Männer gesucht würden.

Er schaute mir in die Augen und sagte: »Das kannst du vergessen. Es tut mir leid, dir das sagen zu müssen, aber eure vermißten Männer liegen bestimmt schon irgendwo ermordet in einem Straßengraben. Diese Nacht hat wieder viele Opfer von uns verlangt.«

Mit diesen Worten verließ er meine Wohnung, und ich brach fast zusammen. Das gequälte Weinen meines Kindes brachte mich zur Besinnung und riß mich aus meiner Verzweiflung. Ich beruhigte Eli und raste dann zur nächsten Polizeistation. Dort saß ein freundlicher Engländer, der Mitleid hatte und bereit war, mir Auskunft zu geben.

»Ich kann Sie beruhigen«, sagte er, »und verrate Ihnen ein Ge-

---

[*] Juden waren während der Mandatszeit nicht zum regulären Polizeidienst zugelassen, allenfalls als nicht-uniformierte Aushilfskräfte.

heimnis. Ihr Mann und auch die anderen müssen nicht unbedingt ermordet worden sein. Es ist nämlich durchaus möglich, daß sie alle von uns requiriert worden sind.«

»Requiriert? Sie meinen gekidnappt?? Mein Mann hätte sich doch niemals einfach so, ohne mir das zu sagen, ›requirieren‹ lassen!«

Er fuhr fort: »Ich darf es Ihnen eigentlich nicht sagen, aber es ist Ihnen doch wohl bekannt, daß wir einen Krieg mit Deutschland befürchten.« »Davon habe ich gehört.«

»Deshalb bauen wir jetzt im ganzen Land Befestigungsanlagen. Haben Sie nichts von den Taggert-Buildings gehört?«

»Sie glauben, die Deutschen kommen bis hierher??«

»Hitler will die Welt erobern …«

»Was hat das mit meinem Mann zu tun?« Ich wurde jetzt ungeduldig.

»Unser Militär hat momentan nicht genügend Fahrzeuge und Fahrer, um all das Baumaterial zu transportieren. Deshalb ist unser Militär dazu übergegangen, Lastwagenfahrer, deren Fahrzeuge gut instand sind, kurzerhand unter ihren Befehl zu stellen.«

Ich konnte es einfach nicht begreifen und insistierte: »Könnten Sie nicht versuchen, meinen Mann ausfindig zu machen, bitte!!«

Mitleidig lächelnd sagte er: »Diese Art der Requirierung ist eigentlich illegal, und deshalb wird die Aktion geheimgehalten. Ich kann nichts tun.«

Verzweifelt blickte ich ihn an. Mein Blick fiel auf ein kleines Metallschild auf seinem Pult, dort stand sein Name und darunter »Police Superintendent«. Mit einem Rest Hoffnung prägte ich mir den Namen ein, vielleicht würde ich wiederkommen und es nochmals versuchen. Jeder Rest Hoffnung erlosch jedoch, als ich mitbekam, daß die drei anderen Frauen bereits Shev'ah saßen[*]. Ich weigerte mich, an dieser Zeremonie teilzunehmen.

---

[*] Damit sind die sieben Trauertage gemeint, die man nach dem Ableben eines nahen Verwandten vollkommen tatenlos im Kreis lieber Mittrauernder verbringt, um sich den Toten oder die Tote zu vergegenwärtigen.

Die Tage vergingen in qualvollem Warten. Eines Nachts, ich traute meinen Ohren kaum, hörte ich das Geräusch eines vorfahrenden Lastwagens. Ich sprang aus dem Bett, und noch ehe ich die Pergola erreichte, sah ich einen Mann vor der Tür stehen, den ich im ersten Moment nicht erkannte. Er hatte einen struppigen Bart, übel verdreckte Kleider, ein graues, staubbedecktes Gesicht, aus dem diese geliebten Augen, die Augen meines ewigen Seelengefährten, mich anblickten. In der Hand hielt er eine schwarze Bratpfanne, ein den Engländern entwendetes »Souvenir«, wie er mir später erklären sollte. Mein erster Impuls war, mich ihm an den Hals zu werfen und ihn zu küssen. Er wirkte jedoch dermaßen verstört und abwesend, daß ich kaum wagte, mich ihm zu nähern. Ich ließ ihm ein Bad einlaufen, warf alle seine Kleider in den Abfall und brachte ihm sehr starken gesüßten Kaffee an die Wanne. Wohlig im Wasser liegend, konnte er mir endlich das erste Lächeln schenken.

Es dauerte lange, bis Walter mir alles erzählen konnte. Ein »Tommy«* hatte ihn in jener Nacht auf einer Straße in der Haifaer Bucht angehalten, war freundlich lächelnd in den Lastwagen eingestiegen und hielt ihm sodann einen Revolver an die Schläfe. Er befahl ihm, seine Route zu ändern und in eine Walter völlig unbekannte Gegend mitten im Land zu fahren. Dort angekommen, wurde er in ein großes Militärlager dirigiert, wo schon viele andere jüdische Fahrer ihre Lastwagen geparkt hatten. Mittlerweile war es Tag geworden, und ohne Essen und Trinken saßen sie in der glühenden Hitze. Nichts regte sich, bis auf zwei Soldaten, die mit ihren Waffen unausgesetzt um die Fahrzeuge patrouillierten. Stunde um Stunde verging, bis endlich aus einer nahen Baracke ein Offizier erschien und zu ihnen hinüberschrie: »Antreten!«

Die Fahrer begaben sich in die Baracke, der Offizier nahm hinter einem Schreibtisch Platz und brüllte: »Wer von euch kann Englisch übersetzen?«

Unter ihnen waren etliche, denen Englisch durchaus nicht

* Spitzname für britische Soldaten.

fremd war, jedoch meldete sich kein einziger, sowohl aus Protest als auch aus Solidarität.

Der Offizier wußte das, gab sich aber ungerührt: »Dann werdet ihr eben auf Englisch verstehen müssen, wo's langgeht! Ihr steht bis auf weiteres dem britischen Militär zur Verfügung. Tagsüber werdet ihr arbeiten und unter Bewachung dorthin fahren, wohin man euch dirigiert. Ihr werdet Baumaterial aufladen und transportieren. Wir haben hier keine Unterkünfte für euch, ihr werdet nachts also entweder in euren Fahrerkabinen schlafen oder auf der Ladefläche. Geschirr gibt es für euch nicht, aber wir haben eine Lieferung Pfannen, die könnt ihr als Teller benutzen. Einmal täglich bekommt ihr eure Ration. Und trinken könnt ihr aus dem Wasserhahn hier auf dem Gelände.«

In jedem Haushalt wurde das Wasser damals sorgfältig abgekocht, es war alles andere als Trinkwasser, was aus der Leitung kam ... Von Duschen oder Rasieren war keine Rede. Es herrschte allgemeine Wasserknappheit, und außer dem Wachpersonal blieb ohnehin keiner der Engländer nachts in diesem improvisierten Lager.

Walter überlegte fieberhaft, wie er aus dieser Situation herauskäme, und sann auf eine Methode, seinen Wagen soweit zu sabotieren, daß er für die Engländer untauglich schien, aber dennoch fahrtüchtig blieb. So hätte er einen Vorwand, in eine Werkstatt fahren zu müssen, vielleicht gelänge auf diese Weise seine Flucht. Die folgenden Tage waren eine Tortur, nicht nur, weil er sich quälte, mir keinerlei Nachricht übermitteln zu können, auch der völlige Mangel an Hygiene wurde jeden Tag unerträglicher. Bereits nach zwei Tagen waren die Männer von Flöhen, Kopf- und Filzläusen befallen, manche verfielen in schwere Depression, funktionierten nur mehr wie Roboter und starrten in den Ruhepausen reglos vor sich hin.

Eines Nachts, als nur ein Wachposten bei ihnen war und offensichtlich übermüdet etwas abseits hinter den Lastwagen auf dem Boden hockte, stieg Walter leise aus seiner Kabine herunter. Er öffnete vorsichtig die Motorhaube, angespannt vor Angst, daß auch das kleinste Geräusch den Wächter aufwecken könnte. Er entnahm dem Motor ein kleines Teil und steckte es tief in seine Tasche. Als er seinen Wagen am nächsten Morgen startete, sprang der Motor zwar an, fing jedoch bald an, fürchterlich zu stottern. Der Soldat auf dem Beifahrersitz schrie ihn sofort an: »Das machst du mit Absicht!«

Walter lächelte freundlich und sagte: »Bitte, versuch du ihn zu fahren.«

Da sie sich in einer gottverlassenen Gegend befanden, wagte der »Tommy« es, seinen Revolver wegzustecken, und setzte sich selbst hinter das Steuer. Der Laster stotterte mehr denn je. Walter sagte sehr höflich auf Englisch: »Es tut mir furchtbar leid, aber ich glaube, wir müssen in eine Werkstatt.« Walter hatte von einem Schicksalsgefährten erfahren, wo eine Werkstatt zu finden war, und dem Soldaten sagte er: »Vielleicht sollten wir uns einfach auf die Suche machen.«

Er irrte mit Absicht etwas umher, und sie erreichten diese Werkstatt in einer Stunde. Der Wagen machte inzwischen einen Höllenlärm.

Als ein arabischer Mechaniker sich an die Überprüfung des Motors machte, sagte Walter zu seinem »Aufpasser«: »Ich glaube, ich muß ihm erklären, was mit dem Auto los ist.«

Er hoffte inständig, daß dieser »Tommy«, wie die meisten, kein Wort Arabisch verstünde, und sagte zu dem Araber: »Große Reparatur! Viel Geld! Braucht sehr lange!«

Dieser antwortete »Maalum!« und wiederholte Walters arabische Worte zustimmend. Und Walter »übersetzte« sie für den »Tommy« zurück.

Dieser verstand nicht nur kein Arabisch, sondern kannte sich auch nicht mit Autos aus. Und zu Walters Glück ließ er sich zudem überreden, in einer Spelunke, die einen Steinwurf entfernt war, ein oder zwei Bier zu trinken und Walter die Reparatur beaufsichtigen zu lassen … Walters Plan ging auf.

Als er allein mit dem Araber war, zog er alles Geld, das er bei sich hatte – seinen letzten Tageslohn, bevor er requiriert wurde –, aus der Tasche, gab es ihm und sagte: »Geh, setz dich! Ich mache schon alles.«

Er setzte das kleine, von ihm selbst entfernte Teil wieder in den Motor ein, startete und raste mit Vollgas davon.

So bekam ich meinen Mann wieder. Wochen später kamen die anderen »requirierten« Männer zurück – körperlich und seelisch am Ende. Diese Zeit hat keiner von ihnen je vergessen.

Hier stand ich jetzt also, mitten in der Nacht, mitten in Haifa, und hatte mich der Widerstandsbewegung Haganah verschrieben. Mich überfiel der fürchterliche Kontrast zwischen meinem bisherigen Leben und meiner jetzigen Lage. Wieder, wie so oft, stand mir die für uns Juden unerbittliche Situation vor Augen: hier, in diesem Land, in dem unser Leben täglich von arabischen Extremisten bedroht war, in dem die Engländer womöglich nicht auf unserer, sondern auf ihrer Seite waren, und vor meinem inneren Auge die Geschehnisse in Europa, in Deutschland: entsetzliche Bilder unserer verfolgten und gepeinigten Familien, unserer Kinder ... Dem war ich entkommen. Vom Regen in die Traufe?

Walter selbst gehörte seit seiner Ankunft der Haganah an, hatte aber nicht gewollt, daß auch ich mich dieser Gefahr aussetzte – dieser zusätzlichen Gefahr, denn jeder Schritt aus dem Haus konnte tödlich sein wegen der arabischen Heckenschützen überall in der Stadt. Ich mußte mein Kind zu Hause gebären, es war damals, 1935, wegen der Schießereien unmöglich, sicher zum Hospital zu gelangen. So erging es vielen Frauen, und unser deutscher Frauenarzt Dr. Jakobi fuhr unter Feuer von einer Wohnung zur nächsten, um Geburtshilfe zu leisten. Die Geburt war eine Katastrophe, sowohl für meinen Sohn Eli als auch für mich, und an den Folgen mußten wir beide noch lange leiden. Und dann kam noch hinzu, daß ich aufgrund meiner Illegalität befürchten mußte, bei jeder Razzia festgenommen zu werden. Da half es auch nichts, daß ich längst mit Walter verheiratet war.

Wie wird er wohl reagieren, wenn ich jetzt nach Hause komme und ihm sage, daß sein »Peterle«, wie er mich in zärtlichen Momenten nannte, sich gerade der Haganah verschrieben hat – und zudem nach Einbruch der Dunkelheit alleine durch die unsicheren Straßen ging? Ins Grübeln versunken und zweifelnd machte ich mich auf den Weg nach Hause. Wir wohnten in dem jüdischen Viertel Hadar in der Achad-Ha'am-Straße, jedoch bedrohlich in unserer Nähe, jenseits der HaNevi'im-Straße, standen schon schwarze Beduinenzelte – von dort waren immer wieder Schüsse zu hören.

In diesem Moment fiel mir seltsamerweise Shakespeares ›Hamlet‹ ein, die Rede des Polonius an seinen Sohn Laertes: »Dies über alles: sei dir selber treu./ Und daraus folgt, so wie die Nacht dem Tage / Du kannst nicht falsch sein gegen irgendwen.«[*]

Wer waren wir? Wer war ich? Womit konnte ich mich noch identifizieren? Eindringlich spürte ich das tiefe Leid der Entwurzelung. Nicht nur, daß ich die hebräische Sprache nicht beherrschte, ich fühlte mich nicht zugehörig. War ich in diesem Land zu Hause? Wem konnte, sollte ich »treu« sein?

Mein Mann erwartete mich natürlich voller Ungeduld und Sorge, überspielte dies jedoch mit einem verlegenen Lächeln – seine tiefdunkelgrünen Augen erreichte dieses Lächeln nicht. Er legte unseren kleinen Sohn Eli, den er herumgetragen hatte, in sein Bettchen und nahm mich wortlos in die Arme. Es tat mir wohl, meinen Kopf an seine breite Brust zu lehnen, und ich hatte Mühe, nicht loszuheulen. Es fiel mir schwer, mich aus dieser sicheren, schützenden Umarmung wieder zu lösen. Er ahnte, was ich empfand. Er ahnte es immer.

Dann fragte er mich, sehr beunruhigt: »Und? Bist du in meiner Abteilung gelandet? Bei der Ersten Hilfe? Du bleibst aber auf der Station! Da, wo Action ist, kommst du mir nicht mit!«

Ich schüttelte den Kopf: »Hab' keine Angst, ich bin beim Informationsdienst. Ich werde Übersetzungen machen müssen. Damit die über alles Wichtige informiert sind.«

[*] Erster Akt, 3. Szene.

»Übersetzungen?« Seine hohe Stirn legte sich in Falten, und seine dichten, dunklen Augenbrauen hoben sich merklich.

»Ja, der Chawer wollte wissen, welche Sprachen ich beherrsche. Englisch war ihm wichtig.«

Walter war sichtlich erschrocken: »Du armer, unschuldsvoller Engel! Weißt du denn nicht, was ›Informationsdienst‹ bedeutet? Das ist SPIONAGE! Mein Gott, sie haben eine Mata Hari aus meinem Peterle gemacht!«

Die Bezeichnung »Mata Hari« traf mich so, als ob das Damokles-Schwert, das ich seit heute abend über meinem Kopf schweben fühlte, nun auf mich herabgesaust wäre. Erst jetzt verstand ich, was mir heute abend geschehen war.

»Glaubst du wirklich? Spionage??«

Walter war ganz sicher: »Ja, was denn sonst?«

Spionage! Mein Herz klopfte bis zum Hals. Ich sah Walters verzweifelte Augen und flüchtete mich wieder in seine Arme – diese starken Arme, die mir bis an sein Lebensende die einzige Zuflucht, die einzige Heimat sein konnten, die ich je hatte.

Denn dieses Land, in dem wir von einer jüdischen Heimat träumten, dieser umkämpfte Boden, der so viele Opfer forderte und der uns mit Friedenshoffnungen berauschte, war nie eine Heimat, sondern eine absolute und harte Notwendigkeit. Ich liebe viele Orte dieses Landes, besonders Jerusalem und das Flachland mit dem türkisblauen Meer am warmen Strand – oft jedoch scheint es mir, als ob die Mauern von Jerusalem weinten und das Blau des Meeres plötzlich blutrote Wellen wälzte.

Elis plötzliches Wimmern riß mich aus meinen Gedanken. Ich besann mich auf die Fürsorge für mein Kind, und über meinem mütterlichen Trösten vergaß ich vorübergehend die Ereignisse dieses Abends und löschte wenigstens einen Teil des Schreckens.

ZWEITES KAPITEL

Meine erste Lektion – Aharonchik – Einführung in die
»Küche« – Mr. Stafford

Wir wohnten in einer für hiesige Verhältnisse eleganten Wohnung, die Walter in der Hoffnung gemietet hatte, daß er sich bald
eine neue Existenz in seinem eigentlichen Beruf würde aufbauen
können. Da die Miete für uns allein zu teuer war, bewohnten
wir eines der drei Zimmer zu dritt und hatten das zweite an
ein kinderloses Ehepaar vermietet. Das dritte Zimmer sollte einmal als Praxisraum dienen, und die kleine Diele war als Wartezimmer für die Patienten gedacht. Eine winzige Küche mit nur
einem Spirituskocher (wir konnten uns weder Gas noch Elektri-
zität leisten), ein kleines Badezimmer und eine einzige Toilette –
all das teilten wir mit unseren Untermietern, mit Malka und ihrem
Ehemann Wowek.

Trotz dieser Drangsal blieben wir Freunde bis zum heutigen
Tag, und sie waren es auch, die sich um Eli kümmerten, als ich für
die Haganah unterwegs sein mußte.

Unsere Möbel hatten wir aus zweiter Hand, und die noch
relativ gut erhaltene Matratze unseres Ehebettes lag auf einem de-
fekten Sprungfederrahmen. Das Bettgestell hatte Walter notdürftig aus Brettern zusammengezimmert. Das Resultat war, daß wir
nachts des öfteren durchkrachten. Elis Überempfindlichkeit und
Nervosität hatte er, so glaubten wir, zum Teil diesem Bett zu verdanken, da man unser Nachtleben weder als geräuschlos noch als
ruhig bezeichnen konnte.

Wenige Tage nach jenem Abend in der Feuerwehrbaracke erschien Gaby wieder bei mir und übergab mir einen Zettel. Es war

ein »Stellungsbefehl«. Wer mich denn eingeschworen hätte, wollte er wissen, und ich antwortete ihm: »Der hieß Nechemia.«

»Nechemia? Das ist aber eine große Ehre für dich. Das war Nechemia Argov, der ist irgendwie sehr wichtig.«

»Wieso wichtig?«

»Ja, das weiß ich nicht. Und selbst wenn, würde ich es dir nicht sagen.«

Ich nahm also meinen Stellungsbefehl und ging zur gewünschten Zeit an den gewünschten Ort. Es war das Gebäude der Arbeiterunion. Am Eingang schon kam mir mein Vorgesetzter entgegen: »Aharonchik Nr. 1«. Zu meiner großen Erleichterung war Aharonchik ein freundlich lächelnder, liebenswürdiger, aus Rußland eingewanderter Jude, der sofort Vertrauen erweckte.

Er begrüßte mich, indem er lange meine Hand festhielt, mich erstaunt anblickte und dann sagte: »Du bist ja der ideale Typ für uns!«

»Wieso?«

»Nicht hier.« Er ging mit mir in die Kantine, und wir setzten uns an einen kleinen, abseits in einer Ecke stehenden Tisch. Über einer Tasse Kaffee lächelte er mich freundlich an.

Voller Neugier wiederholte ich meine Frage: »Wieso der ideale Typ?«

»Weil du so harmlos aussiehst. Verträumte Augen, klein, zierlich, sehr europäisch. Wer würde in dir eine Spionin vermuten?«

Ich faßte Mut und fragte: »Darf ich dir etwas anvertrauen?«

Er nickte ermunternd.

»Ich eigne mich ganz bestimmt nicht zur Spionin!«

»Das ist ja gerade das Gute daran«, sagte Aharonchik, »wir werden dir allerdings sehr viel beibringen müssen.« Und dann sagte er wie zu sich selbst: »Wir müssen nur aufpassen, daß wir dabei dein naives Aussehen nicht verderben.«

»Was muß ich denn lernen?« Ich verstand nicht ganz, was er meinte.

»Zuerst mußt du fühlen, ganz tief fühlen, daß du eine von uns bist. Und dann wirst du es vergessen müssen, völlig vergessen. Deine Zugehörigkeit zu uns und zum Judentum muß bei dir völlig in den Hintergrund treten. Du mußt verdrängen, daß du uns die Treue geschworen hast, und dennoch mußt du sie uns halten.«

Verwirrt stammelte ich: »Das ist schwer zu verstehen.«

Er lächelte leicht und fuhr fort: »Du mußt in deinem Alltag eine treue Freundin der Engländer werden, ohne jegliches Zugehörigkeitsgefühl für dein eigenes Volk zu bekunden. Du mußt dir dies so stark suggerieren, daß du es fast selber glaubst. Da du deren Sprache ohnehin besser beherrschst als die unsrige, wird es dir nicht schwerfallen, auch deren Mentalität anzunehmen.«

»Ich soll mich also tagtäglich verstellen?«

»Ja, mein Kind, das wirst du müssen, auch wenn du vollkommen schizophren wirst – deine zweite Persönlichkeit soll ähnlich der einer Britin sein.«

»Wie lange kann man so etwas durchhalten?«

»Das ist nur am Anfang schwer. Du wirst deine Aufgabe später wie eine Uniform tragen, und die muß wie angegossen sitzen. Hast du was gegen die Engländer?«

Ich stutzte: »Gegen DIE Engländer absolut nichts. Ich habe aber etwas gegen die, die unsere Männer aufhängen, weil sie einen Revolver in der Tasche haben, um ihre Familien zu schützen. Ich habe etwas gegen die, die uns als minderwertige ›natives‹ behandeln, so wie sie dies mit den Einwohnern ihrer Kolonien tun.«

»Dann solltest du DIE Engländer ruhig weiter schätzen, das wird dir deine Arbeit erleichtern.«

Ich fühlte mich plötzlich völlig fehl am Platz und guckte ihn vorwurfsvoll an, weil seine Reden Unruhe in mir stifteten.

Er verstand meinen Blick und schwieg. Nach einem langen Seufzer fuhr er fort: »Ich bin jederzeit für dich da, falls du Schwierigkeiten haben solltest, egal welcher Art. Wir sind mehr als eine Familie, und du gehörst jetzt dazu. Wir werden zu unseren Lebzeiten keinen jüdischen Staat erleben, und dennoch müssen wir unseren Kindern zuliebe versuchen, das Schiff nicht untergehen zu lassen.* Wir Juden hier in Palästina sind die Hoffnung aller Juden in der Welt.«

Er erklärte mir weiter, daß ich meinen Lebensstil vollkommen würde ändern müssen, wobei Walter mir als Engländer-Freund nicht nachstehen dürfe.

»Du mußt es schaffen, eine Rolle in der englischen Gesellschaft zu spielen, und zwar so weit, daß sie dich auch zu Hause besuchen und sich dort wohlfühlen.«

»Wie stellst du dir das vor?« erwiderte ich erschreckt. »Wir wohnen und schlafen zu dritt in einem einzigen Zimmer!«

»Das macht nichts. Ihr bekommt drei elegante Sofas von uns, die nachts zu Betten werden. Dazu Porzellan, Gläser, Besteck und so viel Whisky und Soda, wie du brauchst. Du bekommst ein Grammophon und schöne klassische Platten. Diese Musik wird zwar wenige von ihnen interessieren, aber unter den Höhergestellten kennen wir ein paar, die so etwas sehr zu schätzen wissen.«

Konsterniert fragte ich nach: »Und wie soll ich in die englische Gesellschaft kommen??«

»Mach dir keine Sorgen, dafür gibt es Mittel und Wege. Du wirst als erstes zu allen offiziellen Empfängen der höheren englischen Beamten eingeladen werden. Wir haben Chawerim unter uns, die englische Pässe haben, und andere, die als Engländer-Freunde schon bekannt sind. Es wird dich jemand einführen. Es gibt auch unter Juden und unter Arabern solche, die sich nicht scheuen, sich einzuschmeicheln.«

»Einschmeicheln, das liegt mir überhaupt nicht.«

»Was tut man nicht alles fürs Vaterland«, Aharonchik lächelte ironisch, »die Engländer sagen doch auch: ›right or wrong, my country‹ – der Zweck heiligt die Mittel.«

»Ich kann das überhaupt nicht verstehen«, sagte ich, jetzt sehr verwirrt, »diese Feindschaft zwischen Engländern und Juden

---

* 1937 träumte man lediglich von einem jüdischen Staat. Niemand hätte zu hoffen gewagt, daß die Staatsgründung in nicht allzu ferner Zukunft Wirklichkeit würde.

in diesem Land. Das ist doch kein gewöhnlicher Antisemitismus.«

»Du wirst es noch verstehen lernen. Hier spielt Geld eine große Rolle. Und die Engländer verkehren nun mal gern mit den reichen, gastfreundlichen Effendis*. Der arabische Prunk imponiert ihnen. Wir hier sind nur arme Flüchtlinge. Wir haben ihnen privat nichts zu bieten. Von den reichen Arabern werden diese englischen Kolonialherren wie Prinzen empfangen. Bei uns können sie nicht so tafeln. Wir sind für die nur die ›natives‹, und dazu eine bedeutungslose Minorität.«

Ich war jetzt sehr müde und wünschte mir, daß das Indoktrinieren aufhören sollte. Sein rügender Blick sagte mir, daß ich wohl oder übel weiter zuhören und gut aufpassen müsse; dies war die erste wichtige Lektion, die mich für später wappnen sollte. Und er fuhr fort: »Besonders aber sind die Araber daran interessiert, daß wir eine Minorität bleiben. Die sind klug genug, um zu begreifen, daß unser Intellekt zusammen mit unserem Fleiß eine Gefahr für sie werden könnte, wenn wir eines Tages mal die Mehrheit würden. Und dann kommt hinzu, daß die Engländer die Araber brauchen, weil sie Angst vor Hitler haben. Sie wappnen sich für einen möglichen Krieg. Das Öl dafür bekommen sie von den arabischen Staaten, zudem sind die palästinensischen Araber billige ›Sklaven‹ für die hiesige Raffinerie. Die Engländer verdienen damit ein Vermögen. Da können wir Juden überhaupt nicht mitspielen. Die Mandatsmacht interessiert sich nicht im geringsten dafür, daß wir hier ›die Wüste zum Blühen bringen‹. Wie gesagt, der Feudalismus der Araber gefällt ihnen, der paßt zu ihrer kolonialen Mentalität. Die Engländer werden von ihren arabischen Gastgebern hofiert und verwöhnt, und im Gegenzug laden sie diese in ihre Clubs ein, wo sonst niemand hineindarf.«

Ich stützte den Kopf in meine Hand und kämpfte mit mir, um weiter aufmerksam zuzuhören. Aharonchik fuhr fort: »Wir Juden können hier nur mit harter Arbeit, vollkommener Hingabe

---

* Effendi (türk.) = Anredetitel für höhere Beamte und Wohlhabende.

und völligem Verzicht auf eigenen Wohlstand dafür sorgen, daß man uns nicht wieder entwurzelt. Mit vereinten Kräften müssen wir alle eisern zusammenhalten. Unsere Kibbuzim* haben das musterhaft geschafft. Die werden auch schon von der ganzen Welt bewundert.«

»Sind diese Menschen im Kibbuz auch Haganah-Mitglieder?« fragte ich neugierig.

»Aber selbstverständlich! Die werden ja fast noch mehr von Arabern überfallen als die Stadtbevölkerung. Aber ich glaube, du bist gar nicht mehr aufnahmefähig«, sagte Aharonchik, »fürs erste Mal ist es genug. Da ist nur eine Sache, die du wissen mußt« – seine Stimme war jetzt sehr ernst – »im Falle, daß deine Aktivitäten entdeckt werden, kann keiner von uns dir zu Hilfe kommen …«

Er begleitete mich zur Tür und sagte zum Abschied, er werde mich demnächst wieder rufen lassen.

Erleichtert ging ich hinaus in die pralle Sonne. Das Licht, das ich so liebte, blendete mich. Ich hatte meine erste »Lektion für Spione« hinter mich gebracht und ahnte dunkel, daß ich mich noch mit vielem würde auseinandersetzen müssen.

Schon zwei Tage später fand unser nächstes Treffen statt, am selben Ort. Inzwischen hatte ich aus Andeutungen erfahren, daß es außer der Haganah noch zwei weitere Untergrundbewegungen gab. Ich platzte damit heraus:

»Sag mal, Aharonchik, was heißt eigentlich ›Lechi‹ und ›Etzel‹?«

»Das darfst du eigentlich gar nicht fragen. Du sollst überhaupt möglichst wenig fragen. Aber etwas will ich dir doch erklären: Im Gegensatz zu uns von der Haganah glauben die Mitglieder dieser beiden anderen Organisationen, daß Angriff die beste Verteidi-

---

* Kibbuzim (sing. Kibbuz) sind landwirtschaftliche Siedlungen, in denen jeder entsprechend seinem Können und seinen Kräften arbeitet, alle jedoch das gleiche erhalten – vom gemeinschaftlichen Essen über die Wohnhäuschen bis zum Geld.

gung sei. Die sind bereit, Terror mit Terror zu bekämpfen. Und deshalb bekämpfen wir sie.«

»Was? Bruderkrieg??«

»Dazu ist es bis jetzt, Gott sei Dank, noch nicht gekommen. Wir greifen niemals als erste an, deshalb kannst sogar du mit deiner pazifistischen Einstellung Vertrauen zu uns haben.«

Seine Stimme klang jetzt so wohlwollend und warm, daß ich fast versucht war, ihm dieses Vertrauen zu schenken. Als er bald darauf ging, sagte er: »Heute wollte ich dir eigentlich nur sagen, daß ich dich morgen in die ›Küche‹ einführen werde, damit du deine Chawerim kennenlernst.«

Zwischen Neugierde und Besorgnis schwankend, erwartete ich den nächsten Abend.

Die »Küche« war ein kleines Hinterzimmer in dem großen Gebäude der Arbeiterunion, in deren Kantine auch die Treffen mit Aharonchik stattgefunden hatten. Das Zimmer befand sich im Tiefparterre und war eigentlich ein Abstellraum, zur Belüftung gab es Schlitze in der Wand, und die Luft war jetzt in dieser Hitze schwer zu ertragen. Dort empfingen mich zu meiner Erleichterung junge Leute mit leuchtenden Gesichtern, und sie sahen ebensowenig wie Spione aus wie ich.

Das war also die »Küche«, in der die Pläne geschmiedet wurden. An diesem Abend waren nur einige der Chawerim anwesend – man traf ohnehin nie alle, die dazugehörten, auf einmal. Denn auch wir untereinander sollten nicht mehr Mitwisser kennen als unbedingt nötig.

Aharonchik sagte, jetzt wieder mit sehr ernster Miene: »Du mußt dir jetzt einprägen, wie es die anderen bereits getan haben, daß wir alle, ausnahmslos alle, durch unsere Tätigkeit dauernd Gefahr laufen, zu einem Verhör in das britische C I D* abgeholt zu werden. Darum sollen wir alle möglichst wenig wissen, das ist gesünder für uns. Bei einem solchen Verhör scheuen die vor nichts zurück, und dann ist es besser, möglichst wenig verraten zu

---

* Criminal Investigation Department = Kriminalpolizei.

KÖNNEN.« Er beugte sich zu mir herunter: »Alles, was du nicht unbedingt für deine jeweiligen Aufgabe wissen mußt, sollst du möglichst vergessen. Vergiß, was du hier hörst und wen du hier triffst.«

Diese Rede ängstigte mich, und sie paßte so gar nicht zu den vertrauensvollen Gesichtern der mir noch fremden Menschen um mich herum. Sie schienen jede Angst vor diesen Gefahren radikal verdrängt zu haben. Und allmählich formte sich bei mir das Gefühl, daß ich, die in diesem Land noch völlig ohne Freunde und sehr einsam dastand, hier zu einem Kreis lieber, aufopfernder neuer Freunde gehören würde. Ich klammerte mich an diesen Gedanken und nahm mir vor, dieses Gefühl der Zugehörigkeit nie mehr loszulassen. Ich glaube, daß dieser Entschluß mir später zu meinem »Pokerface« verhalf, was mich oft rettete.

Hier lernte ich Rivka kennen, eine wunderschöne dunkelhaarige Russin, die mir strahlend entgegenkam und mich umarmte, als hätte sie mich schon lange vermißt. Und David, mit seinen siebzehn Jahren der jüngste von uns, der auf dem Schreibtisch saß und seine Beine baumeln ließ. Seine sehr blauen Augen und sein hellblondes Haar verrieten seine Abstammung aus Nordeuropa. Auch Avraham Friedmann war an dem Abend dabei, er mochte etwas über zwanzig sein. Im Gegensatz zu den anderen, die alle Khaki trugen, war er korrekt europäisch angezogen. Durch seine hohe, intelligente Stirn wirkte er eindrucksvoll, obwohl er nicht sehr groß war. Später erfuhr ich, daß er allen Widrigkeiten zum Trotz sein Jurastudium weiterzubetreiben versuchte. Sein Deckname war »Haham«, das heißt »der Kluge«. (Er wurde später Präsident des Haifaer Bezirksgerichts.) Im Kontrast zu seiner ernsten äußeren Erscheinung kam er mir aufgeräumt und herzlich, mit ausgestreckten Händen entgegen.

»Du bist ›Rinah‹?« begrüßte er mich, »wie schön, daß du da bist!«

»Wieso ›Rinah‹?« Ich war ganz überrascht.

»Wir alle haben hier Decknamen, und das ist der Name, den wir für dich ausgesucht haben. Er bedeutet ›Freude‹, und für uns ist es eine Freude, dich bei uns zu haben. Auf dich haben wir nämlich lange gewartet. Mit deinem Englisch und noch dazu Graphologie wirst du unwahrscheinliche Dinge leisten können.«

»Wozu braucht ihr denn ausgerechnet Graphologie?«

»Oh, das kommt darauf an, wie bewandert du bist«, schmunzelte Avraham, »dann kannst du uns nämlich die Charaktere der hochgestellten englischen Beamten analysieren – so nach dem Motto: Kenne deinen Feind! Aharonchik hat schon eine Liste für dich gemacht …«

Ich verstand nicht ganz, was er meinte: »Was hilft es euch denn, ihren Charakter zu kennen?«

»Weißt du«, erklärte er mir, »im Prinzip geht es immer um eine gewisse Bestechung, damit die Engländer nicht GEGEN uns, sondern FÜR uns arbeiten. Natürliche gibt es solche, die man mit Geld oder Geschenken bestechen kann. Bei einigen jedoch würde so etwas genau das Gegenteil bewirken. Man muß also wissen, ob und wie sehr jemand Opportunist oder Materialist ist. Und allzu klug dürfen sie auch nicht sein. Andere wiederum sind anfällig für Frauen – kannst du aus der Schrift beurteilen, ob jemand leichtsinnig und auf Sex aus ist?«

Ich nickte.

Er fuhr fort: »Es gibt auch einige wenige, die Verständnis für unsere verzweifelte Lage haben und sogar bereit sind, uns zu helfen. Wir als Laien können das kaum von ihrer äußeren Erscheinung her beurteilen, und schon gar nicht aus der Schrift herauslesen. Wir können auf keinen Fall riskieren, daß sich einer vielleicht empört, weil wir den einen oder anderen Bestechungsversuch unternommen haben. Und wenn du uns sagen kannst, welche von ihnen auf Frauen reagieren, dann müßten wir auch noch wissen, welche Art Frauen wir auf sie ansetzen können. Manchmal sind auch die einfachen Tommies sehr wichtig für uns. Denen kann man Prostituierte schicken. Diese Damen sind aus Idealismus sogar bereit, unseretwegen für eine sehr geringe Gage zu arbeiten.«

Er machte eine kurze Pause und stellte mir noch einmal seine

Frage: »Glaubst du also, daß du uns anhand der Handschriften, die wir dir vorlegen, helfen kannst?«

Wiederum nickte ich nur zustimmend.

»Hast du denn auch mal mit Unterschriftenvergleich zu tun gehabt?« fragte Avraham weiter. »Ganz wichtig für uns sind nämlich gefälschte Pässe für die illegalen Einwanderer. Die fingierten Unterschriften darauf müssen jeder Kontrolle standhalten. Du weißt ja, daß Hitler allen Juden in Deutschland die Pässe abgenommen hat. Die müssen wir ersetzen.«

»Ah, ich verstehe, du meinst Gerichtsgraphologie? Dafür habe ich ein Diplom, und eines für Dokumentenkunde.« Mit Genugtuung sah ich ein Aufleuchten in seinen Augen, ich war also doch nicht ganz ungeeignet und spürte erstmals eine wohltuende Selbstsicherheit. »Ich hoffe, daß ich mich bewähren werde«, sagte ich. »Wer ist denn euer ›Fälscher‹ für die Unterschriften?«

»Den wirst du noch kennenlernen«, war die Antwort, die mich inzwischen in ihrer Knappheit und Entschiedenheit nicht mehr brüskierte.

Die Tür ging auf, und herein trat Yitzchak Roos. Er war älter als wir, und wie sich bald herausstellte, gehörte er zu einer anderen, wie mir schien noch gefährlicheren Abteilung. Mit seinen tiefdunklen Augen machte er einen sehr düsteren Eindruck. Er war imposant und schien den Raum beinahe alleine auszufüllen. Uns beachtete er kaum, er war nur gekommen, um Chaja, unsere kleine Telefonistin, zu besuchen.

Rivka nahm mich beiseite und sagte leise: »Die stehen kurz vor der Heirat, sie müssen aber warten, weil sie nicht mal die Miete für ein einziges Zimmer haben. Die Arbeit bei uns ist ja ehrenamtlich, und beiden bleibt keine Zeit, einer bezahlten Arbeit nachzugehen.«

Ich fand Yitzchak sehr beeindruckend und hätte mich gern mit ihm unterhalten. Rivka sah mir die Enttäuschung darüber an, daß er mich gar nicht begrüßt hatte, und flüsterte mir ins Ohr: »Der redet mit kaum jemandem. Er ist aus Osteuropa eingewandert, wo seine ganze Familie bei Pogromen ermordet wurde.«

Ich hatte schon gespürt, daß irgend etwas in ihm loderte, und das Mysterium, das ihn wie eine Hülle umgab, imponierte mir.

Rivka fuhr fort: »Wir beneiden alle die kleine Chaja. Sieh dir an, wie sexy der Typ ist!«

Sogar Aharonchik war von seinem Stuhl aufgesprungen, als Yitzchak hereinkam. Die ruhige Atmosphäre war dahin, er schaute auf seine Uhr und sagte: »Genug für heute. Mit der Dunkelheit fängt die Schießerei wieder an. Geht jetzt lieber nach Hause.« Und zu mir gewandt: »Rinah, könntest du bitte noch einen Moment bleiben?«

Aharonchik setzte sich gewichtig vor mich hin und sagte in einem fast entschuldigenden Ton: »An sich seid ihr alle in unserer Einheit ja von Feldübungen befreit. Es ist aber Usus bei uns, daß wir bei der Aufnahme eines neuen Chawer einen gemeinsamen Ausflug machen. Hauptsächlich, damit die, die zusammenarbeiten, sich kennenlernen, aber auch, damit die Neuen das Land besser kennenlernen, und – was ich dir nicht verheimlichen darf – um die körperlichen Kräfte einschätzen zu können. Ich weiß, daß du von zu Hause aus sehr verwöhnt warst. Wir müssen sehen, ob du abgehärtet genug bist, so wie alle anderen Chawerim es auch sind.«[*]

Zusammen verließen wir das große Gebäude durch einen Seiteneingang, der direkt auf die Straße führte. Aharonchik nahm meinen Arm und sagte: »Ich gehe mit dir.«

Es herrschte immer noch diese drückende Hitze, aber als wir unter den lilablühenden Bäumen[**], die die Herzl-Straße säumten, ankamen, konnte ich nach der stickigen Luft in dem Kellerraum aufatmen.

---

[*] Dieser »Ausflug« hat dann bald stattgefunden, zum See Genezareth, nach Tiberias sowie in den Kibbuz Ein-Gev. Dort mußten wir auf Strohmatten auf dem Boden schlafen und auf den hohen sehr steilen Berg Sussita hinauflaufen. Da ich, oben angekommen, prompt ohnmächtig wurde und auf den starken Armen eines Chawer hinuntergetragen werden mußte, habe ich meine »körperliche Tüchtigkeit« nicht recht beweisen können.

[**] Gemeint ist der arabische Fliederbaum.

Durch all die neuen Eindrücke sehr erregt, hatte ich das Bedürfnis, mich ihm anzuvertrauen: »Ich glaube, ich habe Angst, daß ich jetzt doppelter Gefahr ausgesetzt bin – erstens wegen euch und zweitens, weil ich doch eine illegale Einwanderin bin.«

»Um Gottes willen! Illegal?« Aharonchik war entsetzt, »ich dachte, deine Papiere sind in Ordnung!«

Ich erklärte ihm die Sache mit dem One-Way-Ticket und sagte, daß es überhaupt ein Wunder sei, daß die Engländer mich von Bord gelassen hätten: »Ich hatte einen guten Schutzengel«, fügte ich hinzu.

Daraufhin er ironisch: »Den mußt du mir aber mal vorstellen«, und blieb stehen. Er schien ziemlich konsterniert: »Also gut. Dann wird es deine erste Aufgabe sein, daß du für deine Einbürgerung sorgst. Dazu mußt du ziemlich resolut sein.«

Ich hatte keinerlei Vorstellung davon, was ich mit »resolut sein« erreichen sollte. Kleinlaut sagte ich: »Ich werde mir Mühe geben«, fühlte mich jedoch in keiner Weise »resolut«.

Aharonchik schien meine innere Anspannung zu spüren. Als wir bei mir zu Hause ankamen, bat er um eine Tasse Tee, offenbar um mich zu beruhigen. Malka, unsere Untermieterin, hatte ihren Samowar schon bereit, stellte uns fürsorglich je eine dampfende Tasse hin und sagte: »Dein Mann läßt dir sagen, er sei draußen mit der Ambulanz. Es hat sich wieder was getan.«

Eli kam gelaufen, und kaum saß er auf meinem Schoß, schmiegte er sich eng an mich. Ich hatte meine Angst noch niemandem gestanden, am allerwenigsten wollte ich meinen Mann damit belasten, der ohnehin Tag und Nacht einem starken Druck ausgesetzt war. Ich strich mit der Hand durch Elis Locken, und als ich mechanisch anfing, ihn zu wiegen, brach meine Angst aus mir heraus: »Aharonchik, ich habe Todesangst! Vor dem Verlies in Akko[*]!! Wie können diese jungen Menschen in der ›Küche‹ so un-

---

[*] Die Hafenstadt Akko, am nördlichen Ende der Bucht von Haifa gelegen, war schon im Mittelalter eine bedeutende Festung und spielte während der Kreuzzüge eine wichtige Rolle.

besorgt sein? Man hat mir die Zustände in der Burg in Akko so entsetzlich geschildert. Seitdem sehe ich die drohenden Mauern der alten Festung dauernd vor meinen Augen!«

Aharonchik lächelte väterlich. Dann blickte er mir tief in die Augen und sagte: »Du bist nicht die einzige, die Angst hat. Wir haben alle Angst.«

»Aber«, stieß ich hervor, »man hat mir erzählt, daß unsere Leute dort angekettet in Verliesen auf dem feuchten Steinboden liegen und daß sie vom englischen Kriegsgericht verurteilt und am Galgen hingerichtet werden. Weißt du, Aharonchik, als ich den Eid für die Haganah ablegte, hatte ich überhaupt keine Vorstellung von diesen möglichen Konsequenzen. Ich habe nur an Solidarität gedacht, an die jüdische Schicksalsgemeinschaft. Ich hatte das Gefühl, daß ich durch Feuer und Wasser gehen könnte, um Menschenleben zu retten. Vielleicht hat mir damals mein Idealismus selber imponiert.«

Ich holte tief Luft: »Heute sieht alles anders aus.«

»Ich kann dich beruhigen«, sagte Aharonchik, »diese Geburtswehen haben wir alle durchgemacht. Auch das gehört zu unserer Schicksalsgemeinschaft.«

Ich begriff, daß von ihm kein weiterer Trost zu erwarten war, wenn er auch Verständnis für mich hatte. Und ich begriff, daß ich mich dem Schicksal stellen mußte.

»Wie soll ich es also fertigbringen, daß mich die Engländer einbürgern?« fragte ich mit fester Stimme.

»Ich kann dir einen jüdischen Anwalt nennen. Der hat es geschafft, etliche Illegale einzubürgern.«

Den Zettel mit der Adresse des Anwalts nahm ich an mich, dann fiel mir ein: »Wird das etwas kosten? Ich hab' kein Geld.«

»Der hat Verständnis dafür.«

Ich machte mich zuversichtlich auf den Weg zu dem Anwalt. Sein Büro war im vorwiegend arabischen Hafenviertel, eine ziemlich berüchtigte Gegend am Fuß des biblischen Carmel-Berges, wo in halber Höhe unser »Hadar«, das damals einzige jüdische Viertel, lag. Darüber ragte der zu jener Zeit noch kaum bebaute Gipfel des Berges auf. Die Endhaltestelle des klapprigen Autobusses, der zum Hafen hinunterfuhr, war dicht neben dem arabischen Markt, dem Souk. Dort stieg ich aus. Der Souk war mir mit seinen exotischen Düften und seinen bunten und glänzenden Waren immer sehr verlockend erschienen. Jedoch wagte man sich als Jude dort nur hin, wenn man unbedingt etwas kaufen mußte, was nirgends sonst erhältlich war.

Im Autobus machte ich immer meine psychologischen Studien: In dem rappeligen Gefährt saßen sich die Fahrgäste auf zwei langen, harten Holzbänken gegenüber, der arabische Schaffner stolzierte in dem engen Gang hin und her, und ich konnte während der ziemlich langen Fahrt in Ruhe all die Gesichter studieren. Kein Engländer hätte sich in einen solchen Bus gesetzt, und da ich aus dem Hadar kam, waren es meist Juden aus aller Herren Länder, die ich beobachtete. Im Laufe der Geschichte sind über zweihundert verschiedene jüdische Stämme nach Israel eingewandert – ein aufregend mannigfaltiges Völkergemisch, das hier versammelt war!

Auf dem Souk mußte ich mich durch ein Gewimmel von Menschen, wie irre hupenden Autos und etlichen Eseln durchkämpfen. Von den Händlern gefielen mir die am besten, die in einer Hand unglaublich flink zwei kleine Becher wie Glocken aneinanderklingen ließen, um ihren süßen Dattelwein zu verkaufen. Dazu skandierten sie mit melodischer Stimme »Tamarindi – Tamarindi – Tamarindi«. Gelegentlich schlurfte auch ein wunderschön geschmücktes Kamel durch die Menge, welches zu verstehen schien, wenn sein Treiber ihm vor einem hohen Laternenmast »Oh HaLampa!« zurief.

Ich blieb oft wie verhext an einer Straßenecke stehen und gab mich in der flirrenden Hitze und dem Staub ganz dem orientalischen Zauber hin. Auch jetzt zögerte ich, betäubt von dieser Umgebung, ehe ich mich durch die Menge kämpfte. Ein gutaussehender Araber in einem schönen Gewand und mit einem roten Fez auf dem Kopf zeigte mir den Weg zu der gewünschten Adresse.

Es war ein großes, neues Bürohaus, aber das Anwaltszimmer selbst war ärmlich möbliert mit einem abgewetzten alten Ledersofa in einer Ecke. Der Anwalt, der mir die Tür öffnete, war rothaarig und abgrundtief häßlich. Ich sah sofort: ein ausgesprochenes Schlitzohr! Er bat mich, Platz zu nehmen, und trotz meines Mißtrauens begann ich ihm von meinem Dilemma mit der Illegalität zu erzählen.

»Das kann ich dir organisieren«, sagte er, »wenn das alles ist?« Und zynisch lächelnd fügte er hinzu: »Ich beschaffe dir deinen palästinensischen Paß«, beugte sich über den Schreibtisch vor und flüsterte fast: »Das ist lediglich eine Geldfrage.«

Ich erschrak: »Um wieviel handelt es sich dabei?«

Er nannte eine astronomische Summe und fügte hinzu: »Die Hälfte ist für die Beamten, die ich bestechen muß.«

»Soviel kann ich im Leben nicht aufbringen.«

Er fixierte mich: »Kennst du Herrn Grünbaum? Der wohnt ganz in deiner Nähe. Dem habe ich das erst letzte Woche verschafft.« Und dann nannte er noch etliche weitere jüdische Namen.

»Das sind wohl alles wohlhabende Leute?« brachte ich hervor.

»Nee, die haben sich das Geld von der Bank gepumpt.«

»Mir wird keine Bank solch eine Summe pumpen!« sagte ich entschieden.

Er stand auf und näherte sich mir: »Ich könnte es dir auch zum halben Preis machen. Das Geld für die Beamten müßtest du allerdings aufbringen.«

Hochaufgerichtet vor mir stehend, erschien er mir plötzlich sehr bedrohlich.

»Zum halben Preis?« fragte ich erstaunt.

»Ja«, sagte er.

Dann ging er zur Tür und verschloß sie. Mit einem schmierigen Lächeln kam er wieder auf mich zu, fing an, an den Knöpfen meiner Bluse zu fummeln, und sagte: »Du brauchst dich nur da drüben auf die Couch zu legen.«

Ich sprang auf und rannte zur Tür. Auf halbem Weg merkte ich, daß meine Handtasche noch auf dem Tisch lag. Als ich nach ihr greifen wollte, fiel er über mich her und zerriß mit widerlich langen spitzen Fingern und wütendem Gesicht meine Bluse. Ich knallte ihm die Handtasche ins Gesicht, und als er einen Moment losließ, war ich panikartig in drei Sätzen an der Tür und betete inständig, daß der Schlüssel sich leicht im Schloß umdrehen ließ. Im Nu war ich draußen, und als die Tür hinter mir zuschlug, hörte ich ihn brüllen: »Verfluchtes Frauenzimmer!«

Nachdem ich die lange Treppe heruntergerast war, konnte ich etwas aufatmen, und ich versuchte noch im Laufen, meine Bluse notdürftig zu richten. Der orientalische Zauber war verflogen. Ich verfluchte die Menge, die mir den schnellstmöglichen Weg zum Autobus versperrte.

Viel später erfuhr ich, daß dieser Anwalt für Haganah-Mitglieder aus Idealismus umsonst tätig war. Er setzte sich auch ein, wenn sie bereits vor dem englischen Kriegsgericht standen. Offenbar hatte man es versäumt, ihm in meiner Angelegenheit einen Wink zu geben ... Das war nun schon der zweite Schnitzer. Aharonchik hatte ja auch nichts von meiner Illegalität gewußt, obwohl es Nechemia, der mich eingeschworen hatte, ja bekannt war.

In heller Wut bei dem Gedanken, daß gutbetuchte Bürger ihre Legalität kaufen konnten, während ich jederzeit im Verlies von Akko landen konnte, entschloß ich mich zu einem Verzweiflungsakt. Meine geradlinige deutsche Mentalität lehnte sich gegen diese »Bakschisch«-Wirtschaft auf. Meine Entrüstung verdrängte jeden vernünftigen Gedanken. Ich wußte nur, daß ich selber handeln mußte, wenn ich jemals sicheren Boden unter die Füße bekommen wollte.

Noch am selben Abend setzte ich mich hin und schrieb auf dem schönen hellblauen Papier, das mein Lehrer Professor Magnat aus Genf mir geschickt hatte, einen sehr eindeutigen Brief an den »Chief Immigration Officer«, den leitenden britischen Einwanderungsbeamten. Darin fragte ich ihn, wie es möglich sei, gegen Bestechung eingebürgert zu werden, während man als harmloser Mensch keinerlei Aussicht darauf hätte. Ich schrieb weiter, daß die Preise für Legalität sehr hoch seien, daß man sie als weibliche Anwärterin über die Couch eines Anwalts aber auch zum halben Preis haben könne. Ich schloß den Brief mit dem Satz: »Ihrer Antwort ungeduldig entgegensehend, verbleibe ich very sincerly, Yours.«

Als Walter den Brief las, meinte er: »Das ist doch wohl nicht dein Ernst! Du weißt doch, daß der dich sofort festnehmen kann. Damit begibst du dich in die größte Gefahr. Was wird dann aus dem Jungen?«

»Gerade wegen des Jungen, der hier geboren ist und niemals legale Papiere bekommen wird! Der gilt ja auch als illegaler Einwanderer!«

»Den Brief wirst du doch nicht abschicken?«

»Nee«, erwiderte ich, »den werde ich persönlich abgeben.«

Unwillig warf Walter den Brief auf den Tisch und sagte: »Ich bin mit einer Verrückten verheiratet!« Und dann nahm er mich zärtlich in die Arme, küßte mich innig und beschwor mich nochmals: »Laß das bitte, wir haben genug Zores*!«

Ich antwortete ihm nicht, aber mein Entschluß war gefaßt.

Am nächsten Morgen begab ich mich zum King's Way in das Einwanderungsamt. Ich wollte mich zwischen die vielen Wartenden setzen und suchte mir ein Plätzchen auf einer Bank, direkt gegenüber der Tür mit dem Schild: »Mr. Stafford, Chief Immigration Officer«.

Als ein junger arabischer Bürodiener an mir vorbeiging, hielt ich ihn an und bat ihn, meinen Brief Herrn Stafford gleich persönlich zu übergeben. Danach dauerte es nicht lange, bis ein fast zwei Meter großer englischer Hüne wutschnaubend die Tür aufriß und brüllte:

»WER hat diesen Brief geschrieben?«

Mit zitternden Knien stand ich auf, bemühte mich, freundlich zu lächeln, und sagte: »Ich.«

* Halb hebräisch, halb jiddisch = Sorgen.

Er musterte mich von oben bis unten, und sein »Kommen Sie rein!« klang wie ein Befehl.

Er setzte sich und wies auf den Stuhl gegenüber seinem Schreibtisch. Wortlos musterte er mich von neuem, dann raunzte er los: »Wie kommen Sie dazu, so unflätiges Zeug zu behaupten?«

Ich zwang mich, ihm direkt in die Augen zu blicken, um meine Angst zu verbergen, und sagte schlicht: »Weil es die Wahrheit ist.«

»So etwas gibt es hier nicht! Meine Beamten sind sauber!«

»Dann kontrollieren Sie bitte mal, auf welche Art und Weise ein Herr Grünbaum in der jüngsten Zeit zuerst seine Legalisierung und dann einen palästinensischen Paß erhielt!«

Er betrachtete mich zweifelnd, und ich spürte sein Unbehagen.

»Ich kann noch weitere Namen nennen«, sagte ich und nannte sie.

Er kritzelte aufgeregt auf einem Stück Papier alles mit. Dann blickte er mich plötzlich fassungslos an und sagte: »Sie haben allerhand Courage, mich hier so zu konfrontieren!«

Er verließ den Raum, und als er kurz darauf zurückkam, sagte er mit ernster Miene: »Was haben SIE denn überhaupt für Papiere?«

»Gar keine.« Ich zog meinen ungültigen deutschen Paß aus der Handtasche. »Ich bin staatenlos.«

Er begutachtete den Paß, und als er auf jeder Seite den roten Stempel »ungültig« sah, schüttelte er den Kopf: »So was gibt's doch nicht. Was hat das zu bedeuten?«

»Ich habe einen kleinen Sohn, der Tuberkulose hat«, erklärte ich ihm, »und meine Verwandten in Holland wollten ihn und mich eine Zeitlang zu sich holen, in der Hoffnung, daß er dort geheilt werden könnte. Dieser Paß war damals nur noch ein paar Wochen gültig. Also ging ich zum deutschen Konsulat hier in Haifa, um ihn verlängern zu lassen – und kam staatenlos heraus.«

Verständnislos fragte er: »Aber wieso denn das??«

»Ich wurde schon im Vorzimmer von dem Beamten mit der Frage empfangen: ›Was wollen SIE denn hier bei UNS, Fräulein Koopmann?‹

Ich sagte ihm, daß ich jetzt Zucker heiße, und zeigte meine Heiratsurkunde, die ich natürlich mitgenommen hatte. Darauf knurrte dieser Beamte, daß die Urkunde bei ihnen keine Gültigkeit habe. Und überhaupt, wollte er weiter wissen, warum ich denn eigentlich wegfahren wolle.

Ich erklärte ihm, daß mein Sohn krank sei, worauf er auf ekelhafte Art und Weise wörtlich zu mir sagte: ›Soo? Einen unehelichen Balg haben Sie auch schon?‹

Ich widersprach heftig und wies ihn auf meinen Trauschein hin, und er: ›Das deutsche Standesamt war Ihnen wohl nicht gut genug?‹

Ich wurde richtig ärgerlich: ›Falls Sie es nicht wissen, Juden werden hier in Palästina nicht auf dem Standesamt der Botschaft getraut, sondern nur beim Rabbinat – und das laut Abmachung zwischen den deutschen und englischen Behörden und der Jewish Agency.‹

›Bei uns gilt Ihr Sohn als Bastard, und SIE, Fräulein Koopmann, werden nicht mehr mit einem deutschen Paß in der Welt herumreisen.‹ Dann nahm er einen schwarzen und einen roten Stempel und versah die erste und letzte Seite jeweils mit dem schwarzen Stempel ›Jude‹ und alle anderen Seiten mit dem roten ›ungültig‹. Und dann sagte er noch hämisch grinsend: ›Hier haben Sie ihren DEUTSCHEN Paß zurück.‹«

Stafford hatte mir aufmerksam zugehört, und ich schloß: »Sie können sich vorstellen, daß der Begriff ›staatenlos‹ seither mein Leben vergiftet.«

Ich glaubte, Verständnis in Staffords Augen aufflackern zu sehen, und fügte instinktiv noch hinzu: »Das gibt mir den Mut, mich an Sie zu wenden.«

Der Anflug eines Lächelns umspielte seinen Mund. Er sah mich lange und durchdringend an und sagte: »Sie haben Mut! Sie gefallen mir. Wissen Sie was, ich nehme Ihre Angelegenheit jetzt selber in die Hand.«

Er griff zum Telefon und sagte barsch: »Verbinden Sie mich mit dem deutschen Konsul!«

Als er ihn in der Leitung hatte, sagte er: »Hier in meinem Büro sitzt eine Dame, die schon länger hier ansässig ist. Ich will jetzt ihre Legalisierung erwirken und ihr einen palästinensischen Paß beschaffen. Das Gesetz verbietet mir aber leider, Staatenlose einzubürgern. Ihr Konsulatsbeamter hat nämlich den Paß dieser Dame Wochen vor Ablauf mit ›Jude‹ und ›ungültig‹ abgestempelt.«

Der deutsche Konsul rechtfertigte dieses Vorgehen wohl, denn Stafford sagte nach einer Pause: »Ich verlange dennoch von Ihnen, daß Sie ihr für eine kurze Zeit einen neuen Paß ausstellen! Sie wird ihn nicht lange benötigen.«

Der Konsul stellte sich wohl weiterhin stur. Stafford legte wütend den Hörer auf und sagte wie zu sich selbst, prophetisch: »This means war!«[*]

Stafford ließ uns beiden Tee servieren, den sehr süßen arabischen Tee mit frischen Pfefferminzblättern, und saß da, ungläubig den Kopf schüttelnd. Offensichtlich mußte er sich erst mal fassen. Nach einer Weile begann er geduldig zu erklären: »Also, ich kann Sie nur legalisieren, indem ich Ihnen ein gültiges Einwanderungszertifikat ausstelle. Das müssen Sie aber irgendwo im Ausland in Empfang nehmen und damit dann neu einwandern. Um diese Prozedur kommen wir nicht herum. Es genügt zwar, wenn Sie nach Beirut fahren, Ihr Fall ist jedoch besonders kompliziert. Denn ohne Paß können Sie ja auch nicht ausreisen, weder nach Beirut noch sonstwohin.«

Ich konnte ihn nur konsterniert angucken, und er fuhr fort:

»Die einzige Möglichkeit, die ich sehe, ist ein sogenannter Nansen-Paß. Das ist ein weißer Paß für Staatenlose, der in der Schweiz ausgestellt wird. Ich könnte ihn für Sie besorgen, jedoch will ich Ihnen nicht verschweigen, daß kein gewöhnlicher Sterblicher bisher mit einem solchen Paß über irgendeine Grenze gekommen ist.«

»Warum nicht?« fragte ich verzweifelt.

»Weil kein Land einen Staatenlosen auch nur vorübergehend

<hr>

[*] »Das bedeutet Krieg!« – wir schrieben das Jahr 1937…

aufnehmen will. Man nimmt natürlich automatisch an, daß der Betreffende beabsichtigt, illegal zu bleiben.«

»Heißt das, daß ich ewig illegal bleiben werde? Müssen Sie mich dann irgendwann verhaften?«

»Ein Stafford ist jedem Dilemma gewachsen!« sagte er, um mich zu beruhigen. Aber wohl auch, um nach einem Kompliment zu fischen. Ich besann mich darauf, daß ich eine Frau war, eine junge Frau, und ich versuchte einen bewundernden, sogar anbetenden Blick:

»Sie wollen mich tatsächlich retten?«

Ich spürte, daß ein gewisses Fluidum zwischen uns entstanden war, das er jedoch mit einem Mal wegfegte, indem er plötzlich aufsprang und abrupt sagte: »Kommen Sie nächste Woche wieder. Montag um zehn Uhr. Ich muß nachdenken.«

DRITTES KAPITEL

Arbeit bei Herrn Ades – Ahuwa –
Der Schwertertanz

Ich verließ Stafford mit einem guten Gefühl, so als hätte er mir meine Sorgen abgenommen. Ich überquerte den sehr breiten King's Way, schlenderte langsam an der großen Post, einem schönen alten arabischen Bau vorbei, und bog in Richtung des hohen antiken Torbogens, der zur Jaffa-Straße führte. Durch den Torbogen sah man schon das Markttreiben und das bunte Gewimmel Fez tragender Männer und stolzer, teils schwarz verschleierter Frauen. Die Straße sah aus wie ein orientalisches Gemälde, und ich war wie immer fasziniert.

Ich blieb stehen, und plötzlich fiel mir ein Schaufenster auf, direkt neben dem Torbogen, in dem zu meiner Verblüffung hochelegante europäische Herrenmode ausgestellt war. Sogar eine Reitausstattung war dabei, und ich erinnerte mich wehmütig an meine Reitstunden in ferner Vergangenheit im Schweizer Pensionat ... Neugierig geworden, schaute ich mir auch das zweite, um die Ecke liegende Schaufenster an – hier fanden sich die erlesensten Dessous, französische Parfums und durchsichtige Negligés, dekoriert mit pastellfarbenen künstlichen Blumen. Und dort, in einer Ecke, lehnte ein Schild: »Unverheiratete Verkäuferin gesucht, Sprachkenntnisse erforderlich« stand dort auf Englisch! Ich hatte gerade in den letzten Wochen verzweifelt eine Arbeit gesucht – ohne Erfolg.

Kurz entschlossen steckte ich meinen Ehering in mein Portemonnaie und betrat das Geschäft. Im Kontrast zum grellen Sonnenlicht draußen war es hier angenehm dunkel und kühl. Der Herr hinter der Kasse, der mich wohl wegen meiner europäischen

Kleidung für eine Kundin hielt, kam mir entgegen: »Womit kann ich Ihnen dienen?« fragte er auf Englisch mit arabischem Akzent.

»Ich möchte hier arbeiten, ich bin eine gute Verkäuferin.«

Erstaunt ging er einige Schritte zurück und musterte mich von oben bis unten.

»Verheiratet?«

»Nein.«

Ich war froh, daß es ziemlich dunkel war und man mir meine Verlegenheit nicht ansehen konnte. Mir war völlig unklar, warum das so wichtig für eine Verkäuferin sein sollte. Ich vermutete, daß er Kindersegen befürchtete und deshalb häufiges Fehlen.

»Sprachen?« fragte er weiter.

»Englisch, Französisch, Deutsch, notdürftig Iwrith*.«

Mit einem äußerst zuvorkommenden Lächeln sagte er: »Sie sind engagiert. Fünf englische Pfund die Woche.«

Ich dachte mir: »Wunderbar. Zwar keinen Paß, aber schon einen Job.«

Das Geschäft, das direkt neben dem arabischen Markt lag, gehörte diesem Herrn Ades, der mich engagiert hatte – ein Araber, der mit einer Armenierin verheiratet war. Die beiden waren mit diesem kleinen Unternehmen sehr wohlhabend geworden. Außer mir arbeitete dort noch Nofal, mein einziger Kollege. Nofal war ein stark parfümierter, geschniegelter und gutaussehender Orientale.

Ich blieb gleich da, und Ades wies mir sofort den Platz hinter der Verkaufstheke an. Die Kunden waren fast ausschließlich Herren, teils englische Zivilbeamte oder hohes Militär, teils reiche Araber, die viel Zeit zu haben schienen, denn sie saßen oft stundenlang in einem Hinterzimmer mit dem Inhaber zusammen, wo ihnen von Nofal zubereiteter sehr süßer schwarzer Kaffee mit Kardamom serviert wurde. Ich beherrschte diese Kunst des Kaffeebrauens noch nicht.

* Iwrith ist das gesprochene Hebräisch.

An diesem Mittag machte Ades eine lange Pause und ging nach Hause, das Geschäft blieb jedoch geöffnet. Kaum war er gegangen, kam Nofal zu mir und fragte: »Bist du Jüdin?«

»Ja«, sagte ich.

»Siehst du die Bäume da draußen? An denen werdet ihr alle aufgehängt, wenn der Hitler kommt. Der ist schon unterwegs.«

Ich ignorierte diese Bemerkung und ordnete die Parfümflaschen. Sehnsüchtig nahm ich eine große Flasche meines früheren Lieblingsparfüms, »Quelques Fleurs« von Houbigant, in die Hand – nunmehr unerschwinglich für mich. Und mir ging durch den Kopf, daß ich mich wegen Nofal immer unbehaglich an diesem Arbeitsplatz fühlen würde.

Als ich am Abend Walter freudestrahlend von dieser neuen Verdienstmöglichkeit berichtete, wurde er sehr skeptisch.

»Wieso unverheiratet? Ich werde dich sowieso nach Ladenschluß nicht allein auf den Hadar gehen lassen, also muß ich dich jetzt jeden Abend abholen, dann werden die mich ja sehen.«

»Ich bitte dich, Walter«, flehte ich inständig, »wir brauchen doch das Geld so nötig. Du kannst ja an der nächsten Ecke auf mich warten, wo man dich nicht sieht!«

So machten wir es, und eine Zeitlang merkte Ades nichts.

Einer seiner besten Kunden war ein älterer, Fez tragender Effendi, der so korpulent war, daß er fast aus seinem seidenen Anzug herausquoll. Als ich ihn das erste Mal in den Laden kommen sah, verschwand er gleich im Hinterzimmer, und wenig später reichte mir Ades dessen Jackett heraus, und ich mußte, während der Kunde Kaffee trank, die Knöpfe über dem Bauch verstärken. Dann kam er mit Ades heraus und überlegte laut, was er denn eigentlich kaufen sollte. Dabei wurden zwischen den Herren endlose Höflichkeitsformeln und Komplimente, teils auf Englisch, teils auf Arabisch, ausgetauscht. Ohne ein solches Palaver kam selten ein großer Kauf zustande.

Ades wandte sich zu mir und sagte: »Der Herr Effendi möchte Geschenke für eine sehr charmante Dame kaufen – er weiß aber leider gar nicht, was einer sehr jungen Person gefallen könnte.«

Ich sollte ihn also beraten und ihm die schönsten (und teuersten) Dessous vorlegen, die wir auf Lager hatten. Der »Herr Effendi« gab mir zu verstehen, daß nur Schwarz in Frage käme. Zu den reinseidenen schwarzen Strümpfen sollte ich auch die damals modernen, mit Spitzen besetzten Strumpfhalter heraussuchen. Er hielt sich besonders lange mit Büstenhaltern auf. Nachdem er die kostspieligsten Stücke zur Seite gelegt hatte, ging er zu den Parfums über. Er nahm drei Flaschen, auch hier vom Teuersten, sowie Körperlotion, Körperpuder und Seife. Stolz trug ich alles zur Kasse und erwartete ein Lob von Ades, der alles zu einer eleganten Geschenkpackung zusammenstellte. Der Kunde nahm das Paket entgegen, und mit den Worten »All this is for you« reichte er es mir. Ich war vollkommen perplex und schob es von mir. Daraufhin sagte er: »Warum denn nicht? Und heute abend werden wir dann zusammen dinieren.«

Jetzt verstand ich, weshalb Herr Ades sich eine unverheiratete Verkäuferin gewünscht hatte. Er nahm mich schnell zur Seite und flüsterte mir eindringlich ins Ohr: »Ihren Verdienstmöglichkeiten sind dabei keine Grenzen gesetzt ...«

Der Effendi lief rot an und schwitzte noch mehr als vorher. Er warf das Paket auf den Tisch und verließ wütend den Laden.

Ades versuchte seinen Ärger zu unterdrücken und sagte: »Ich verlange ja nichts weiter, als daß Sie mit ihm essen gehen!«

»Herr Ades, das paßt nicht zu mir. Ich arbeite als Verkäuferin und nur bis Ladenschluß.«

Er zuckte die Schultern und murmelte, während er mir den Rücken zukehrte: »Sie werden sich noch dran gewöhnen.«

Es dauerte nur wenige Wochen, bis er Walter entdeckte, der auf mich an einer dunklen Straßenecke wie jeden Abend wartete, und mich zur Rede stellte: »Miss Ruth, ich wollte keine verheiratete Verkäuferin, und ich möchte auch keine mit einem festen Freund. Ich möchte Sie bitten, daß dieser Herr sich nicht mehr in der Nähe meines Geschäftes blicken läßt!«

Ich wußte inzwischen, daß Ades mich nicht so leicht ersetzen konnte. Ich verstand es, mit seiner Kundschaft umzugehen, und mit meinen Sprachkenntnissen war ich für diesen Job ohnehin überqualifiziert. Wenn ich noch Stenographie und Schreibmaschine gekonnt hätte, hätte ich als Sekretärin viel mehr verdienen können. Daher wagte ich es, dreist zu sagen: »Dann muß ich leider kündigen.«

Er schaute mich ungläubig an und sagte: »Das ist doch wohl nicht Ihr Ernst?«

»Herr Ades, ich bin verheiratet.«

Er wurde richtig blaß, holte tief Luft und sagte dann: »Ja …, wenn das so ist, kann ich auch nichts dagegen machen.« Und nach einer Pause: »Was macht denn Ihr Mann?«

»Mein Mann ist Arzt, momentan arbeitet er jedoch als Lastwagenfahrer.«

Ich war mir sicher, daß jetzt keine Kündigung folgen würde, war aber gespannt auf seine Reaktion und traute meinen Ohren kaum, als er fortfuhr: »Spricht Ihr Mann ebenfalls Englisch?«

»Ja.«

»Dann möchte ich Sie beide heute abend zum Essen einladen. Meine Frau ist Armenierin. Sie liebt Juden und wird sich sehr über euch freuen. Sie sagt immer, ihr Juden hättet das gleiche Schicksal wie ihr eigenes Volk. Beide werden seit Generationen verfolgt.«

Der Abend war für uns wie ein richtiges Fest. Wir waren noch nie von einer einheimischen Familie eingeladen worden. Die bildhübsche und kluge Frau von Ades hatte einen Tisch gedeckt, der mich mit der schönen weißen Tischdecke, dem Kristall und Silber an Europa erinnerte. Meinem Chef, der tagtäglich hinter seiner Kasse stand, hätte ich ein solch kultiviertes Heim nicht zugetraut. Sie bewohnten ein wunderschönes altarabisches Haus, das sich ganz in die Landschaft fügte. Hohe Pinien beschatteten es, so daß es drinnen angenehm kühl war. Es wurde ein sehr langer Abend, und wir tauschten Lebensgeschichten aus wie alte Freunde.

Fortan hatte Ades eine andere Einstellung zu mir, wodurch auch Nofal mich mit einem gewissen Respekt behandelte. Jetzt mußte er auch mir, auf Anordnung von Ades, den süßen türkischen Kaffee servieren, wenn ich Lust darauf hatte. Das Beglückendste war für mich, als er mir eine Flasche »Quelques Fleurs« schenkte. Ich hatte mir so lange schon kein Parfum leisten können!

Von meinem neuen Arbeitsplatz setzte ich alsbald Aharonchik in Kenntnis. Zu meinem Erstaunen war er ganz begeistert und sagte: »Das ist ja wie vom Himmel gefallen, da bist du genau an der richtigen Stelle! Jetzt kann ich dich sofort nützlich einsetzen.«

Verständnislos blickte ich ihn an.

»Ich werde dir eine Liste geben«, erklärte er mir, »so daß du weißt, worauf du genau achten und was du beobachten solltest in diesem Laden. Eine Liste die Engländer betreffend, eine für die Araber. Bei den Engländern brauchen wir, wenn irgend möglich, die Namen und, falls sie Uniformen tragen oder du es anders herausfinden kannst, ihren Rang oder welchen zivilen Posten sie haben. Und du mußt dir unbedingt merken, wieviel Geld sie ausgeben und wofür, das ist besonders wichtig! Denn so bekommen wir heraus, ob sie sich ihre Ausgaben leisten können oder über ihre Verhältnisse leben. Dann haben wir unter Umständen ihren Schwachpunkt. Und ob sie Dessous kaufen, ist wichtig – vielleicht haben die entsprechenden Damen ein offenes Ohr für uns, wenn wir sie ausfindig machen können. Du könntest die Herren in Gespräche verwickeln und erfahren, in welcher Gesellschaft sie sich bewegen.

Für die Araber gilt das gleiche. Und dazu mußt du einige wichtige Vokabeln kennen, so wie ›Jahud‹*. Das sind Stichwörter, um genau hinzuhören, man kann es schon am Tonfall merken, ob welche besonders scharf über uns reden, beim Kaffeetrinken zum Beispiel. Und und und, du mußt dir einfach alles genau merken, vor allem Namen, wenn sie fallen!«

* Jahud = Jude.

Nach diesem Gespräch mit Aharonchik verschwand ich nun im Geschäft des öfteren im Lagerraum oder in der Toilette und bekritzelte kleine Zettel, die ich in meinem Büstenhalter verschwinden ließ. Abends schrieb ich die Informationen und Namen dann leserlich ab, und wenn das Kind im Bett war und schlief, ging ich, meist sehr müde, noch in die »Küche«. Es war dann schon dunkel, aber Walter konnte mich nicht immer begleiten, und ich gewöhnte mich allmählich daran, ein gefährliches Spiel zu spielen.

Angst hatte ich nur vor Nofal, der nämlich MICH zu bespitzeln schien; bei Ades hingegen hatte ich ein gutes Gefühl, er war harmlos und gutgläubig. Ich war froh, daß ich ihn nicht als Feind betrachten mußte, denn ich hatte seine Frau und seine sehr netten Kinder liebgewonnen.

Manchmal, wenn der Laden leer war und die Hitze trotz des großen Deckenventilators unerträglich wurde, stellte ich mich vor die Ladentür, bis ein Kunde kam. Genau gegenüber gab es einen Antiquitäten-Laden mit wunderschönen alten Möbeln, Porzellan und Silber. Dies alles stammte aus den ehemaligen Häusern europäischer Juden, die ihr Hab und Gut verkaufen mußten, um hier überleben zu können. All jene, die rechtzeitig aus Europa wegkamen, so daß es ihnen möglich war, ihren Besitz legal mitzunehmen und zu verschiffen, konnten sich auf diese Weise wenigstens einige Zeit über Wasser halten. Kostbarkeiten wie Meißner Porzellan und Kristallgläser und was das Herz sonst noch begehrte, waren deshalb hier in Palästina in den Häusern der reichen Effendis zu finden.

Der Laden gehörte einer deutschen Jüdin, und ihre einzige Verkäuferin, sehr jung, mit glänzenden dunklen Locken und fast schwarzen Augen eindeutig orientalischen Ursprungs, stand wie ich oft vor der Ladentür. Ich fand sie bezaubernd, und nach einer Weile fingen wir an, uns über die Straße hinweg zuzulächeln. Ich vermutete, daß Hebräisch ihre Muttersprache war und daß sie wahrscheinlich auch Arabisch konnte, und fand es sehr schade, mich mit ihr wohl kaum verständigen zu können. Mit der Zeit winkten wir uns morgens zur Begrüßung zu.

Eines Tages wurde sie von einem vorübergehenden Herrn angesprochen, und ich konnte trotz des Straßenlärms ein paar Brocken Französisch aufschnappen. Ich rief ihr voller Begeisterung laut über die Straße zu: »Vous parlez français?«

Sie rief zurück: »Vous aussi!?«

Nicht auf den Verkehr achtend, der damals mehr aus Eseln als aus Autos bestand, liefen wir uns entgegen und umarmten uns mitten auf der Straße. Die Sprachbarriere, die es besonders in diesem Land so schwer oder auch unmöglich machte, neue Freunde zu finden, war gefallen. Mein Chef, der inzwischen ebenfalls vor die Tür getreten war, rief mich zur Ordnung, und wir verabredeten uns schnell nach Ladenschluß. Am Abend holte Walter mich ab, und wir gingen zu dritt zu uns nach Hause. Ihr Name war Ahuwa[*].

Sie war eine Jüdin aus Ägypten, und der Zion-Sehnsucht aller Juden folgend, hatten ihre Eltern sie nach Palästina vorausgeschickt und wollten nachkommen, sobald sie den Haushalt aufgelöst hatten. Ahuwa wohnte bei ihrer alten Tante, mit der sie sich nicht gut verstand. Außer ihr und ihrer Chefin, die eigentlich nur Deutsch konnte, kannte sie sonst niemanden, obwohl sie, da sie sehr sprachbegabt war, Iwrith schon gut beherrschte. Sie fühlte sich sehr einsam und verlassen in diesem Land und war nun glücklich, eine Familie kennengelernt zu haben, die ihre Sprache sprach. Sie konnte zwar das ägyptische Alltagsarabisch (das sich von dem palästinensischen Arabisch sehr unterscheidet), doch ihre Muttersprache war Französisch: Sie hatte ihre ganze Schulzeit auf einer französischen Alliance-Schule[**] verbracht.

Mir ging es wie ihr – auch ich hatte bis dahin keine Freundin gefunden. Meine liebe Untermieterin, eine geborene Polin, hatte im Kibbuz gelebt, bevor sie in die Stadt kam. Und trotz der großen Sympathie zwischen uns und meiner Dankbarkeit, daß sie sich so fürsorglich um Eli kümmerte, hatten wir doch völlig un-

[*] Ahuwa ist ein hebräischer Name und bedeutet »Geliebte«.
[**] Von Frankreich gegründete Eliteschule.

terschiedliche Interessen. Bei Ahuwa und mir stimmte die Wellenlänge von Anfang an. Für mich verkörperte sie den ganzen Zauber des Morgenlandes, nach dem ich mich immer sehr gesehnt hatte und der hier so oft durch die Härte und Grausamkeit des Alltags verschüttet war. Ahuwa war lebensfroh, immer sonnig und strahlte eine ganz eigene Wärme aus. Sie war ein Mensch, zu dem jeder sofort Vertrauen faßte. Wir waren glücklich, daß wir uns gefunden hatten.

Ahuwa ging jetzt täglich zum Abendessen mit zu uns. Selbst amüsiert über ihr Zögern, lernte sie bald unsere kargen europäischen Speisen schätzen. Und sie wiederum brachte uns bei, aus preiswerten Zutaten gute orientalische Gerichte zu kochen, mit viel Obst und Salaten. In Ägypten hatte sie kleinere Geschwister zurückgelassen, nach denen sie große Sehnsucht hatte. Deshalb war sie ganz begeistert, wenn sie mit Eli spielen konnte. Und sie brachte ihm zu unserer Freude Hebräisch bei – zu Hause sprachen wir ja unsere Muttersprache Deutsch. Auch Walter schloß Ahuwa ins Herz, zudem war Französisch seine Lieblingssprache.

Sie half mir bei meiner Arbeit für die »Küche«, indem sie nichtsahnend arabische Ausdrücke und Flüche, die ich aufschnappte, aber nicht verstehen konnte, übersetzte. Sie brachte mir die orientalische Mentalität näher, und seit sie meine Freundin war, fühlte ich mich weniger entwurzelt und diesem Land schon fast liebevoll verbunden. Plötzlich war Palästina für mich Ahuwa, und Ahuwa war für mich Palästina.

Eines Tages in diesem Sommer standen wir wieder vor den Ladentüren. Ades hatte mich darauf aufmerksam gemacht, daß heute Maria Himmelfahrt und auch der Tag des islamischen »El Atra«-Opferfestes sei, bei dem auf rituelle Art Lämmer geschlachtet würden, die sogenannten »Sündenböcke«. Er erzählte weiter, daß die Mohammedaner nach dem Verlassen der Moschee auf dem arabischen Souk in langen Reihen durch die Straßen tanzen würden.

Wir hörten bereits die Glocken der christlichen Kirche, aber ich freute mich besonders, einmal ein orientalisches Himmelfahrtsfest zu erleben. Ich hatte dieses Fest aus Deutschland und besonders aus Italien sehr lieblich und fröhlich in Erinnerung.

Da hörten wir ein fürchterliches Grölen. Eine unter wilden Trommelschlägen stampfende Menge erschien, scharfe Dolche zwischen den Zähnen und mit Schwertern herumfuchtelnd. Die Dolche flogen von Mund zu Hand und wieder zum Mund, hin und her, unterbrochen von kreischenden Ausrufen. Rhythmisch und mit haßerfülltem Johlen wurden Drohungen gegen Juden ausgestoßen, während die Tobenden sich staubwirbelnd durch die Gassen wälzten. Zu der unerträglichen Hitze, die der Wüstenwind mit sich brachte, kam beißender Schweißgeruch, der zusammen mit verfault-süßlichen Dämpfen von verdorbenem Gemüse aus dem Souk über der Szene lag. Das hier war kein dem christlichen vergleichbares Himmelfahrtsfest, sondern der »Schwertertanz« der Moslems! Ich stand zitternd vor Furcht vor diesen außer sich Geratenen mit ihren haßerfüllten Gesichtern und blieb wie angewurzelt, wie hypnotisiert auf dem Trottoir stehen. Der Schock war unbeschreiblich. Es war Absicht, diese Art islamisches Opferfest ausgerechnet an diesem christlichen Feiertag abzuhalten und der Himmelfahrtsprozession zuvorzukommen, die eigentlich um diese Zeit hier hätte stattfinden sollen.

Ahuwa hatte sich längst ins Innere des Antiquitätengeschäftes gerettet und die Tür verschlossen. Als ich mich selbst auch vor diesem schrecklichen Schauspiel in den Laden flüchtete, erwartete mich dort Nofals hämisches Grinsen, mit dem er mich anstarrte. Ades hatte sich beschämt hinter die Kasse zurückgezogen.

Ich sagte kurz: »Ich gehe den Lagerraum aufräumen«, und zog mich zurück. Auf einen meiner kleinen Zettel kritzelte ich noch immer wie unter Schock: Seid vorsichtig an Maria Himmelfahrt, da wird ein Teil der arabischen Bevölkerung unberechenbar!

An diesem Festtag sollten auch in späteren Jahren immer wieder Unruhen ausbrechen. Meine tiefe Erschütterung diesem Schauspiel gegenüber war eines der Ereignisse, die mich in meiner Überzeugung als Haganah-Kämpferin stählten. Aber es sollte noch etwas unermeßlich viel Schrecklicheres geschehen, und danach wußte ich entgültig, daß ich tun mußte, was ich tat.

Auf dem Nachhauseweg am Abend dieses Tages versuchte Ahuwa mich zu beruhigen: »Es ist doch besser, wenn diese primitive Menge ihren Haß auf uns mit Tanzen und Geschrei los wird, als daß sie wirklich auf uns losgehen!«

Aber es gelang ihr nicht, dieses sich mir bis auf den heutigen Tag eingebrannte, bedrohliche Bild der Schwerter- und Dolch-Parade auszulöschen.

Unser Zusammengehörigkeitsgefühl wuchs immer mehr, und wir teilten auch den Kummer darüber, daß wir in unserem Alter keine Universität besuchen konnten. So gingen wir in die Leihbibliothek und versorgten uns wenigstens mit Lektüre. Wir lasen immer abwechselnd die gleichen Bücher, regten uns gegenseitig an, unsere Müdigkeit zu bekämpfen, förderten uns gegenseitig und vertieften so unsere Freundschaft und zugleich auch unser Wissen.

Nicht viel später lernte Ahuwa auf einem Ball der hiesigen Technischen Hochschule einen jungen, weißblonden Skandinavier kennen. Eine stürmische Liebe entstand zwischen diesen beiden grundverschiedenen Menschen, und sehr bald wurde Ahuwa Frau Osterman. Ihr Mann, der noch studierte, war ein glühender Idealist, und so hörte Ahuwa mit ihrer Arbeit in dem Geschäft auf, um ihrem Mann zu folgen. Die beiden gingen in die Wildnis, die damals auf dem Carmel-Bergzug landeinwärts herrschte, um dort einen Kibbuz zu gründen. Sie und eine Handvoll anderer junger Pioniere waren vorerst in einer alten, verfallenen Karawanserei untergebracht. Die Steingemäuer hatten keine Türen, das Wasser mußte aus einem Brunnen geschöpft werden, und als Beleuchtung gab es Petroleumlampen, um die nachts die gefährlichen Stechmücken schwirrten. Alle halfen und faßten mit an, um den Verschlag der Familie Osterman mit einer verschließbaren Tür zu versehen und mit geschenkten Möbeln etwas wohnlich zu machen, denn Ahuwa war schwanger geworden.

Die Monate vergingen, und Ahuwa sollte entbinden. Zusammen mit ihrem Mann und einigen Chawerim, die zur Sicherheit für die Fahrt in das einzige jüdische Krankenhaus in Haifa verbotenerweise Waffen bei sich hatten*, bestieg sie einen Lastwagen.

Sie begaben sich auf den ungepflasterten, holprigen Weg durch einen dichten Pinienwald, der hinunter zur Stadt führte. Unterwegs gerieten sie in einen arabischen Hinterhalt. Die Araber hatten sie offenbar beobachtet und schossen wie wild auf den großen Wagen. Der schwerverletzte Fahrer schaffte es dennoch irgendwie, bis zur Klinik zu kommen, die auf dem Hadar war. Wir wohnten ganz in der Nähe, und es geschah oft, daß mein Mann als Erste-Hilfe-Spezialist zu jeder Tages- und Nachtzeit gerufen wurde. Gab es mehrere Verletzte, wurde ich meist gebeten, auch mitzukommen.

Das Krankenhaus war inzwischen schon alarmiert – ein Passant hatte den Wagen mit seinen blutenden Insassen gesehen und sofort einen Notruf durchgegeben. Niemand wußte, von wo die Verletzten kamen. Zusammen mit dem Personal standen wir in banger Erwartung vor dem Portal. Dann kamen sie. Ein Sanitäter sprang auf die Ladefläche und reichte meinem Mann einen sterbenden Jungen, den wir so gut kannten – er war der Sohn des mit uns befreundeten deutschen Arztes Dr. Bär. Und mir reichte man die schwer blutende, ohnmächtige Ahuwa. Nie werde ich wissen, wie ich es schaffte, sie auf meinen Armen bis zu einer fahrbaren Liege zu tragen, die in der kleinen Halle der Klinik stand. Als man sie mir abnahm, wurde mir schlecht. Einer Ohnmacht nahe, suchte ich irgendeine Sitzgelegenheit.

Ahuwa starb noch in derselben Nacht, ohne ihr Kind geboren zu haben. Ihr schwerverletzter Mann, dem man ihren Tod zwei Tage lang verheimlichte, nahm von da an keine Nahrung mehr zu sich und starb bald darauf.

Die Erinnerung daran ist nie verblaßt, und der Schmerz hat nie

* Juden durften laut Erlaß der Mandatsregierung keine Waffen tragen.

nachgelassen. Seit dieser Nacht hatte ich niemals mehr auch nur einen Zweifel, wenn ich meiner Pflicht als Haganah-Mitglied nachging. »Haganah« heißt Verteidigung!

Dieses Geschehen lag damals, als ich so frisch bei der Bewegung war, gerade Mr. Stafford aufgesucht hatte und am selben Tag diese Arbeit im Laden in der Jaffa-Straße fand – dies alles lag damals noch in weiter Ferne. Ich habe Gott oft dafür gedankt, daß Ahuwa und ich beide in dieser kurzen Freundschaft nicht ahnten, auf welche Art und Weise wir uns in Jahresfrist verlieren würden. Haben wir uns verloren? Bis heute lebt Ahuwa – fast als Symbol, für so vieles – in mir fort.

VIERTES KAPITEL

Meine fingierte Einwanderung – Mit dem Taxi
nach Beirut und zurück – Die Bombe im
arabischen Souk

Eine Woche war vergangen, und der ersehnte Montag, an dem Stafford mich wieder zu sich bestellt hatte, war endlich da. Ich mußte über mich selber lächeln – bei dem Hochgefühl, mit dem ich mich nun arglos und ohne Gefahr in die Höhle des Löwen begab …

Genußvoll sagte ich dem finster blickenden Beamten: »Ich habe um zehn Uhr einen Termin bei Mister Stafford.« Ungläubig nahm der den Telefonhörer, um sich bei Stafford zu vergewissern. Bei dessen Antwort sprang er sofort auf und geleitete mich bis zur Tür, die er ergeben für mich öffnete. Stafford schien guter Laune und empfing mich sehr freundlich. Als erstes wurde wieder der mit Minze gewürzte süße Tee serviert, der im Orient eine Art Begrüßungsritual ist, so wie der schwarze türkische Kaffee.

»Eines müssen Sie mir jetzt verraten, wie sind Sie überhaupt ohne Einwanderungspapiere hier ins Land gekommen?«

»Das ist eine lange Geschichte.«

»Ich habe mir heute viel Zeit für Sie genommen. Es wird keine einfache Aufgabe sein, Ihnen zu helfen, und darum muß ich alles wissen, was für Ihre Einwanderung relevant ist.«

»Mein Verlobter war mit einem fingierten Zertifikat als landwirtschaftlicher Arbeiter vorgefahren. Meine Eltern wollten mich nicht heiraten lassen und mich an dieses wilde Land, wie sie sagten, verlieren«, begann ich und erzählte ihm mein ganzes Abenteuer in allen Einzelheiten, bis hin zu der Szene, die Leo dem englischen Einwanderungsoffizier im Hafen von Haifa gemacht hatte, und zu den Passagieren, die mich am nächsten Tag mit Walter »erwischt« hatten.

Stafford schaute mich amüsiert und auch etwas ungläubig an: »Soll ich Ihnen das glauben? Sie sind ja eine faszinierende Erzählerin!«

»Es ist die reine Wahrheit.«

»Sie fangen an, mir zu gefallen! Wenn Sie das wirklich so gedeichselt haben, dann habe ich etwas weniger Bedenken in bezug auf die Schwierigkeiten, die Ihnen noch bevorstehen. Ich habe jedenfalls Ihren Nansen-Paß bereits in Genf angefordert. Die Schwierigkeit wird sein, mit einem solchen Paß ein Visum für den Libanon zu erhalten. Zypern ist ausgeschlossen, ich habe mich bereits erkundigt. Wir werden ja sehen … Einstweilen gehen Sie mal schön nach Hause – oder möchten Sie noch eine Tasse Tee?«

»Ich möchte Ihre Zeit nicht länger in Anspruch nehmen«, sagte ich mit ein wenig Bedauern, stand auf und ging durch die Tür, die er mir beflissen öffnete.

Nicht viel später ließ Stafford mich wiederum in sein Büro bestellen. Als ich eintrat, winkte er triumphierend mit dem weißen Nansen-Paß. Ich in meiner Naivität nahm an, daß meine Sorgen nun vorüber seien. Strahlend nahm ich den Paß entgegen. Aber Stafford sagte mit einem Seufzer: »Jetzt fängt unser Kampf erst an.«

Teils erschrak ich, teils freute ich mich über das »unser«, und zaghaft fragte ich: »Was nun?«

»Jetzt rufen wir als erstes den französischen Konsul an und verlangen von ihm persönlich ein Visum für den Libanon[*]. Sie müssen nämlich nach Beirut, in die britische Botschaft. Dort habe ich bereits ein Einwanderungszertifikat nach Palästina für Sie vorbereiten lassen, das müssen Sie allerdings persönlich abholen. Wir fingieren einfach eine neue Einwanderung! Es gibt keinen anderen Weg.«

---

[*] Libanon stand damals unter französischer Mandatsherrschaft.

Stafford hatte nun den französischen Konsul am Telefon und sagte: »Ich benötige ausnahmsweise ein Visum für den Libanon in einem Nansen-Paß.«

Und der Konsul am anderen Ende der Leitung: »Mein lieber Stafford, Sie wissen doch genau, daß es das nicht gibt.«

»Aber hier handelt es sich um einen absoluten Einzelfall, und ich brauche dieses Visum dringend, daher erwarte ich von Ihnen Entgegenkommen.«

»Da verlangen Sie von mir Unmögliches!«

»So? Dann will ich Ihnen mal was erklären: Sie wissen doch genau, daß die Night Clubs in Beirut nur deshalb jeden Abend gefüllt sind, weil Sie Ihre käuflichen Damen aus Paris dorthin importieren.«

»Na und?«

»Sie wissen doch selbst, daß Sie nicht berechtigt sind, diese Damen für längere Zeit dort zu behalten. Es sei denn, daß Sie deren Visum erneuern. Es ist natürlich zu aufwendig, sie für diesen Zweck jeweils nach Paris zu schicken und von dort postwendend zurück. Sie erinnern sich doch an unser Gentlemen's Agreement? Ich lasse die Damen als ›Taxiladungen‹ und ohne Visum nach Palästina rein, vorausgesetzt, sie betreten keinen palästinensischen Boden, sondern fahren direkt auf das Gelände der französischen Botschaft, wo sie ihr neues Visum in Empfang nehmen, und dann geht's zurück ... Ich versichere Ihnen hiermit: Wenn die Dame, die unter meiner persönlichen Obhut nach Beirut fährt, nur um dort die britische Botschaft zu betreten, nicht mit einem Visum versehen reisen kann, reist keine einzige Ihrer Huren mehr durch Palästina.«

Es entstand eine lange Pause, während der ich mich fragte, gegen wieviel Pariser Huren ich wohl ausgetauscht würde.

Der französische Konsul sagte seufzend: »Gut, kommen Sie am Sonntag ins Konsulat, da werde ich wenigstens nicht selber da sein. Und schicken Sie vorher den Paß. Ich werde einen Beamten bevollmächtigen, den Paß mit dem Visum zu stempeln und ihn an Sie auszuhändigen.«

»Very much obliged, Monsieur Le Consul.«

Stafford grinste mich lausbübisch an: »Ich glaube, das hätten wir«, sagte er triumphierend; offensichtlich schien er richtig Gefallen an »unserem« Kampf zu finden.

Dank der Haganah war inzwischen unser einziger Wohnraum so weit hergerichtet, daß ich mich nicht mehr schämen mußte, Mr. Stafford zu einer Tasse englischen Tees zu uns einzuladen, wo er auch meinen Mann kennenlernte. Sie unterhielten sich freundschaftlich über klassische Musik, die sie beide liebten. In Gedanken teilte ich bereits der Haganah mit, daß unbedingt ein Grammophon sowie die entsprechenden Platten herbeigezaubert werden müßten.

Der nächste Sonntag kam, und ich fühlte mich sehr verwöhnt, als ich an Staffords Seite in seinem eleganten Auto zum französischen Konsulat fuhr. Ein Beamter empfing uns mit den Worten: »Ich habe Sie erwartet. Monsieur Le Consul bat mich, Ihnen diesen Paß zu übergeben.«

Stafford nahm ihn entgegen und sah vorsichtshalber nach: von Visum keine Spur!

Mit sehr erhobener Stimme fuhr er den Beamten an: »Monsieur Le Consul hatte mir ein Visum für den Libanon in diesem Paß versprochen!«

»Ja«, sagte der Beamte, »er hat mir auch den entsprechenden Stempel hiergelassen. Ich konnte den Paß allerdings nicht stempeln, weil es nur gültig ist, wenn auf die entsprechenden Steuermarken gestempelt wird, und die hat er mir nicht hiergelassen.«

»Soo!? Wo sind diese Steuermarken?«

»Die sind im Safe von Monsieur Le Consul.«

»Dann machen Sie den Safe gefälligst auf!«

»Aber ich habe doch keine Ahnung von der Kombination!«

Stafford wurde immer lauter: »Haben Sie hier zufällig ein funktionierendes Telefon??«

»Ja, Monsieur, ein Telefon gibt es.«

Stafford rief, wie mir schien, eine Abteilung der Kriminalpolizei an. Er brüllte fast in den Hörer: »Hier Stafford. Ich brauche sofort den besten Experten zum Safeknacken, den Sie haben, und zwar SOFORT!«

Dann setzte er sich seelenruhig in einen bequemen Sessel, nahm sein silbernes Zigarettenetui heraus und rauchte in aller Behaglichkeit. Der französische Beamte lief leichenblaß im Flur auf und ab, griff zum Telefon und versuchte verzweifelt, seinen Konsul zu erreichen.

Ich war furchtbar nervös, und offensichtlich um mich abzulenken, deutete Stafford auf sein Zigarettenetui: »Dies hier ist mein Maskottchen. Es hat mir das Leben gerettet.«

Neugierig blickte ich ihn an.

»Es ist das Geschenk meiner Freundin, die übrigens Jüdin ist. Ich habe es immer in der inneren Brusttasche meines Jacketts getragen. Eines Tages, ich saß gerade mit Freunden zusammen, hatte es offenbar ein Scharfschütze auf mich abgesehen. Eine Kugel traf mich durch das offene Fenster genau dort, wo sie ins Herz eingedrungen wäre. Sie prallte an diesem Etui ab.« Er zeigte mir die Delle in dem silbernen Etui.

Unterdessen war es dem Beamten nicht gelungen, seinen Konsul zu erreichen. Dafür erschienen jedoch sehr schnell zwei englische Herren. Der eine sah sehr wichtig und autoritär aus und war offensichtlich der Vorgesetzte des anderen – ein völlig unscheinbares kleines dürres Männchen, das ihm wie ein Hund auf den Fersen folgte. Ersterer fuhr den französischen Beamten an, nachdem er Stafford ehrwürdig begrüßt hatte: »Where is the safe?«

Stafford hatte ihn längst ausfindig gemacht und führte seine Landsleute schnurstracks ins nächste Zimmer, ohne den Beamten noch weiter zu beachten. Das kleine Männchen ging in die Hocke und fummelte mit unglaublich flinken spitzen Fingern am Schloß herum. Es dauerte nur Minuten, da hatte er die Zahlenkombination heraus, und die Tür sprang auf.[*]

---

[*] Die Briten hatten in Palästina ja die Obrigkeit und konnten sich solche Aktionen in der französischen Botschaft erlauben.

Der Franzose hatte begriffen, daß ihm nichts anderes übrigblieb, als Stafford ihn anraunzte: »Nehmen Sie die notwendigen Marken heraus!« und folgte aufs Wort.

Auf Staffords Frage: »Haben Sie Unterschriftsberechtigung?«, zögerte er zwar, sagte dann aber: »Ja, das habe ich.«

»Dann setzen Sie sich gefälligst hin und tun Sie das Nötige, damit dieser Paß ein vollgültiges Visum erhält. Es ist gesünder für Sie, wenn diese Dame ohne Schwierigkeiten reisen kann!«

Beirut lag nicht weit von Haifa entfernt, und ich hoffte mein Anliegen in einem Tag erledigen zu können. Unser Geld war zu knapp, als daß ich mir ein Hotel hätte leisten können. Außerdem wollte ich auch abends wieder bei meinem Kind sein, obwohl ich wußte, daß Eli bei Malka, meiner lieben Untermieterin, sehr gut aufgehoben war.

Bei Morgengrauen brach ich auf, und Walter brachte mich in die untere Stadt zum »Sherut«, dem Sammeltaxi, das nach Beirut fuhr.[*]

Wir waren zu siebt, und die Fahrt durch die schöne Bucht von Haifa, vorbei an Mimosen und Oleander, bis zur libanesischen Grenze ging glatt voran. Die Grenzstation »Ras El Nakura«[**] bestand aus zwei so gut wie verfallenen Baracken. Aus der kleineren, der libanesischen, kam ein arabischer Polizist in Uniform stolziert, um die Pässe zu kontrollieren und stutzte sofort, als er meinen weißen Paß sah. Mit erhobener Stimme sagte er auf arabisch: »Raus mit Ihnen!« und machte mir fuchtelnd entsprechende Zeichen.

Ich tat, als verstünde ich ihn nicht.

Da brüllte er auf englisch: »Outside! Outside!«

Ich versuchte ihm, ebenfalls auf englisch, klarzumachen, daß

[*] Bis heute ist es üblich, daß Sammeltaxen von Haifa aus in alle Richtungen fahren, rund um die Uhr nach Bedarf, so daß man sich die u.U. sehr langen Wartezeiten auf die Busse erspart.
[**] Dieser Ort heißt heute auf hebräisch Rosh Hanikra.

dies ein gültiger Paß sei, und hielt ihm das abgestempelte Visum unter die Nase.

Er schrie: »Not possible!« und, sich noch mehr ereifernd, »Forgery!« – Fälschung! brüllend, hatte er mich bereits am Arm gepackt und zog mich aus dem Auto heraus.

Hilflos stand ich neben ihm auf der Straße und konnte dem Taxi nur noch hinterhersehen, das ohne mich Richtung Libanon verschwand. Der Araber ging auf sein Büro zu und winkte mir, ich solle mitkommen. Drinnen saß eine Kollegin, der er den Paß zeigte, auf das Visum deutete und immer noch mit erhobener Stimme sagte: »This forgery!« Dann sagte er der Polizistin etwas auf arabisch, woraufhin ich von ihr am Arm gepackt wurde und sie mich in eine Nebenbaracke zog. Dort stank es dermaßen, daß kein Zweifel daran möglich war, wozu sie diente. Der Boden war mit schmutzigen Papierfetzen und mit Kakerlaken übersät, und in der Mitte war ein Loch im Boden. In einer Ecke stand ein zerbrochener Stuhl und sie gab mir energisch zu verstehen, daß ich mich ausziehen und meine Kleider dort ablegen müsse. Während ich das tat, untersuchte sie aufs genaueste meine Handtasche. Danach, nicht weniger gründlich, meine Kleider und meine Unterwäsche. Als sie zur Leibesvisitation überging, schlug ich ihr auf die Finger und brüllte sie an: »Hands off!« Das Englische und meine Wut ließen sie sofort einhalten. Sie verschwand aus dem Raum, und ich zog mich wieder an. Mir war klar, daß ich diese Erniedrigung nicht hätte über mich ergehen lassen müssen, wenn ich Geldscheine in den Paß gelegt hätte. Ich wagte es jedoch nicht, das wenige Geld, das ich hatte aufbringen und mitnehmen können, auszugeben, bevor ich in Beirut sein würde. Wer weiß, was mich da noch erwartete.

Ich ging zurück in das sogenannte Büro und verlangte jetzt energisch und empört, daß sofort das Immigration Department in Haifa angerufen und der Chief Immigration Officer persönlich an den Apparat geholt werde. Der Araber lachte mich aus. Kurz entschlossen nahm ich selber das Telefon und wählte Staffords direkte Durchwahl.

Sowie er meine Stimme vernahm, fragte er aufgeregt: »Wo sind Sie?«

»Ich bin in Ras El Nakura steckengeblieben. Der libanesische Grenzpolizist behauptet, mein Visum sei eine Fälschung. Das Sammeltaxi ist längst weg! Und ich stehe hier in ›no man's land‹!«

»Geben Sie mir den Kerl sofort an den Apparat!«

Das tat ich mit Genugtuung, und Staffords Stimme war durch den Hörer bis zu mir zu hören, als er den Grenzer zusammenstauchte und ihm befahl, mich auf der Stelle mit dem nächsten vorbeikommenden Taxi weiterreisen zu lassen.

Eine ganze Stunde verging, die ich draußen vor der Baracke, geplagt von Fliegen und Mücken, verbrachte, bis sich mein Schutzengel meiner erbarmte. Tatsächlich kam ein Sammeltaxi vorbei, das zudem nur halb besetzt war, so daß ich mitfahren konnte. Ich schüttelte mich weiter vor Ekel über das, was mir eben widerfahren war, und nahm vor Erschöpfung nichts von der sehr schönen libanesischen Landschaft wahr, durch die wir jetzt fuhren.

In Beirut angekommen, hatte ich keinerlei Probleme, mich zu orientieren, da damals Französisch die offizielle Umgangssprache war. Ich nahm ein Taxi und ließ mich zur britischen Botschaft fahren, in dem Glauben, mein Ziel erreicht zu haben. Ich erklärte einem Botschaftsangehörigen, daß ich nur schnell mein Einwanderungszertifikat abholen wolle, welches für mich bereitläge. Er durchsuchte einige Akten und sagte: »Yes, here it is. Aber wo sind die Resultate Ihrer medizinischen Untersuchung?«

»Untersuchung? So etwas habe ich überhaupt nicht.«

»Sorry, aber ohne Nachweis, daß Sie vollkommen gesund sind, kann ich Ihnen das Zertifikat nicht aushändigen.«

»Wo kann ich möglichst schnell eine solche Bescheinigung bekommen?« fragte ich schnell, denn inzwischen war es Mittag geworden, und die Zeit schien mir wegzulaufen.

Der Beamte reichte mir ein Kärtchen: »Dies ist unser Vertrauensarzt. An den müssen Sie sich wenden.«

»Und was kostet das?« Ich hatte Angst, nicht mehr genügend Geld für die Rückfahrt zu haben.

»Keine Ahnung«, antwortete er.

Ich war schon im Weggehen, als der Beamte mir nachrief, daß die Arztpraxis ziemlich außerhalb Beiruts läge, und: »Wenn Sie den Arzt erreichen wollen, müssen Sie sich beeilen, der arbeitet nur bis ein Uhr mittags.«

Wiederum sprang ich in ein Taxi und läutete nicht viel später an der Praxis von Dr. Achmed. Ein gemütlicher, rundlicher Herr in einem schmuddeligen, wohl ehemals weißen Kittel öffnete mir und brachte mich in einen erstaunlich modern eingerichteten Praxisraum, dessen Sauberkeit jedoch auch zu wünschen übrig ließ.

»Herr Doktor«, sprudelte ich los, »ich brauche dringend sofort eine Bescheinigung von Ihnen, daß ich gesund bin. Das ist eine reine Formalität. Ich muß sie in der britischen Botschaft vorlegen für mein Einwanderungszertifikat nach Palästina. Ich muß heute noch dahin zurück. Bitte, was wird mich das kosten?«

Der Doktor nannte eine horrende Summe.

»Soviel Geld habe ich gar nicht! Wir Juden in Israel sind fast alle sehr arm. Wir mußten unser Vermögen in Deutschland zurücklassen.«

»Wieso ist eine so nette Person wie Sie arm?« – und lüstern grinsend: »Jung, hübsch und so perfekt in der Landessprache. Warum bleiben Sie nicht bei uns? Hier wird es Ihnen viel besser gehen als in Palästina.«

»Ich habe aber dort einen Mann und ein kleines Kind.«

»Was macht denn Ihr Mann?«

»Mein Mann ist Zahnarzt, Kieferchirurg.«

»WAS?« sagte er und nach einer Pause: »Madame«, so respektvoll hatte er vorher nicht mit mir gesprochen, »wissen Sie, wieviel Geld er hier verdienen könnte? Ich brauche dringend einen solchen europäischen Kompagnon. Ich habe hier noch viele Räume, die kann ich Ihnen zeigen. Sagen Sie Ihrem Mann, ich sei bereit, ihm die schönste und teuerste Einrichtung hinzustellen. Wir werden alle Einnahmen teilen, fifty-fifty. Und wenn Ihr Mann Kiefer operieren kann, dann kann er doch auch gleich Schönheitsoperationen durchführen! Ich sage Ihnen, wir könnten hier beide ein Vermögen machen!«

Wiederum war mir, als hätte mein Schutzengel die Hand im Spiel und ich müßte nur die richtigen Schachzüge machen. Also sagte ich mit warmer Stimme: »Das würde meinem Mann und mir wunderbar gefallen. Können Sie denn die Aufenthaltsgenehmigung für uns beschaffen?«

»Ich kann hier alles beschaffen. Ich gehöre weder zu den Dümmsten noch zu den Ärmsten«, verkündete er.

Mit berechnendem Augenaufschlag und betont bescheiden sagte ich: »Vielleicht könnten Sie mir dann jetzt dieses Attest schnell so geben, damit ich meinem Mann die gute Nachricht gleich überbringen kann?«

»Aber selbstverständlich, chère Madame.«

Er holte ein mehrseitiges Formular, auf das er mehrmals abwechselnd »kein Befund« oder »normal« kritzelte, ihm einen Stempel verpaßte und eine mindestens drei Zentimeter hohe Unterschrift druntersetzte. Dann gab er mir noch einen Stoß Visitenkarten und wiederholte dreimal: »Bitte, melden Sie sich bald. Es erwartet Ihre Familie eine rosige Zukunft.«

Ich stand auf, strahlte ihn an, und es schien ihm leid zu tun, daß er die Sitzung beenden mußte.

Als ich prompt mit dem nächsten Taxi wieder in der Botschaft erschien, sagte der Beamte: »So schnell? Hat der Arzt denn keine Röntgenbilder gemacht?«

»Doch, selbstverständlich. Das ist doch alles hier angeführt. Es war alles normal.«

»Okay, dann kommen Sie später wieder.«

»Aber wieso? Sie können mir doch jetzt das Zertifikat aushändigen!«

»Leider nicht. Der Herr Botschafter hat inzwischen sein Büro verlassen, und ohne seine Unterschrift ist es nicht gültig.«

Ich versuchte, ruhig zu bleiben: »Wann kommt er zurück?«

»Das weiß ich nicht. Manchmal kommt er am Nachmittag nicht mehr in sein Büro.«

»Wann meinen Sie, soll ich mich wieder melden?«

»Versuchen Sie es gegen sechzehn Uhr.«

Inzwischen starb ich fast vor Hunger. Ich setzte mich erschöpft in ein kleines Straßencafé, bestellte einen süßen Tee mit Pfefferminze und versuchte verstohlen, unbemerkt meine von zu Hause mitgebrachten Margarinebrote zu essen.

Um Punkt vier Uhr stand ich wieder vor dem Beamten. Er teilte mir freundlich mit, daß der Herr Botschafter weder heute noch morgen in der Botschaft sein werde.

Ich dachte, jetzt stürzt mir die Decke auf den Kopf. Selbst wenn ich den übernächsten Tag hätte abwarten wollen, meine Mittel würden auf keinen Fall reichen. Ich setzte mich in den Warteraum und war den Tränen nahe. Nach langem Überlegen, was ich nun tun sollte, faßte ich einen Entschluß: Ich wollte den Beamten überreden, mir das Papier auch ohne Unterschrift auszuhändigen. Was er tatsächlich tat, aber mit der Warnung: »Ich kann es Ihnen geben, es ist aber ohne die Unterschrift des Botschafters nichts wert.«

Blitzschnell schoß mir die Szene im britischen Konsulat in Bonn durch den Kopf – auch damals hatte man mir versichert, daß mein Visum, so wie es ausgestellt war, wertlos sei. Und doch hat es mich nach Palästina gebracht. Deshalb sagte ich dem Beamten mit meinem freundlichsten Lächeln: »Lassen Sie das meine Sorge sein.«

Er steckte das Schriftstück in ein imposantes Kuvert und sagte: »Ich tue dies aus humanitären Gründen, weil Sie mir leid tun, aber legal werden Sie damit nicht. Warum können Sie nicht die paar Tage warten?«

»Leider kann ich das nicht, aber ich bin Ihnen sehr dankbar.«

Ich trat in die Schwüle des Spätnachmittags hinaus und erkundigte mich an der Station für Sammeltaxen, wann ich zurück nach Haifa fahren könne.

»Was stellen Sie sich vor«, hieß es, »das letzte Taxi ist längst weg. Glauben Sie, die Leute wollen in der Dunkelheit nach Palästina kommen? Nach dem, was passiert ist?«

»Wieso, was ist denn passiert?«

»Haben Sie mittags keine Nachrichten gehört?«

»Nein«, sagte ich.

»In Haifa, im arabischen Souk, haben Juden eine riesige Bombe gelegt, gegen Mittag ist sie explodiert, und um vier Uhr meldete das Radio, es gebe Hunderte von Toten und ungezählte Verletzte, fast ausnahmslos Araber!«

»Um Gottes willen … Ich muß aber heute noch zurück! Was kostet ein Privattaxi?«

Er nannte eine Summe, die ich gerade noch bei mir hatte.

»Bitte, können Sie mir eins besorgen«, drängte ich ihn.

»Wie stellen Sie sich das vor, Madame? Wir hier sind alles Araber, da will sich doch keiner in Haifa von den Juden umbringen lassen. Auch nicht zum doppelten Preis!«

Ich fühlte mich von Gott und der Welt verlassen, mir schwirrte der Kopf. Mechanisch, ohne ein Ziel ging ich ein paar Schritte um die Ecke. Dort parkten in einer langen Reihe Taxis; die Chauffeure saßen alle vor ihren laut aufgedrehten Radios. Verzweifelt bat ich Gott um Hilfe, schlenderte betont gelassen an den Taxen vorbei und schaute jedem Fahrer ins Gesicht. Ein sehr junger und freundlich aussehender Chauffeur hatte sein Radio gerade abgeschaltet, und zu ihm lehnte ich mich durch das Fenster und fragte: »Sprechen Sie Französisch?«

»Mais oui, Madame.«

»Sie wissen, was heute in Haifa passiert ist?« Und als er nickte, fuhr ich fort: »Ich bin Jüdin, und mein Mann und mein kleines Kind erwarten mich schon seit Stunden zurück in Haifa. Sie werden umkommen vor Angst um mich. Ich habe gerade noch genügend Geld, um eine Fahrt zu bezahlen. Würden Sie mich hinbringen?«

Schweigend blickte er eine Weile vor sich hin. Dann sagte er: »Sie haben Glück, Madame. Erstens bin ich ein mutiger Mensch und außerdem habe ich in Herzliah[*] meine liebsten Verwandten, nach denen ich immer Sehnsucht habe. Wenn SIE Mut haben und

---

[*] Herzliah ist ein Stadtteil von Haifa.

mir die Reise zu meinen Verwandten bezahlen, dann bin ich einverstanden.«

Mit diesen Worten stieg er aus und öffnete mir galant die hintere Wagentür. Völlig erschöpft sank ich auf die gutgepolsterte und zu meiner freudigen Überraschung saubere Rückbank – der Wagen war komfortabel, und die leise, sehr rhythmische arabische Musik, die jetzt aus dem Radio kam, lullte mich in tiefen erlösenden Schlaf.

Ich erwachte und wurde unsanft an die Realität erinnert, als der Wagen anhielt. Wir waren schon in Ras El Nakura an der Grenze.

Der Polizist öffnete die Wagentür und sagte: »You again?«

Gewichtig zog ich das Zertifikat aus dem Kuvert und hielt es ihm so unter die Nase, daß er nicht viel mehr als »Einwanderungszertifikat« lesen konnte. Er riß es mir jedoch aus der Hand und suchte sofort nach der Unterschrift.»No good!« blaffte er. »You stay here! You arrested!«

Mir war klar, daß ich zum zweiten Mal den Versuch machte, illegal nach Palästina einzureisen. Ich hatte nichts zu verlieren und brüllte ihn aus Leibeskräften an: »You phone Stafford!!«

Mein Chauffeur redete beruhigend auf ihn ein und erreichte, daß er zum Telefon ging. Er schrie fast in den Apparat: »Tell Stafford, here Ras El Nakura, Madame here!«

Wie ich später von Stafford erfuhr, saß er in seiner Pension, in der er damals noch wohnte, ununterbrochen am Radio und verfolgte die Nachrichten. Als der Telefonist zu ihm kam und meldete: »Mrs. Nakura möchte Sie sprechen«, sagte er nur kurz zu ihm: »Sagen Sie ihr, sie soll morgen in mein Büro kommen.«

Dieses telefonische Theater ging weiter, denn der Araber ließ sich nicht abweisen. Der Telefonist ging also abermals und meldete: »Mrs. Nakura will Sie aber dennoch sprechen.«

Stafford antwortete nur: »Go to hell!« und hörte wie elektrisiert den Meldungen über das entsetzliche Geschehen auf dem arabischen Souk weiter zu. Mit einem Mal dämmerte ihm, wer denn wohl eine Mrs. Nakura sein könnte, die ihn so spät anrief.

Er wiederholte in Gedanken Nakura – Nakura – Nakura, da kam ihm blitzartig die Erleuchtung: Nakura! Ras El Nakura! Um Gottes willen, wieder die Ruth Zucker!

Ich saß schwindlig vor Erschöpfung und heulend auf einem Stuhl in der Baracke, da rief er zurück. Er überzeugte sich, daß ich es tatsächlich war, die mitten in der Nacht um Hilfe rief. Wiederum befahl er dem Grenzpolizisten, mich sofort weiterfahren zu lassen, und obwohl dieser noch dreimal »no signature« brüllte, ließ er von mir ab. Bewaffnet mit meinem ungültigen Zertifikat stieg ich wieder in das Taxi, die leise Musik lief weiter, und ich versuchte, mich zu entspannen.

Plötzlich schrie mein Fahrer aufgeregt: »Vorsicht!« Er riß den Wagen von der Straße weg, setzte über einen Gott sei Dank ziemlich flachen Graben und holperte in einem Riesenbogen durch ein Feld. Ich war unsanft nach vorne geflogen, da gab er schon wieder Vollgas, und es gelang ihm, den Graben auch zum zweiten Mal zu überqueren, und das Auto setzte unsanft wieder auf der Landstraße auf.

»Was um Himmels willen ist denn los?« fragte ich außer mir.

»Haben Sie nicht die Straßensperre gesehen, den ganzen Stacheldraht vorhin direkt vor uns?? Wer weiß, welche Hunde das waren!«

Wir stießen, je näher wir Haifa kamen, alle paar Kilometer auf solche Sperren. Vermutlich fürchteten die Araber, daß die Juden aus den umliegenden Siedlungen in die arabischen Stadtteile eindringen wollten. Aber davon war natürlich keine Rede. Mit dieser Bombe war zum erstenmal auf die vielen jüdischen Opfer arabischer Anschläge reagiert worden. Es stellte sich bald heraus, daß nicht etwa die Haganah, sondern die rechtsextremen militanten Untergrundorganisationen Etzel oder Lechi für diese Vergeltungsaktion verantwortlich waren.

Die arabische Bevölkerung Haifas war in einem Zustand heller Angst und rachedurstiger Wut. Die Engländer, die einen jüdisch-arabischen Bürgerkrieg bevorstehen sahen, hatten unverzüglich eine Ausgangssperre verhängt, die ausnahmslos für alle Stadtviertel galt. Der Befehl lautete: »Wer sich blicken läßt, wird erschossen.«

Unter den Arabern gingen bald wilde Gerüchte um: Aus hundert Toten wurden Tausende, und vom nur stellenweise zerstörten Souk hieß es, er sei vollständig in Schutt und Asche gelegt. Auf jüdischer Seite wuchs die Angst vor Vergeltungsanschlägen der Araber.

Auf der Landstraße brauste das Taxi weiter durch die Nacht, und unzählige Male hatte sich das Umfahrungsmanöver über Gräben und Felder, Stock und Stein wiederholt. Ich betete, daß der Wagen das bis zu mir nach Hause aushalten würde.

Endlich sahen wir die Einfahrt in die Stadt, das Wadi Rushmia, ein Tal, über das sich eine große breite Brücke spannte. Gleich links von der Brücke erhob sich der steile Carmel, der dort mit Hunderten kleiner arabischer Häuser bebaut war. Als wir näher kamen, konnten wir im Mondlicht sehen, daß wohl die gesamte Bevölkerung wild gestikulierend vor ihren Häusern stand. Hinter der Brücke stieg die Straße auf einer Länge von einem halben Kilometer an bis zum jüdischen Viertel.

Der Chauffeur gab Vollgas und fuhr auf die Brücke. Ich spürte die Gefahr von links an meinem ganzen Körper und die sichere Rettung geradeaus. Da passierte es: Ein Vorderreifen platzte, und das Auto kam ins Schleudern. Der Chauffeur prallte gegen die Hupe und brachte den Wagen doch noch zum Stehen. Wir standen mitten auf der Brücke – das einzige Fahrzeug weit und breit.

Ich blickte nach links und sah zu meinem Entsetzen , wie die Menge der Araber langsam den Berg hinunterkam in Richtung auf das ihnen unerklärliche Auto. Wer konnte denn durch all die Straßensperren hindurch noch zur Stadteinfahrt von Haifa gelangen? Ich war mir sicher: Nun hat meine letzte Stunde wirklich geschlagen.

Es war nicht zu erwarten, daß heute die wütende arabische Menge eine Jüdin am Leben lassen würde. Der Chauffeur handelte bereits: Er öffnete in Windeseile das Handschuhfach und entnahm ihm einen Fächer. Er reichte ihn mir und sprang aus dem Auto. Ich schaute ihn verständnislos und voller Panik an.

Hastig stieß er auf französisch hervor: »Hören Sie zu, Sie sind eine reiche Araberin aus Beirut. Ihr einflußreicher Mann hat mir befohlen, Sie noch heute Nacht zu einem berühmten arabischen Arzt in Haifa zu bringen. Sie haben durch eine Geburt plötzlich die Sprache verloren. Sie sind stumm und taub! Bitte! Lächeln und fächern Sie!!«

Damit schloß er die Wagentür, machte sich am Kofferraum zu schaffen und holte den Wagenheber heraus.

Kaum setzte er ihn an, hatten uns die ersten Araber erreicht. Ich sah zu meinem Schrecken, daß viele von ihnen Dolche und sogar Küchenmesser gezückt hielten, in banger Erwartung, wem sie auf der Brücke begegnen würden. Nachdem sie das libanesische Nummernschild begutachtet hatten, wandten sie sich relativ freundlich an den Fahrer, begrüßten ihn und fragten: »Weißt du nicht, was hier geschehen ist? Wieso wagst du dich hier bei Nacht auf die Straße? Wo willst du überhaupt hin?«

Ich konnte trotz meines ungenügenden Arabisch verstehen, daß er seine so wichtige Mission erklärte und daß er seinen Arbeitgeber auf keinen Fall enttäuschen dürfe. Gestikulierend unterstrich er, daß ich weder hören noch sprechen könne. Daraufhin klopften einige aus der Menge an mein Fenster. Ich sah die Gesichter, und mir wurde übel vor Angst. Ich wußte, ich konnte mich nur retten, wenn ich die Rolle, die mir der kluge junge Mann vorgeschrieben hatte, überzeugend spielte. Zitternd drehte ich das Fenster ein wenig herunter und begann lächelnd, mir zuzufächern. Alle ereiferten sich und sprachen wie wild auf arabisch auf mich ein. Ich wies mit dem Fächer auf Mund und Ohren, machte traurige Augen, zuckte mit den Schultern und fächerte mir dann hold lächelnd weiter zu. Daraufhin wandten sich einige von ihnen, offensichtlich die Anführer, wieder an den Fahrer und sprachen auf ihn ein. Der kam verzweifelt lächelnd an mein Fenster, legte die Hände aneinander und darauf seine Wange und zeigte auf die arabischen Häuser auf dem Berg: Sie wollten also die »arme unglückliche Kranke« über Nacht bei sich beherbergen!

Dem Fahrer deuteten sie wild gestikulierend an, daß man ihm dort hinten, auf dem jüdischen Hadar, den Hals durchschneiden würde. Er jedoch machte sich fast übereifrig weiter mit dem Reifen zu schaffen, wobei viele ihm halfen. Dann bedankte er sich überschwenglich und erklärte wortreich, daß wir beide dieses Angebot nicht annehmen könnten, daß er die Wut seines Effendis fürchtete, wenn er dessen Befehl nicht ausführte. Die Araber lachten ihn zwar aus – die Wut der Juden sei viel gefährlicher als die Wut seines Arbeitgebers! –, ließen ihn jedoch gewähren. Er warf kurzentschlossen alle Werkzeuge wieder in den Kofferraum, sprang ins Auto und startete. Während er noch rief:»Allah segne euch!« gab er schon Gas und fuhr wie wild los. Ich sagte mit zitternder Stimme: »Allah segne Sie! Sie haben mir das Leben gerettet. Von den Juden haben Sie nichts zu befürchten, ich schwöre es Ihnen.«

Oben auf dem Hügel kam die Sperre zum jüdischen Sektor in Sicht. Erneutes Entsetzen: Dort standen drei englische Jeeps mit sogenannten »Rotkäppchen«*! Als wir anhielten, kam uns schon einer von ihnen entgegengelaufen und schrie: »Sind Sie verrückt geworden!? Hier kommt keiner durch!«

Ich stieg aus und zeigte ihm mein englisches Papier und sagte: »Ich bin eine Einwanderin!«

Er drehte sich um und schrie: »Captain, die ist verrückt! Die will hier am Hadar einwandern, und das mitten in der Nacht!«

Der zwei Meter hohe Captain kam auf mich zu und schätzte mich von Kopf bis Fuß ab. Ich sagte zu ihm: »Captain, ich komme heute aus Ihrer Botschaft in Beirut. Dort habe ich mein Einwanderungszertifikat abgeholt. Ich hatte keine Ahnung von dem, was hier vorgefallen ist. Ich muß auf den Hadar, ich wohne da!

---

* Spitzname für die Fallschirmjäger des britischen Militärs wegen ihrer roten »berets« (Tellermützen); sie waren als besonders scharf berüchtigt.

Bitte! Ich bin völlig erschöpft, lassen Sie mich nach Hause fahren!!«

»Haben Sie Papiere?«

Ich reichte ihm meinen Nansen-Paß.

»Was ist das für ein Ding?«

»Das ist ein Paß für Staatenlose, und darum muß ich jetzt unbedingt mit diesem Zertifikat ins Land einreisen, damit ich endlich eine legale Bürgerin werden kann.«

»Davon verstehe ich überhaupt nichts, und ich habe meine Befehle erhalten. Bei mir hier kommt nicht einmal eine Ameise durch.«

»Kennen Sie Mr. Stafford?«

»Wer ist denn das?«

»Das ist der Chief Immigration Officer. Der hat diese beiden Dokumente in Auftrag gegeben und wünscht, daß ich noch heute nacht zurückkomme. Ich bitte Sie, ihn anzurufen.«

Der Captain guckte auf seine Uhr und sagte: »Jetzt? Um drei Uhr früh?«

»Ja«, sagte ich mit fester Stimme, »wie lange soll ich hier noch auf der Straße stehen?«

Er nahm meine Papiere an sich, ich notierte ihm schnell die Nummer von Stafford auf das Kuvert, und er verschwand im Beith Hata'assia, im »Haus der Industrie«. Das Gebäude befand sich direkt an der Sperre und markierte die Grenze zum jüdischen Viertel.

Er ließ uns durch. Stafford hatte mich ein drittes Mal gerettet ...

Meinen jungen unerschrockenen Fahrer hatte offenbar inzwischen auch die Angst gepackt, er raste wie ein Wilder durch die vollkommen menschenleeren dunklen Straßen, ich konnte ihm kaum schnell genug den Weg weisen. Vor unserem Wohnhaus kam er mit kreischenden Bremsen zum Stehen. Mein Mann stand zitternd vor Angst auf dem Balkon, er hatte die ganze Nacht dort verbracht und gewartet.

Ich bat den Fahrer inständig, mit hereinzukommen, zumindest

für einen Tee. Er lehnte jedoch energisch ab und sagte, er wolle jetzt nur noch so schnell wie möglich zu seinen Verwandten kommen. Obwohl ich große Angst um ihn hatte, daß ihm wegen der Ausgangssperre etwas Schlimmes zustoßen könnte, verstand ich ihn. Ich verabschiedete mich von ihm, und es fiel mir schwer, die Hand meines Lebensretters loszulassen. Ich fand keine Worte, um ihm zu danken. Ich stammelte nur mehrmals »Que dieu vous benisse!«[*]

Ich habe ihn nie wiedergesehen, konnte aber niemals wieder in einem jungen Araber ausschließlich »den Feind« sehen.

Unser Haus am Hang hatte eine schöne Pergola, die man über viele Treppen erreichte. Von dort stürzte mir mein Mann entgegen, und als er mich in die Arme riß, fing ich an zu schluchzen. Walter murmelte: »Ich hatte die Hoffnung fast aufgegeben. Ich habe geglaubt, daß du nie wiederkommst.«

Gleich am nächsten Vormittag fand ich mich bei Stafford ein, der mir sehr amüsiert erzählte, auf welche Art und Weise er »eine ganze Nacht mit Ruth Zucker« verbracht hätte. Mein Zertifikat ging mit einem Sonderboten zurück nach Beirut, wo der britische Botschafter geruhte, es eigenhändig zu unterschreiben und zurücksenden zu lassen … Die beiden notwendigen Stempel für Aus- und Einreise hatte ich in meinem Nansen-Paß, und so konnte Stafford endlich einen palästinensischen Paß für mich ausstellen lassen.

Stafford lernte ich mehr und mehr schätzen, was ich von den Engländern an sich nicht behaupten konnte, die so grausam mit unseren Schicksalsgenossen umgingen. Ich betete innerlich, daß ich in meiner Rolle als Widerstandsmitglied niemals in eine Situation käme, in der ich ihm persönlich würde schaden müssen.

[*] »Gott segne Sie.«

FÜNFTES KAPITEL

»Kuba« – Im Kugelhagel – Die Verhaftung – Jamil Abyad und das Kloster

Dank der Liebe zur klassischen Musik, die ihnen gemeinsam war, entwickelte sich zwischen Stafford und Walter bald eine wirkliche Freundschaft. Da Stafford mitunter seine englischen Freunde mit zu uns brachte, wozu ich ihn sehr ermutigte, entwickelte sich unser gesellschaftliches Leben mit den Engländern auf ganz natürliche Art. Besonders an Samstagen und Feiertagen, wenn wir nicht arbeiteten, stellten sie sich bei uns ein. Oft unterhielten wir uns über Politik, und ich hielt mit meiner angeblichen Ansicht nie hinterm Berg, daß die Engländer aus Palästina ein Britisches »Dominion« wie Kanada oder Neuseeland machen sollten. Ich war überzeugt, daß es dann allen Bewohnern gutginge. Der Unfriede zwischen Juden und Arabern würde aufhören, und die Engländer könnten weiterhin ihren berechtigten Nutzen aus dem Land ziehen.

Die meisten in unserer Runde stimmten mir zu, nur Stafford fragte einmal skeptisch: »Haben Sie denn gar keine nationalen Gefühle?«

»Nein«, anwortete ich, »weder habe ich nationalistischen Größenwahn noch Minderwertigkeitsgefühle, weil wir hier eine Minderheit sind. Ich bin eben ich.«

Walter fiel es schwerer als mir, sich von seiner Animosität den Engländern gegenüber freizumachen – die sogenannte »Requirierung«, sprich Entführung, damals, als er Lastwagen fuhr, saß ihm in den Knochen. Dennoch gab er sich einen Ruck, und er vermochte zwischen seinen Peinigern und den jetzt bei uns verkehrenden Engländern zu unterscheiden.

Wir beschlossen, daß es an der Zeit wäre, daß Walter zu seinem eigentlichen Beruf zurückfände, so sehr dies auch nach einer »mission impossible« aussah. Aber dennoch – es fügte sich, daß ein älterer deutscher Zahnarztkollege, der mit seiner Praxis aufhören wollte, Walter sein Inventar vermietete. Es fiel uns nicht leicht, zu der Wohnungsmiete jetzt auch noch diese Miete aufzubringen.

Walter hatte sich zwar als zuverlässiger Arbeiter und Fahrer einen Namen gemacht, jedoch in keiner Weise als begabter Zahnarzt, geschweige denn als Kieferchirurg. Die Patienten ließen auf sich warten, und vorerst verarztete Walter nur Engländer, die jedoch sehr schnell von seinem Können überzeugt waren und ihn weiterempfahlen. Binnen kurzem war der kleine improvisierte Praxisraum in unserer Wohnung nicht mehr ausreichend, und Walter mietete auf der Herzl-Straße, der Hauptstraße in unserem Viertel, neue Räume an. Dort gab es auch ein geräumiges Wartezimmer, das bald zur »Nachrichtenzentrale« der Haganah avancierte. Boten mit ihren Zetteln, oft in Eile beschriebene Zigarettenschachteln oder ähnliches, gingen als angebliche Patienten kurz in den Behandlungsraum, wo ihre Nachrichten von anderen »Patienten« dann abgeholt wurden.

Ich war inzwischen Betreuerin einer Haganah-Gruppe von Lernschwestern des Regierungshospitals, in das von den Engländern inhaftierte verletzte oder kranke Juden eingeliefert wurden.[*] Sie waren bei illegalen Aktionen wie Waffentransporten gefaßt worden. Oft waren wir gezwungen, die Schwestern zu bitten, Patienten, die wie wir der Haganah angehörten, Fieberspritzen zu verabreichen. Denn solange die Verhafteten bettlägerig waren, konnte man die Prozesse gegen sie hinauszögern und versuchen, sie vor einer Einkerkerung in den Verliesen von Akko zu retten. Die Lernschwestern hatten außerdem die Gelegenheit, Gespräche zwischen englischen Patienten der ersten Klasse mit-

---

[*] In die dritte Klasse; nur Engländer und reiche Araber kamen in die erste Klasse, Araber in die zweite.

zuhören, deren Inhalte manchmal sehr aufschlußreich waren und die wir sofort weitergaben.

Eine weitere meiner Aufgaben hatte mit Graphologie zu tun – eine meiner wichtigsten Qualifikationen für die Haganah, die den Chawerim schon bei meinem ersten Erscheinen in der »Küche« so lebhaft vor Augen gestanden hatte. Ich sollte junge Volontäre, Männer wie Frauen, je nach Eignung den verschiedenen Abteilungen zuweisen. Speziell die jungen Männer meldeten sich fast alle für schwierige und heldenhafte Sabotage und ähnliche Aktionen, und ich analysierte anhand ihrer Schriftproben, ob ihre Nerven, ihr Mut und ihr Durchhaltevermögen auch tatsächlich ihrem glühenden Idealismus entsprachen.

Die Charaktere derjenigen, die sich tatsächlich für gefährliche Aktionen eigneten, unterschieden sich sehr von denjenigen, die besser im Informationsdienst aufgehoben waren. Gerade die, die geistig schwerfällig schienen, aber eine Elefantenhaut hatten, taugten auch für Heldentaten, während die Empfindsamen, Intellektuellen ihr ganzes Können und ihre ganze Kraft in den Dienst der jüdischen Schicksalsgemeinschaft stellten, solange dies nicht mit Gewalt verbunden war. Mit letzteren identifizierte auch ich mich vollkommen. Sie waren es aber auch, die als Fallschirmspringer über Mittel- und Osteuropa ihr Leben riskierten, um Juden zur Hilfe zu kommen, die sich vor den Gaskammern in Wälder und andere unwegsame Gebiete hatten flüchten können; darunter viele Kinder, die ihre Eltern sich vom Herzen gerissen und, um sie zu retten, aus fahrenden Zügen geworfen hatten.

Lange Zeit war der Verantwortliche für diesen Bereich ein Mann namens Jakob Lanes, genannt »Kuba«, einer der Gründer des großen Kibbuz Beith Alpha. Kuba war gebürtiger Wiener und hatte sich mit seiner angeborenen Abenteuerlust schon als Siebzehnjähriger als Freiwilliger für die damals noch kaiserliche Armee gemeldet. Seine Erzählungen von dieser Zeit – und Geschichten erzählen war eine seiner Leidenschaften – klangen wie Märchen aus Tausendundeiner Nacht. Sein Motto lautete: Verdirb nie eine schöne Geschichte wegen eines Körnchens Wahrheit.

Ich hatte keine Ahnung, zu wem ich geschickt wurde, als man mir sagte, daß ich wichtige graphologische Aufgaben übernehmen sollte: »Du gehst in die Herzl-Straße, in das Gebäude ›Beith Hakranoth‹, Zimmer Nr. 9. Du unterstehst dort Kuba«, sagte man mir knapp.

Und ich ging. Ich hatte mein Können als Graphologin schon öfter unter Beweis gestellt, und so klopfte ich voller Selbstvertrauen an die Tür. Da saß er also, ein auf den ersten Blick unscheinbarer Mann, neben ihm seine Sekretärin Nechama, die wie er aus einem Kibbuz stammte. Erst allmählich merkte man, daß das Gesicht dieses eher kleinen Mannes alles andere als unscheinbar war. Zwischen seinen hart geschlossenen Lippen hielt er eine Pfeife, und seine hervorspringende, jedoch fein gemeißelte Nase gab ihm einen höchst energischen Ausdruck. In seinen klugen Augen lag ein kaum merkliches, fast konstant ironisches Lächeln. Sein Gesicht gefiel mir auf Anhieb.

Ich trat näher, und er sagte freundlich: »Setz dich bitte.« Er wunderte sich über meinen Besuch, denn dieser Raum war ein geheimer Treff, und er glaubte, ich hätte mich einfach verirrt. So fragte er: »Was führt dich zu uns?« Er nahm weiter freundlich lächelnd seine Pfeife aus dem Mund.

Ich war etwas verwirrt, glaubte ich doch, daß er von meinem Kommen unterrichtet war, und sagte: »Chawer, ich bin die Graphologin. Ich soll dich dabei unterstützen, die Volontäre auszusuchen.«

»Du bist WAS?«

»Ich bin eure Graphologin!«

»Was ist das?« Kuba schien konsterniert.

»Ich kann die Schriften der Volontäre analysieren und deuten, so daß man feststellen kann, welche Aufgabe am besten zu ihnen paßt.«

»Nee«, sagte Kuba entschieden, »da bist du bei mir völlig fehl am Platz! Mit solchen Faxen kommst du mir hier nicht an. Die,

die dich geschickt haben, sollen dich woanders hinschicken. Hier will ich dich nicht haben.«

Damit stand er auf, öffnete mit ironischer Zuvorkommenheit die Tür, wies mit der Hand nach draußen und sagte: »Bitte.«

Ein eleganter Rausschmiß.

Als ich postwendend unverrichteter Dinge in die »Küche« zurückkam, sagte Aharonchik: »Dem werde ich den Marsch blasen!« und griff sofort zum Telefon: »Kuba? Unsere Freundin Rinah ist dir zugeteilt. Ohne Widerworte.«

Schon war das Gespräch zu Ende. »Was hat er gesagt?« konnte ich mir nicht verkneifen zu fragen.

»Er hat nur geseufzt.«

Also machte ich mich erneut auf den Weg in die Herzl-Straße. Diesmal klopfte ich weniger selbstsicher, fast beklommen an die Zimmertür Nr. 9.

Kuba empfing mich höchst ironisch: »Also, da wären wir ja wieder. Bitte, setz dich. Na, dann zeig mir mal freundlicherweise, was du da mit den Schriften für einen Hokuspokus machst.«

Er schrieb ein paar Zeilen auf Hebräisch und legte sie mir vor.

»Bitte einige Zeilen in deiner Muttersprache«, bat ich ihn.

»Die habe ich fast schon vergessen.«

»Das macht nichts. So gut es eben geht. Und dazu bitte eine Unterschrift in jeder Sprache.«

Nachdem er auch das vorgelegt hatte, studierte ich nochmals intensiv sein Gesicht und konzentrierte mich dann auf seine Schrift. Währenddessen sog er mit spöttischem Siegerlächeln genüßlich an seiner Pfeife. Offensichtlich erwartete er nur Humbug.

Dann begann ich zu sprechen: »Du bist ein Abenteurer, und bei aller Menschenliebe machst du dich über die ganze Welt lustig ...«

Schon bei meinem ersten Satz verwandelte sich sein gleichgültiger Blick. Im Laufe der weiteren Analyse blickten mich seine Augen ganz wach und zum Schluß fast zärtlich an.

Dann sagte er: »Das ist ja umwerfend. Du kennst mich ja fast besser, als ich mich selbst kenne.« Er nahm einen Haufen Bewerbungen und legte sie mir mit den Worten hin: »Machen wir uns an die Arbeit.«

Nechama, eine sehr mütterlich wirkende Person, hatte meiner Analyse mit atemloser Spannung zugehört. Sie blickte mit ungläubigen Augen zu mir hinüber, nahm dann aber beflissen das Diktat auf.

Von nun an war ich in Zimmer Nr. 9 »persona gratissima«. Zwischen Kuba und mir entstand eine tiefe Freundschaft, die bis zu seinem Lebensende währte. Er wurde über neunzig. Auch Nechama blieb mir treu, bis auch sie uns für immer verließ.

Die untere Stadt, vor allem das arabische Hafenviertel, wo ich jetzt schon lange in Ades' Geschäft arbeitete, war für Juden mittlerweile zu gefährlich geworden. Scharfschützen saßen auf den Dächern, und jederzeit mußte man mit Angriffen rechnen. So kündigte ich, auch zum großen Bedauern meines Chefs und trotz seiner Bemühungen, mich zu halten. Nachmittags half ich nun meinem Mann in seiner Praxis, vormittags aber mußte ich mir eine Arbeit suchen, damit wir finanziell über die Runden kamen. Mir wurde ein Posten in der Organisation »Kofer Ha Yishuwh«[*] angeboten. Es hieß, ich solle die Korrespondenz von und nach Europa erledigen und eine einfache Buchhaltung führen. Ein älterer Büroleiter und ein junger Mann, dessen Funktion im dunkeln blieb, waren dort ebenfalls beschäftigt. Ich nahm an, daß dieser irgendwelche Aufgaben im Untergrund zu erledigen hatte.

Gleich am zweiten Morgen, noch ehe der Büroleiter erschienen war, nahm er mich beiseite und sagte: »Der alte Herr konnte dir nicht alles erklären, was du für deine Arbeit hier wissen mußt, weil er selbst gar nicht alles weiß. Also, daß wir hier sind, um Geld einzusammeln, und zu welchem Zweck, ist klar. Deine Aufgabe wird es sein, jeden Morgen, vor der Büroarbeit, alle Kinos auf dem Hadar abzugehen. Wir haben nämlich eine offizielle Steuer

[*] Ein Fonds, der Geld für den Landerwerb von Juden in Palästina sammelte.

auf die Kinokarten eingeführt, und die Kassierer haben morgens schon um acht Uhr früh da zu sein, um uns das Geld auszuhändigen. Kontrollieren brauchst du sie nicht, sie gehören alle zu uns.« Er gab mir eine große rechteckige Ledertasche, die alles andere als elegant war, und fuhr fort: »Ich werde dir jetzt zeigen, wie du die Straßen überqueren sollst, um zu den Kinos zu kommen. Da ist nämlich Vorsicht geboten, besonders bei dem ›Cinema May‹.«

»Wovor Vorsicht?« fragte ich.

»Na, wegen der arabischen Scharfschützen, die auf den Dächern sitzen! Die wissen nämlich seltsamerweise genau, daß da jeden Morgen jemand Geld in den Kinos abholt und wofür es bestimmt ist. Die haben sehr gute Spitzel, natürlich wollen sie verhindern, daß wir Juden hier weiter Land erwerben. Es gibt nämlich gar nicht wenige ihres Volkes, die nicht abgeneigt sind, für gutes Geld Land an uns zu verkaufen. Land, das sie sowieso nicht bearbeiten. Und für uns ist jedes Stückchen Erde, das wir besitzen, lebenswichtig.«

Er führte mich in eine ruhige Seitenstraße und fing mit einem Mal an, wie ein Verrückter im Zickzack die Straße zu überqueren. Dann hielt er ebenso plötzlich inne und kam gelassen zu mir zurückgeschlendert. Ich konnte mich vor Lachen kaum halten: »Was sollte das denn bedeuten?« rief ich ihm ausgelassen zu.

»Du mußt dir einfach vorstellen, daß die Schützen, die in der Nähe der Kinos auf den Dächern sitzen, dich ständig im Visier haben. Wenn du schnurstracks geradeaus gehst, erwischen sie dich. Wenn du dagegen Zickzack läufst, können sie dich nicht schnappen.«

Bis heute weiß ich nicht, was damals in mir vorgegangen ist. Wie konnte ich, Mutter eines kleinen Kindes, in so etwas einwilligen? Mir scheint, daß ich seine Worte wohl wie einen Befehl von oben empfunden habe, zumal dieser Typ ziemlich beeindruckend war. Und ich hatte ja geschworen, mich zur Verfügung zu stellen.

Ich führte dieses Spießrutenlaufen fast eine ganze Woche lang aus. Hakenschlagend zwischen neben mir einschlagenden Kugeln, die teilweise abprallten und querschossen, jagte ich in fürchterlicher Angst von einer Straßenseite zur anderen.

Diesen Arbeitsbereich verheimlichte ich wohlweislich meinem Mann. Auch der alte Büroleiter ahnte nichts, er pflegte gemütlich nach neun Uhr zu erscheinen, wenn der junge Kollege das Geld, das ich eingesammelt hatte, schon längst zur Jewish Agency gebracht hatte. Bis er eines Morgens zufällig früher kam, gerade als ich atemlos und wie jeden Morgen noch von der Schießerei verängstigt, ebenfalls zur Tür hereinkam. Ich warf die schwere Geldtasche auf den Schreibtisch und ließ mich erschöpft auf dem nächsten Stuhl nieder.

Verdutzt fragte der Alte: »Wo kommst du denn her?«

»Na, vom Geld einsammeln, für den ›Kofer‹.«

»DU sammelst das Geld ein? Seid ihr verrückt geworden??« Er wandte sich dem jungen Mann zu und brüllte: »Du läßt eine Mutter an deiner Stelle unter Beschuß das Geld einsammeln? Wozu habe ich mir denn jemanden aus den Kampftruppen herbestellt?«

Der Typ ließ den Kopf hängen und druckste unverständlich herum, während mir eine ganze Batterie Laternen aufging!

Durch den alten Herrn zur Vernunft gekommen, hörte ich sofort mit dieser Arbeit auf. Ich brauchte eine Weile, um mir zu verzeihen, daß ich, die ich ein Kleinkind hatte, täglich für einen anderen mein Leben riskiert hatte. Wenig später beichtete ich Walter die Geschichte. Er wurde blaß und war außer sich vor Wut. Er schrie mich an: »So etwas tust du nie wieder! Ich will nicht, daß du dich dermaßen exponierst!«

Er konnte nicht ahnen, was alles sein »Peterle« in Zukunft noch erwarten würde. Wir konnten es ja beide nicht wissen, daß meine Aufgaben weit über die Rolle der freundlichen Gastgeberin für Engländer hinausgehen würde und – daß ich so bald vom Regen in die Traufe geraten sollte.

Ich verließ also auf Walters Bitte hin den »Kofer Ha Yishuw« und war wieder einmal ohne Einkommen. Es herrschte fürchterliche Arbeitslosigkeit, und in den Zeitungen standen so gut wie keine Angebote – es war fast hoffnungslos. Da traf ich eine deutsche Freundin, die einen Posten als alleinige Angestellte in einer kleiner schweizerischen Versicherungsagentur hatte. Sie erzählte mir, daß ihre beiden Chefs ihrer Meinung nach einen großen Teil der Prämien unterschlügen. Sie war sich auch sicher, daß dort nur eine einzige Angestellte arbeiten solle, damit ihnen nicht zu sehr auf die Finger geschaut werden könne. Sie habe genug von diesem Posten und bot ihn mir an: »Wenn du unbedingt willst, kann ich dich empfehlen. Aber komm später nicht an und sage, ich hätte dich nicht gewarnt!«

Da Walters Einkommen allein nicht einmal für die nötigsten Lebensmittel reichte, griff ich zu. Der Posten war recht gut bezahlt. Die beiden Agenturinhaber waren sehr freundlich und machten mir, vor allem wegen meiner Sprachkenntnisse, viele Komplimente. Ich hatte den Eindruck, daß meine Freundin sich geirrt haben müsse, alles machte einen sympathischen und vor allem soliden Eindruck. Zumal ich mich dort fast zu Hause fühlte, hatte ich doch einen Großteil meiner Jugend in der Schweiz verbracht.

Meine Arbeit bestand darin, Policen nach Schema F auszufüllen und die Buchführung zu machen. Als Einnahmen kamen nur die Prämien in Frage, und die Ausgänge waren mit Ausnahme der Gehälter sehr gering. Ich wunderte mich über das gute Gehalt für eine so simple Arbeit. Ich freute mich sogar, wenn ich hier und da einen gut formulierten Brief in die Schweiz schreiben durfte.

Eines Tages teilten die beiden mir sehr aufgeregt mit, es kämen zwei Herren aus der Schweiz zur Kontrolle. Sie erklärten mir ferner, daß diese Herren äußerst anspruchsvoll und peinlich genau seien. Sie kämen hauptsächlich, um die Buchführung zu kontrollieren, was ja mein Ressort sei. Deshalb müßten sie mich ausnahmsweise bitten, das große Kassenbuch, das abends immer in einen Safe eingeschlossen wurde, über Nacht mit nach Hause zu nehmen, um das letzte halbe Jahr noch einmal zu überprüfen. Ich dachte an Eli und Walter und weigerte mich, es sei doch Zeitverschwendung. Ich beteuerte, daß ich die Kasse jeden Tag genauestens kontrolliere, daß mir keine Fehler unterlaufen sein könnten. Sie insistierten jedoch, baten mich, es »ihnen zuliebe« zu tun, bei der Kontrolle dürfe auch nicht der kleinste Fehler auftauchen. Gutgläubig wie ich war, lenkte ich ein und nahm an, daß ihre offensichtliche Nervosität aus der Angst vor eventuellen kleinen Rechenfehlern herrührte.

Walter und ich saßen die ganze Nacht über dieser stumpfsinnigen Kontrolle, ohne auch nur den geringsten Schnitzer zu finden. Stolz brachte ich das Buch am nächsten Morgen zurück und erklärte meinen Chefs, es hätte zwar mich und meinen Mann den Schlaf gekostet, aber bitte: kein einziger Fehler! Sie bedankten sich überschwenglich.

Das Büro bestand aus drei Zimmern. Gleich beim Eingang war mein Sekretariat, das anschließende Zimmer war das Chefbüro, und dahinter lag ein kleiner sogenannter »Konferenzraum«, in dem die beiden Herren des öfteren unbeschäftigte Freunde zu Bier und Imbiß empfingen. Als die beiden Schweizer erschienen, wurde ich nur flüchtig vorgestellt, und die vier zogen sich sofort in diesen hinteren Raum zurück. Bald wurde ich gebeten, das Kassenbuch zu bringen. Dann vergingen keine zehn Minuten, bis in dem Konferenzraum ein höllischer Krach losging. Nach minutenlangem Getöse stürmten die vier mit dem Kassenbuch an meinen Schreibtisch.

Einer meiner Chefs sagte: »Wir haben diese Dame schon länger der Unterschlagung verdächtigt. Sie hat auch, ganz gegen unseren Willen, gestern abend darauf bestanden, das Kassenbuch zu Hause mit ihrem Mann zu überprüfen. Dabei ist es bei uns ein ungeschriebenes Gesetz, daß dieses Buch über Nacht im Safe eingeschlossen wird.« Er wandte sich kurz in die Runde und fuhr fort: »So unangenehm es ist, wir kommen leider nicht umhin, jetzt sofort die Polizei zu rufen.« Und schon hatte er den Hörer in der Hand. Noch ehe ich protestieren oder überhaupt irgend etwas sagen konnte, stand bereits ein arabischer Polizist im Büro, packte mich unsanft am Arm und zog mich die Treppe hinunter in ein bereitstehendes Polizeiauto.

Mir fiel auf, daß bei der Aktion etwas nicht stimmen konnte: Es war zeitlich gar nicht möglich, daß die Polizei nicht einmal eine Minute nach dem Anruf schon zur Stelle war. In mir krampfte sich alles zusammen, ich fühlte mich vollkommen allein und ausgeliefert, als ich in das Auto geschubst wurde. Und jetzt fiel mir wieder die Warnung meiner Freundin ein. Meine Empörung schlug um in panische Angst. Allzu gut wußte ich durch Insider-Informationen, wie bestechlich die arabischen Polizisten waren. Meine blitzschnelle Verhaftung konnte nur ein Komplott sein – auf Bestechungsgelder hin.

Die Polizisten fuhren mit mir von der unteren Stadt auf den Hadar. Ich blickte auf meine Uhr und erschrak: Wie schnell jetzt ein Verhör auch immer gehen mochte, ich würde es auf keinen Fall schaffen, Eli rechtzeitig vom Kindergarten abzuholen. Auch dort wurde sporadisch geschossen, und dennoch hatten die Kindergärtnerinnen rigoros erklärt, sie müßten mittags selber zu ihren Kindern und könnten nicht auf etwaige säumige Mütter Rücksicht nehmen. Folglich würden sie die nicht abgeholten Kinder vor der verschlossenen Tür auf der Straße stehen lassen – egal, wie groß die Gefahr sei.

Das Schreckensbild von Eli, ganz allein auf der Straße, vor Augen, wurde ich in die Polizeistation in der Hehalutz-Straße gebracht. Diese kleine und schäbige Station war von arabischen Polizisten besetzt, nur selten wurde dort ein englischer Offizier gesehen. Da es um die Mittagszeit war, war überhaupt nur ein einziger Beamter dort. Ich merkte sofort an der Art der gegenseitigen Begrüßung, daß man mein Kommen erwartet hatte. Da es damals noch keine Funkgeräte gab, war es nun sonnenklar, daß die ganze Aktion inszeniert war.

Man ließ mich mit dem Polizisten allein, der am Schreibtisch saß und listig grinste. Er rauchte eine stinkende Zigarette und blies mir den Rauch ins Gesicht. Zudem war er furchtbar dick, und der Stuhl unter ihm knarzte bei jeder Bewegung.

Die Hitze in dem kleinen Raum war kaum zu ertragen. Ich bat ihn, zuerst auf Englisch, dann auf Hebräisch, er möge doch bitte den Deckenventilator einschalten. Er antwortete mir auf Arabisch, der Ventilator sei kaputt. Dann nahm er ein großes Blatt Papier und wollte meine Personalien aufnehmen. Ich sagte ihm auf Englisch, ich könne kein Arabisch. Er antwortete, er würde alles auf Hebräisch schreiben. Ich entgegnete ihm, daß ich Hebräisch noch nicht lesen könne, schon gar keine Handschrift, und daß ich nicht bereit sei, irgend etwas zu unterschreiben, was ich nicht verstünde. Energisch forderte ich, er solle einen englischen Kollegen rufen. Er antwortete höhnisch: »Nix English, you Yahud. You sign jewish text.«

Nachdem ich wieder auf die Uhr geschaut hatte, ließ ich ihn meine Personalien auf Hebräisch aufnehmen. Dann stellte er mir lauter Fragen, die sich auf Prämien, auf das Kassenbuch und auf irgendwelche anderen Beträge bezogen. Vehement wies ich seine Anschuldigungen zurück. Er schrieb sehr langsam, offensichtlich ungeübt. Als das Dokument endlich fertiggestellt war, reichte er es mir zur Unterschrift. Ich versuchte, es zu entziffern und konnte immerhin feststellen, daß alles, was ich mündlich verneint hatte, als zustimmend beantwortet vermerkt war. Entsetzt schob ich das Papier von mir und sagte auf Englisch: »Das unterschreibe ich nicht. Rufen Sie einen Engländer!«

Er stand auf und sagte: »Here nix Engländer. Here ich, Araber!« Dann öffnete er seine Schublade und zog Handschellen heraus. Er gab mir zu verstehen, daß ich zwei Möglichkeiten hätte: Entweder ich unterschrieb sofort oder ich würde in Handschellen nach Akko gebracht. Ich wußte, daß er dazu bevollmächtigt war. Draußen hörte ich bereits das anfahrende Polizeiauto, und dann lief der Polizist, der mich verhaftet hatte, die Treppe hoch. Vor meinem inneren Auge sah ich wieder den weinenden Eli, allein auf der Straße.

Ich unterschrieb, verließ fluchtartig die Station und rannte in rasendem Tempo die steilen Straßen hoch bis zum Kindergarten. Dort stand er tatsächlich, schluchzend. Noch nie war es passiert, daß er nicht pünktlich abgeholt wurde, und er wußte nicht, was er hätte tun, wohin er sich hätte wenden sollen. Die Panik über die möglichen Folgen meiner Unterschrift im Nacken, zog ich mein weinendes Kind an mich und versuchte es zu beruhigen. Bis kurz vor Einbruch der Dunkelheit, als Walter endlich nach Hause kam, war ich in dieser Panik, und ohne jede Begrüßung platzte ich heraus: »Mir ist heute etwas Entsetzliches passiert!« Ich erzählte ihm aufgelöst alles über meine Verhaftung.

Walter fragte nur knapp: »Hast du Aharonchik benachrichtigt?«

»Nein, ich war zu aufgeregt, und ich hab mich geschämt. Ich bin ja nicht als Haganah-Mitglied verdächtigt worden. Diese ganze Sache kann meine Deckung ruinieren. Ich mußte ja unterschreiben, daß ich tatsächlich unterschlagen hätte, um zu Eli zu kommen, anstatt nach Akko. Das belastet Aharonchik nur.«

Ohne ein weiteres Wort ging Walter zum Telefon und rief ihn an. Er erklärte ihm den ganzen Sachverhalt, worauf Aharonchik sagte: »Da gibt es nur eine Rettung. Der Polizist ist schwer bestochen. Jetzt müßt ihr ihn höher bestechen.«

»Aharonchik, du weißt doch, wir haben überhaupt kein Geld!«

»Es gibt einen krummen Anwalt, der regelt solche Dinge. Ich gebe dir seinen Namen und seine Telefonnummer, schreib sie mit – im übrigen bin ich unbeteiligt.«

Der Anwalt war ein gewisser Dr. Schimmel. Er war in keiner Weise überrascht, daß er zu einer so späten Stunde angerufen wurde. Offensichtlich war er an derartige Notsituationen gewöhnt. Jovial beteuerte er: »Ich empfange Sie gerne in meinem Büro. Kommen Sie so schnell wie möglich.«

Dieses Büro war klein und muffig, der Anwalt selber relativ jung, höchstens vierzig, sehr korpulent und selbstzufrieden. Ich erzählte ihm stockend die Ereignisse vom Vormittag.

Zufrieden grinste er: »Machen Sie sich keine Sorgen. Sie kommen nicht nach Akko. Aber eine Stange Geld wird es Sie schon kosten. Und ich bin auch nicht billig.«

Aus einer Schublade zog er vorgedruckte Wechselformulare heraus, auf die er vier Mal zweihundert englische Pfund eintrug. Mein Gehalt damals betrug acht englische Pfund im Monat.

Er sagte: »Sie können mein Honorar in Raten zahlen, damit es Ihnen leichter fällt.«

Walter und ich sahen uns gegenseitig an, fast in Panik. Walter sagte: »Dr. Schimmel, wir haben überhaupt kein Geld!«

Worauf er lachend entgegnete: »Geld? Wer hat denn Geld in diesem Land? Wechsel genügen.« (Wir wußten jedoch, daß einem die Verhaftung drohte, wenn man Wechsel nicht pünktlich bezahlte.)

Nachdem wir wohl oder übel die Wechsel unterschrieben hatten, geleitete er uns zu seiner großen englischen Limousine. Wir fuhren zu der kleinen Polizeistation. Es herrschte vollkommene Dunkelheit. Unterwegs bemerkte ich: »Der Polizist von heute mittag wird ja nicht mehr da sein.«

Daraufhin Schimmel: »Das ist doch ganz egal. Bakschisch nehmen die alle. Natürlich werden Sie den Betreffenden noch einmal höher bestechen müssen als diejenigen es taten, die Ihnen das hier eingebrockt haben.«

Wie aus einem Mund sagten Walter und ich abermals: »Aber wir haben doch gar kein Geld.«

Der Anwalt lachte gutmütig und sagte: »Dafür bin ich ja da, ganz einfach. Das Geld bekommt der Polizist von mir, und Sie unterschreiben mir wieder Wechsel. Für so was ist Dr. Schimmel ja da!«

»Tun Sie das für uns als Chawerim?« tastete ich mich hoffnungsvoll voran.

Aber da belehrte er mich schon eines besseren: »Das fehlte mir noch. Da sind Sie an der falschen Adresse. Mit Idealisten will ich nichts zu tun haben. Ich nehme weder Komplimente noch Beleidigungen an, lediglich Bargeld oder schlimmstenfalls Wechsel.«

In der Station saß ein pomadisierter Polizist, der sich sehr fesch vorkam und mit seiner süßlichen Haschischzigarette den ganzen Raum verpestete. Vor Dr. Schimmel stand er dienstbeflissen auf und sagte: »Machawa!*« Die beiden schienen sich zu kennen, und er fuhr jetzt auf Englisch fort: »Sie kommen wegen des Protokolls von heute früh?«

Dr. Schimmel zwinkerte ihm zu: »Natürlich.«

Der Polizist kramte in einem unordentlichen Dokumentenschrank und zog bald das von mir unterschriebene Protokoll heraus. Als er es auf den Tisch legte, sagte der Anwalt: »Laß mal sehen.«

Er machte es sich auf einem der wackeligen Stühle bequem und übersetzte, was dort auf Hebräisch geschrieben stand, ins Englische, und ich hörte mit wachsendem Entsetzen zu. Dann sagte er strahlend: »Das wird nicht viel weniger als zehn Jahre Haft einbringen«, wandte sich an den Polizisten und fragte: »Hadesch?«**

Die beiden fingen an zu handeln und schienen das Wortgefecht köstlich zu genießen. Bald verschwand der Polizist in einem Nebenzimmer und brachte uns allen türkischen Kaffee mit viel Kardamom. Die beiden Herren schäkerten weiter, halb arabisch, halb englisch. Nachdem sie mit Genuß ihre Tassen geleert hatten – Walter und ich bekamen nichts herunter, uns saß ein dicker Kloß im Hals –, entnahm Dr. Schimmel seiner Brusttasche ein dickes Bündel Geld. Uns wurde fast schlecht bei dem Anblick. Sich sehr jovial an uns wendend, sagte er dann: »Ich gratuliere, Sie sind frei. Wir fahren jetzt zurück in mein Büro, und Sie unterschreiben mir drei weitere Wechsel.«

Diese Wechsel haben wir über Jahre und Jahre mühsamst abbezahlt. Zu unserer Genugtuung wurden meine Chefs wegen Unterschlagung inhaftiert.

Zum Leidwesen aller »Küchen-Kameraden« wurde Aharonchik Nr. 1 auf einen wichtigeren und geheimgehaltenen Posten versetzt. Schweren Herzens erwarteten wir seinen Namensvetter Aharon Sella, bei uns Aharonchik Nr. 2. Eines Abends, als wir al-

---

* Machawa = Willkommen.
** Hadesch? = Wieviel?

le versammelt waren, stellte Nr. 1 uns die Nr. 2 vor. Schon bei dessen Eintreten verflogen jegliche Bedenken, besonders bei unseren Kameradinnen. Neben der väterlichen Figur von Nr. 1 stand ein strahlender jüdischer »Gary Cooper«. Während der ganzen Zeit, die dieser in jeder Beziehung außergewöhnliche »Befehlshaber« mit uns verbrachte, gab es wohl keine unter uns, die nicht in ihn verliebt war. Nach einer allgemeinen Begrüßung gab es in der Kantine des Histadruth-Gebäudes, wo sich unser heimliches Hauptquartier, die »Küche«, befand, ein sehr bescheidenes sogenanntes Festessen zu seinen Ehren. Das war lustig und verlief sehr entspannt, bis er aufstand, sich selbst ausführlich vorstellte und uns bat, daß jeder eine kurze Rede halten möge, egal worüber – und natürlich auf Hebräisch.

Ich fühlte mich unbehaglich, und als ich an der Reihe war, stand ich auf und stammelte, daß ich unfähig wäre, auf Hebräisch eine Rede zu halten, und sei sie noch so kurz. Da hatte ich aber nicht mit Nr. 2 gerechnet! Er befahl mir sehr kurz: »So was gibt es bei uns nicht! Von jetzt an sprichst du Iwrith, und zwar nicht nur heute abend, sondern immer!«

Seine harschen Worte wurden durch sein gutes Aussehen und seine doch freundlich blickenden Augen etwas gedämpft. Er lächelte sogar aufmunternd, als ich immer noch zögerte, und sagte: »Nun?«

Ich riß mich zusammen und versuchte, vollends verlegen, die wenigen Worte, die ich beherrschte, zu einigen kurzen Sätzen zusammenzufügen. Als ich mich setzte, gab es freundlichen Applaus von allen Chawerim. Einer rief: »Die Jeckete[*] spricht tatsächlich Iwrith!«

Nr. 2 nickte mir freundlich zu: »Siehst du?!«

Ich konnte mich des Gefühls nicht erwehren, daß Aharonchik Nr. 2 mich dazu benutzt hatte, auf elegante Art und Weise zu demonstrieren, daß es bei ihm keine Widerworte gab. Dennoch waren wir ihm alle womöglich noch ergebener als seinem Vorgänger.

[*]»Jecke« = Bezeichnung für deutschstämmige Juden.

Mit ihm kam mehr Leben in die Bude, und meine Aufträge wurden komplizierter.

Eines Tages nahm er mich beiseite und sagte: »Du bist für eine besondere Mission ausgewählt worden. Ich weiß selber nicht, was es genau ist, habe aber kein gutes Gefühl dabei.«

Ich bekam eine Adresse in Tel Aviv in die Hand gedrückt, mit einer Notiz, daß ich dort auch zu übernachten hätte und daß am nächsten Morgen ein Gespräch mit mir stattfinden würde.

In Tel Aviv angekommen, fand ich mich bald vor einem großen düsteren Haus wieder. Am Eingang wurde mir gesagt, ich solle mich in den obersten Stock begeben, man erwarte mich dort. Als ich oben an die einzige Tür klopfte, etwas zaghaft, öffnete mir ein junger Mann. Er sah blendend aus: groß und mit der Statur eines römischen Gottes, seine Gesichtszüge waren ebenmäßig und seine dunkelblonden Haare sehr dicht … Ich war beeindruckt. Zur Begrüßung gab er mir die Hand und sagte: »Ich bin Reuven.« Es war Reuven Dafni, der später als Fallschirmspringer berühmt und als Held gefeiert wurde.

In dem sehr großen Raum, einer Halle fast, stand ein Eßtisch mit kaltem Abendessen. Mehrere junge Leute waren versammelt, und wir stellten uns mit unseren Codenamen vor. Ich wußte, daß »Reuven« der richtige Name des jungen Mannes war, da ich schon von ihm gehört hatte. Ich fragte mich, ob es eine besondere Bedeutung hatte mit seinem Namen, ob es vielleicht eine Art Auszeichnung war, daß er ihn mir anvertraute?

Nach dem Essen nahm er mich bei der Hand, sagte: »Ich muß mit dir sprechen«, und schon zog er mich in ein Nebenzimmer.

»Morgen früh wirst du vor eine Kommission kommen. Die haben Großes mit uns vor. Es werden Leute mit Kenntnissen verschiedener europäischer Sprachen rekrutiert, zum Fallschirmspringen. Ich bin bereits Fallschirmspringer, und du sollst darin ausgebildet werden Wir müssen hinter den feindlichen Linien abspringen, und dich hat man für die deutschen Linien empfohlen.

Deine Muttersprache ist doch Deutsch? Ich beherrsche eher die osteuropäischen Sprachen, wir werden also wahrscheinlich nicht zusammen springen. Unsere Aufgabe wird zum Teil Spionage sein, hauptsächlich aber das Auffinden jüdischer Kinder, die elternlos in den Wäldern umherirren. Die Eltern haben sie quasi ausgesetzt, mit dem Auftrag: ›Versucht zu überleben.‹ Es war ihre einzige Chance.«

Ich hatte schon von diesen Fallschirmspringern gehört, die ihr Leben riskierten, um diese Kinder zu retten, und nickte verstehend.

Er fuhr fort: »Du kannst dir vorstellen, daß wir sehr leicht in Feindeshand fallen können. Es ist nicht sicher, ob wir jemals von dieser Mission zurückkommen werden. Ich habe mich freiwillig gemeldet. Morgen wird man dir auch die Wahl lassen. Wie alt bist du überhaupt? Hast du einen Freund?«

»Freund? Ich bin schon lange verheiratet!«

»Was?«

»Ich habe auch ein Kind, es geht in den Kindergarten.«

»Wie bitte?? Du bist Mutter? Dann ist es ausgeschlossen, auf eine solche Mission nehme ich nicht die Mutter eines Kindes mit. Die sind ja wahnsinnig geworden! Haben die denn deine Personalien nicht überprüft? Du fährst gleich morgen früh wieder nach Hause. Der Kommission werde ich meine Meinung sagen!«

Die Kommission wählte dann die bezaubernde, aus Ungarn stammende Hannah Szennesch aus. Für uns alle wurde sie ein Symbol absoluten Mutes und unbedingten Einsatzes für ihr Volk. Hannah Szennesch sprang in Jugoslawien ab, gelangte nach Ungarn, wurde gefangengenommen und schließlich nach fünf Monaten Haft und Folter hingerichtet.

Nr. 2 schien erleichtert darüber, daß ich nicht rekrutiert worden war, und hatte auch gleich einen anderen Auftrag für mich: »Der ist vielleicht ebenso wichtig. Du wirst gleich sehen. Nebenan wartet schon jemand.«

Er nahm mich mit in das kleine Nebenzimmer, und ich erkannte ihn sogleich wieder: Es war Yitzhak Roos, der Freund unserer kleinen blonden Telefonistin. Wie bei meiner Premiere in der »Küche«, als ich ihn das erste Mal sah, beunruhigten mich seine dunklen aufmerksamen Augen. Er schien sehr klug, war jedoch überaus wortkarg. Aharonchik erklärte mir, daß Yitzhak mich mit einem einflußreichen arabischen Herrn zusammenbringen werde, der bereit sei, Grund und Boden an die Jewish Agency zum Kauf zu vermitteln. Ich dürfe ihn auf keinen Fall auch nur ahnen lassen, daß ich eine Beziehung zur Haganah hätte. Yitzhak würde mich als Grundstücksmaklerin vorstellen. Ein entsprechendes Büro in der unteren Stadt sei schon eingerichtet für mich. Ich solle als Verbindungsperson zwischen der Agency und diesem Herrn fungieren. Sein Name war Jamil Abyad.

Am nächsten Tag zeigte Yitzhak mir mein Büro. Es befand sich in einem neuen jüdischen Haus auf einer der höheren Etagen und war einer von mehreren identischen kleinen Büroräumen, die alle von einem langen Korridor abgingen, alle in sich abgeschlossen mit einer eigenen Tür zum Gang. Nach der Besichtigung gingen wir in ein hübsches arabisches, mit Säulen verziertes Café in der Karmeliter-Straße, wo wir mit Herrn Abyad verabredet waren. Ich war zum ersten Mal in einem solchen orientalischen Caféhaus und fühlte mich in Tausendundeine Nacht versetzt. Abenteuerlustig wie ich war, fand ich es märchenhaft, daß ich mich in dieser Umgebung befinden durfte. In dem angenehm kühlen, abgedunkelten Raum roch es nach Kaffee mit Kardamom, nach Arrak und irgendwelchen betörenden Räucherkerzen, die auf der langen Mahagonitheke aufgereiht waren. Alles war sauber, und das Messing blitzte wie Gold. Wir näherten uns einem Tisch, wo sich ein großer schlanker Mann in einem hellen rohseidenen Anzug und rotem Fez erhob, um mir galant die Hand zu küssen.

Yitzhak schien ihn gut zu kennen, die beiden nickten sich lächelnd zu. Ich hatte mir einen miesen, windigen Maklertypen vorgestellt und stand nun wie verdonnert vor einem bildschönen Orientalen, der so aussah, wie ich mir in meinen Kindheitsträumen die schönen Araber auf edlen Pferden und hoheitsvollen Kamelen vorgestellt hatte. Es fehlte nur die lange seidene »Galabiah« und die weiße »Kefiah«[*] mit dem schwarzen Ring. Allerdings machte Herr Abyad auch in europäischer Kleidung durchaus keine schlechte Figur.

Er musterte mich interessiert, und seine durchdringenden dunklen Augen brachten mich etwas aus der Fassung. Ich bemerkte seine sehr gepflegten Hände und seine beim Lächeln ironisch geschwungenen Lippen und dachte bei mir: »Oh Gott, der könnte dir gefährlich werden!«

Es stellte sich heraus, daß er Absolvent der Pariser Sorbonne war, seine Familie dort lebte und er selbst sich auch nur vorübergehend, aus geschäftlichen Gründen, in Palästina aufhielt. Er unterhielt ein Büro ein wenig weiter oben in der gleichen Straße, der Karmeliter-Straße. Er war der alleinige Finanzbevollmächtigte des Karmeliter-Ordens weltweit.

In perfektem Französisch begann er nun zu erläutern, welche Transaktionen er mit meiner Hilfe durchzuführen gedachte. Es fiel mir schwer, mich zu konzentrieren, ich nahm mich aber zusammen. Es ging speziell um den eventuell bevorstehenden Verkauf des Nonnenklosters in Bat Galim, dem direkt am Strand gelegenen Stadtteil von Haifa. Yitzhak fügte hinzu, daß es Henrietta Szold sei, eine der wichtigsten Mitglieder der Jewish Agency, die dieses Kloster für die Jugend-Alyah[**] erwerben wolle. Der Boden, auf dem dieses französische Kloster stand, gehörte einer einflußreichen arabischen Familie, die führend war in der Oppositionsbewegung gegen die Juden. Es war vorgesehen, die Nonnen, die dort noch lebten, in einem Neubau auf dem französischen Teil des Carmel umzusiedeln. Und Herr Abyad fungierte als Bevollmächtigter des Ordens, um das alte Gebäude zu verkaufen. Juristisch stand der Transaktion nichts entgegen. Die arabische Familie beharrte jedoch darauf, daß der Grund und Boden seit Generationen ihr gehöre.

---

[*]Galabiah ist das traditionelle bodenlange orientalische Männergewand, Kefiah der traditionelle Kopfputz.
[**] Hilfsorganisation für die Rettung jüdischer Kinder und Jugendlicher aus Europa zur Einwanderung nach Palästina.

Herr Abyad wandte sich zu mir: »Ich werde Ihnen natürlich alle Grundrisse übergeben, aber es wäre gut, wenn Sie sich das Gebäude auch selbst ansehen würden.«

»Ist es noch bewohnt?« fragte ich.

»Ja, einstweilen sind die Nonnen noch da. Solange der Bau auf dem Carmel noch nicht fertiggestellt ist. Die werden Sie aber sicher gerne empfangen, wenn Sie mit mir kommen.«

Wir verabredeten uns zu dieser Besichtigung, und als der Tag da war, holte Abyad mich in seiner eleganten schwarzen Limousine ab. Neben ihm auf dem Beifahrersitz sog ich mit Genuß den Duft seines teuren After-Shaves ein. Zu der Zeit konnten nur wenige Männer es sich leisten, so zu duften. Während der Fahrt erklärte er mir: »Ich brauche einen starken Wagen, denn ich wohne ganz oben auf dem Carmel, die Wege dorthin sind sehr schlecht.«

»Aber da auf der Spitze sind doch gar keine Häuser«, warf ich ein.

»Doch, ein einziges, nämlich mein Haus. Ich liebe die Einsamkeit.«

Abyad erschien mir nun nicht nur ungemein anziehend, sondern zudem enorm mysteriös, was seinen Charme in meinen Augen noch vermehrte. Wir Juden lebten meist strikt unter uns. Manchmal kam es mir vor wie ein gewaltiges Ghetto, in dem wir lebten: Fast alle hatten wir dieselben Sorgen, dasselbe mühsame Bestreben zu überleben, und dieselben tagtäglichen Konfrontationen mit einer feindlich gesonnenen Umgebung, mit der wir uns messen mußten. Da blieb natürlich kein Raum für geistigen, intellektuellen Austausch, geschweige denn die Möglichkeit, die schönen Seiten des Lebens zu genießen. Schon Stafford erschien mir daher wie ein Lichtblick. Von Kopf bis Fuß ein englischer Gentleman, gebildet, musikliebend und immer hilfsbereit. Er hatte einen Hauch Europa in unser beengendes Zuhause gebracht. Wenn ich Stafford jedoch mit Jamil Abyad und seinem luxuriös-romantischen orientalischen Nimbus verglich, verblaßte sogar er.

Am Kloster angekommen, zeigte Abyad schmunzelnd auf den in das Portal eingemeißelten »Haussegen«: »La modestie bouche chaque trou.«* Die Mutter Oberin empfing uns sehr freundlich und ließ Tee und Mahmoul, ein köstliches orientalisches Gebäck, servieren. Dann holte sie die Grundrisse, gab sie Abyad, und dieser ließ sie mit einem auffallend zufriedenen Lächeln in seiner Aktentasche verschwinden. Offenbar war er sich bis dahin seiner Sache nicht ganz sicher gewesen. Erst jetzt wurde mir klar, wie heikel und geheim diese Angelegenheit war.

Man tauschte noch die üblichen Höflichkeitsfloskeln, dann führte uns die Oberin durch das ganze Kloster. Ich war begeistert von den großen Hallen mit den gewölbten Decken und stellte mir vor, wie viele aus Europa gerettete Kinder wir hier menschenwürdig würden unterbringen können. Fast glaubte ich, das in den großen Räumen widerhallende Kinderlachen zu hören und blickte hinaus in den Klostergarten mit seinem gepflegten Rasen. Ich freute mich darauf, alle Einzelheiten dieses für Kinder wunderbaren Gebäudes Henrietta Szold beschreiben zu können. Hätte ich nur geahnt, was mich bis zu diesem Treffen noch alles erwartete, wäre meine Vorfreude merklich gedämpft worden …

Abends berichtete ich Aharonchik von der Besichtigung. Ich sagte ihm, daß Abyad mir die Papiere am Bahnhof übergeben und mir auch erklären werde, wo ich die Nacht in Jerusalem verbringen soll. Frau Szold hatte mich für morgens früh in die Jerusalemer Büros der Jewish Agency bestellt, so daß ich abends bereits anreisen mußte. Dann erzählte ich ihm von der Inschrift am Klosterportal.

Er lachte herzlich und sagte: »Du scheinst ja ganz schön Spaß zu haben mit diesem Herrn Abyad. Yitzchak hat mir erzählt, er sei ein beachtlicher Schwerenöter. Und du – du hast ganz verklärte Augen, wenn du von ihm erzählst. Sieh dich vor, diese Orientalen haben eine Vorliebe für europäische Frauen!«

»Er sieht tatsächlich toll aus, aber …«, ich fixierte Aharonchik kurz, »aber eigentlich nicht toller als du.«

Ungerührt fuhr er fort: »Du weißt, daß er Frau und Kinder in

---

* »Bescheidenheit stopft jedes Loch.«

Paris hat? Die Frau habe ich einmal gesehen. Eine hinreißende Französin, die ihn offensichtlich anhimmelt.«

»Warum ist sie dann nicht hier bei ihm?«

»Weiß ich nicht. Ich möchte dir nur nochmals gesagt haben: Verbrenn dir nicht die Finger! Abyad zählt zu deinen Pflichten und nicht zu deinen Vergnügungen.«

Als Aharonchik brüsk aufstand und mir den Rücken zuwandte, fühlte ich mich eigentlich etwas geschmeichelt. War er etwa eifersüchtig?

Er gab Anweisungen, daß mir ein Kuvert mit Geld für meine Ausgaben übergeben werden sollte – sehr knapp bemessenes Geld für Zugfahrt, Übernachtung und vielleicht ein kleines Mittagessen.

Abyad empfahl mir das damals sehr bekannte Hotel »Fast« in Jerusalem. Ich verließ mich in allem auf ihn und dachte gar nicht weiter nach – sonst hätte ich mich bestimmt daran erinnert, daß dieses Hotel ausschließlich von Arabern und Engländern frequentiert wurde. Der Zug nach Jerusalem bestand aus klapprigen schmuddeligen Waggons. Die Hosen tragenden Herren hatten eventuell eine Chance, ohne Wanzenbisse davonzukommen; die Damen, wie ich in Rock und Seidenstrümpfen, kamen sehr lädiert in der Heiligen Stadt an …

Mit meinem Übernachtungsköfferchen, das nicht viel mehr als die Grundrisse des Karmeliter-Klosters enthielt, erreichte ich das Hotel »Fast« noch vor Einbruch der Dunkelheit und checkte bei einem sehr jungen arabischen Empfangschef ein. Er machte Anstalten, mit mir zu flirten, und ich beeilte mich, etwas betroffen, auf mein Zimmer zu kommen, das er mir mit einem großen altmodischen Messingschlüssel öffnete. Ich schloß sofort hinter mir zu – endlich war ich allein! Während ich mir für später meine Margarinebrote zurechtlegte, überlegte ich, ob das Wasser aus dem Hahn trinkbar sei oder ob ich davon an Paratyphus sterben würde. Dann holte ich mein hebräisches Vokabelbuch aus meinem Koffer. Ich hatte erfahren, daß Frau Szold auf unsere Nationalsprache pochte, und wollte mir daher einen fehlerlosen »Vortrag« zurechtlegen. Als es dunkel wurde, war ich so müde, daß ich Gott sei Dank sofort in tiefen Schlaf fiel.

Mitten in der Nacht, es muß wohl um Mitternacht gewesen sein, schreckte ich plötzlich auf: Es pochte verstohlen an meine Tür. Ich fragte: »Wer ist da?«, sprang aus dem Bett und legte mein Ohr an die Tür. Eine leise Männerstimme sagte: »Bitte, machen Sie sofort auf!« Ich glaubte, die Stimme des jungen Empfangschefs zu erkennen.

»Nein, ich mache nicht auf, gehen Sie weg!«

Aber seine Stimme wurde noch dringlicher: »Ich bitte Sie, Miss, machen Sie auf! Es geht um Leben und Tod! Um IHR Leben!«

Zuerst hatte ich natürlich geglaubt, der junge Mann habe Hintergedanken, jetzt bekam ich es jedoch plötzlich mit der Angst, schließlich war ich in geheimer und äußerst heikler Mission unterwegs. Konnte es damit was zu tun haben!? Ich zögerte noch einen Moment, dann öffnete ich die Tür einen Spalt weit und sah im schwach erleuchteten Flur die vertrauenerweckenden Augen des jungen Mannes. Er stieß eilig hervor: »Soeben war ein Herr an der Rezeption. Sind Sie Jüdin?«

»Ja.«

»Der Herr war ein Araber, und er hat nach Ihnen gefragt. Ich mußte ihm Ihr Anmeldeformular vorlegen. Ich kenne ihn, er gehört zur Clique des Mufti.* Für die ist es eine Ehre, Juden zu töten.«

Ich versuchte, harmlos zu klingen: »Was wollte er denn?«

»Er will Sie morgen früh, wenn Sie das Hotel verlassen, erschießen!« flüsterte er, »die nennen es ›hinrichten‹.«

Diese Antwort wirkte wie ein Schlag in die Magengrube. »Was soll ich tun?« konnte ich nur hilflos stammeln.

---

* Der Mufti von Jerusalem, Amin al-Husseini, war das geistliche Oberhaupt der Moslems in Palästina und Führer der radikalen arabischen Nationalisten.

»Bitte, lassen Sie mich für einen Moment herein!«

Seitwärts drängte er sich durch den von mir kaum geöffneten Spalt und verschloß hinter sich die Tür. Ich spürte, daß dieser Mann mir wirklich helfen wollte und mein Mißtrauen völlig fehl am Platze war. Mir war schlecht, und ich setzte mich auf die Bettkante.

Vor mir stehend, erklärte er: »Sie ziehen sich jetzt sofort an, nehmen Ihr Köfferchen, und dann werden Sie mir folgen. Ich muß Sie jetzt, noch bei Dunkelheit, aus dem Hotel schaffen. Ich warte auf Sie vor der Tür!«

So schnell wie möglich packte ich meine Sachen und zog mich zitternd an. Und nachdem ich mich nochmals vergewissert hatte, daß ich die kostbaren Pläne nicht vergessen hatte, trat ich fröstelnd auf den Flur. Der junge Mann faßte meine Hand und führte mich durch das Riesengebäude, offenbar hatte er Angst, Licht zu machen. Wir stiegen dunkle Treppen hinab, dem Geruch nach wohl Richtung Küche, gingen durch eine Vorratskammer und dann weiter bis zu einer kleinen Hintertür. Er schob mich unsanft ins Freie, sagte: »God bless you«, und war wieder verschwunden.

Mir blieb nicht einmal Zeit, mich bei ihm zu bedanken. Mit großer Beklemmung machte ich mir klar, daß diesem jungen Mann am nächsten Morgen die größte Gefahr drohte, wenn der abgesandte Mörder des Mufti nach mir fragen würde und wissen wollte, warum ich so plötzlich und auf rätselhafte Art und Weise verschwunden wäre. Er riskierte also seinen Kopf für mich. Das war das zweite Mal, daß mir ein junger Araber das Leben rettete. Ob mein Schutzengel wohl orientalischer Abstammung ist?

Ratlos stand ich jetzt im Dunkeln in einer gottverlassenen Gasse, zudem war in Jerusalem wie so oft Ausgangssperre, und alles war menschenleer. Ich entsann mich, daß ich auf dem Weg vom Bahnhof zu diesem Hotel eine Sammeltaxistation bemerkt hatte. Nach nur kurzem Irrweg fand ich sie tatsächlich. Dort stieß ich auf drei Araber, einer von ihnen war höchstens sechzehn, offensichtlich der Kofferträger. Ich bat sie auf englisch, mir eine Pension oder ein kleines Hotel zu nennen, wo ich diese Nacht noch hinkönne. Die beiden älteren musterten mich mit unverhohlener Begierde – mich und vor allem aber meinen kleinen Koffer. Zu dem Jungen sagten sie grinsend etwas auf arabisch, worauf dieser sich gleich in Bewegung setzte und zu mir sagte: »Follow me.«

Ich lief hinter ihm her durch dunkle Straßen, dann sah ich von Ferne ein rot beleuchtetes Haus. Steile Treppen führten in eine große Halle im arabischen Stil. Ich konnte schon vom Fuß der beleuchteten Treppe sehen, daß sich drinnen einige uniformierte Engländer um leicht bekleidete weibliche Wesen bemühten.

Der Junge rief lauthals in die Halle hinein: »Hey, Captain, have a look. I give you cheap!«[*]

Ich herrschte ihn auf Englisch an und zischte: »Hier nicht! Ich will ein anständiges Hotel!« und lief eilig weiter. Ich hörte nur noch, wie ein betrunkener Captain uns hinterherrief: »Go to hell!«

Die Gegend war jetzt immer spärlicher besiedelt, bis gar keine Wohnhäuser mehr zu sehen waren. Mir war zutiefst mulmig, da sagte der Junge: »Come here, behind garden good hotel.« Er ging voraus durch ein Gittertor in einer hohen dichten Hecke, und ich konnte im ersten Moment nichts unterscheiden, da ich von Kind auf nachtblind bin.

Erst nach einigen Metern merkte ich, daß wir uns auf einem Friedhof befanden. Im selben Augenblick hatte er sich schon umgedreht und mich zu Boden geworfen. Reflexartig trat ich ihm mit dem Absatz zwischen die Beine. Er schrie auf und schnellte zurück, da war ich schon wieder auf den Beinen und rannte los, krampfhaft meinen Koffer festhaltend. Er setzte mir nach. Ich schlug die Richtung zurück zu diesem Etablissement mit der roten Laterne ein. Ich hoffte, mein Verfolger würde aus Angst vor den Engländern von mir ablassen – vergebens. Blindlings rannte ich eine mir endlos erscheinende Strecke weiter und hörte ihn immer noch hinter mir herlaufen. Endlich kam ich in Straßenzüge mit Wohnhäusern und erblickte von weitem ein erleuchtetes

---

[*] »Captain, gucken Sie mal, die für Sonderpreis!«

Schaufenster. In großen hebräischen Lettern war »Apotheke« zu lesen, ich hatte das jüdische Viertel erreicht!

Mit beiden Fäusten hämmerte ich an das vor der Glastür heruntergelassene Gitter, und ein kleiner alter Mann im weißen Kittel machte sich an der Tür zu schaffen, quälend umständlich, wie es mir vorkam. Endlich ging sie auf, und ich konnte sie gerade noch vor dem wütenden Gesicht des arabischen Jungen zuschlagen. Der Apotheker sagte auf deutsch: »Um Gottes willen, wie sehen Sie denn aus? Was ist Ihnen passiert?«

Mein Retter war diesmal also ein deutscher Jude, wie ich. Ich fragte ihn, noch völlig außer Atem: »Haben Sie den Kerl da draußen gesehen? Der hat mich angegriffen und dann verfolgt.«

»Jetzt nehmen Sie erst einmal eine Pille und beruhigen sich, mein Kind.« Der alte Apotheker reichte mir ein Glas Wasser, und willig griff ich nach dem Mittel. »Und später erzählen Sie mir alles.«

Von meiner geheimen Mission sagte ich natürlich nichts, aber ich erzählte ihm, daß ich morgen früh einen Termin bei der Jewish Agency hätte, Jerusalem überhaupt nicht kennen würde, und mich abends verlaufen und dann an einem arabischen Taxistand nach einem Hotel gefragt hätte. Und wie sich mein angeblicher »Stadtführer« als gewalttätig entpuppt hatte.

Mein Retter hörte stumm zu und fragte dann: »Ja, haben Sie denn keine Verwandten, keine Freunde hier, zu denen Sie gehen könnten? Sie können doch hier nicht den Rest der Nacht verbringen!«

Ich kannte tatsächlich keine Menschenseele in Jerusalem, aber er fragte abermals: »Wirklich niemanden? Denken Sie mal scharf nach.«

Ich versuchte, klar zu denken, aber die ungewohnte Beruhigungspille lullte mich schon ein. »Nein, niemanden«, sagte ich matt.

»Dann können Sie gerne hier sitzenbleiben. Aber ich gehe um sechs Uhr früh nach Hause, ich zeige Ihnen dann, wie Sie zur Agency kommen.«

Ich hätte mich liebend gerne ausgestreckt, mußte mich jedoch mit einem harten Stuhl begnügen. Dann übermannte mich die Erschöpfung, und ich versank die knapp vier Stunden bis zum Morgen in einen bleiernen traumlosen Schlaf. Der Apotheker hatte Mühe, mich zu wecken. Schlaftrunken taumelte ich auf die Beine, und schon hielt er mir wiederum eine Tablette hin. Diesmal war es eine Koffeintablette. Die mußte mir als Frühstück genügen.

Wie versprochen, führte mich der freundliche Alte zum Gebäude der Jewish Agency, bis an das hohe geschmiedete Eisentor. Es war verschlossen. Um das Gebäude herum verlief ein hoher Zaun, der einen etwa dreißig Zentimeter breiten Betonsockel hatte. Dort verbrachte ich sitzend die etwa drei Stunden lange Wartezeit, bis das Büro öffnete.

Henrietta Szold konnte nicht ahnen, welche Mühsal mir das Überbringen der Dokumente bereitet hatte. Sie empfing mich sachlich und kühl, nahm die Pläne entgegen und hatte keine Zeit, sich irgendwelche Erklärungen anzuhören. Sie verschwand sofort in ein Nebenzimmer zu einer Sitzung. Diese Begegnung war wie eine kalte Dusche. Ich hatte mir naiverweise vorgestellt, daß man mich wie eine Heldin empfangen werde, hatte ich doch etwas zu überbringen, dessen Transport allein eine Gefahr darstellte. Gefahr wurde jedoch als alltäglich betrachtet und war keiner besonderen Erwähnung wert. Wie ein begossener Pudel schlich ich aus dem Gebäude und suchte den nächsten Falafel-Stand[*]. Es ging mir zwar alles andere als gut, ich merkte aber jetzt doch, daß ich ausgehungert war. Dann machte ich mich Richtung Bahnhof auf, der in der arabischen Gegend lag, und wurde das Gefühl einfach nicht los, daß man mich verfolgte.

Bei nächstmöglicher Gelegenheit berichtete ich Aharonchik von dem versuchten Anschlag auf mich in Jerusalem und bat ihn, mir zu erklären, was genau das alles zu bedeuten hätte. Er seufzte und lehnte sich zurück: »Hör zu, natürlich haben die Araber auch ihre Spitzel. Und Herr Abyad, der bereit ist, uns zu helfen, schwebt

[*] Falafel, kleine frittierte Bällchen aus Kichererbsen, sind ein palästinensisches und israelisches Nationalgericht.

auch in ständiger Lebensgefahr. Er tut es zwar nicht aus Idealismus, sondern verdient ganz gut dabei, trotzdem –. Weißt du, die Situation ist doch so, daß wir jedes Stückchen Land brauchen, um hier eine jüdische Heimstatt zu errichten. Jedes Stückchen, das wir bezahlen können, und wir bezahlen gutes Geld dafür. Ich bete zu Gott, daß wir diesen Boden nicht irgendwann mit einem blutigen Krieg bezahlen müssen. Verstehst du? Die nationalistischen Araber wollen natürlich jeden Bodenerwerb unsererseits mit aller Gewalt verhindern. Es gibt bei ihnen zwei gefährliche Clans: Die Mitglieder des einen unterstehen dem islamischen geistigen Oberhaupt, dem Mufti, und die anderen dem extrem nationalistischen Bürgermeister von Jerusalem, Nashashibi. Dieser Mann, der sich im Hotel nach dir erkundigt hat, der hätte dich tatsächlich ohne mit der Wimper zu zucken umgebracht. Wahrscheinlich war er von jemandem aus diesen Clans beauftragt worden, weil sie Wind von der Transaktion des Klosters bekommen hatten. Im Koran gibt es eine Zeile, die lautet: Besitz und Kinder sind die Schätze dieser Welt. Besitz ist für Araber immer identisch mit Grundbesitz. Und mit ›Kinder‹ sind natürlich die Söhne gemeint; aber wie wichtig den Arabern auch ihre Söhne sind, ihr Besitz ist ihnen meistens noch kostbarer!«

Meine neue Rolle als Maklerin lief weiter. Um diese Fiktion aufrechtzuerhalten, sollte ich mich immer mal wieder in meinem Büro in der unteren Stadt aufhalten, und tatsächlich kam Abyad des öfteren und übergab mir kleinere Objekte, deren Transaktion problemlos verlief. Es gab nicht wenige Araber, die gerne brachliegende Böden gegen gute englische Pfund eintauschten. Da ich auch den Papierkram drumherum zu erledigen hatte, war ich manchmal bis Einbruch der Dunkelheit im Büro. Es war mir etwas unheimlich, ließ sich aber nicht vermeiden.

Eines Abends, nicht lange nach meinem Jerusalemer Abenteuer, saß ich wieder lange und bemerkte plötzlich mit Schrecken, daß es schon dämmerte. Und die Dämmerung hier ist viel kürzer als in Europa. In weniger als einer halben Stunde würde es stockdunkel sein. Schnell verstaute ich meine Papiere im Schreibtisch, schloß die Lade ab und wollte schon aufbrechen, als ich eine Bewegung draußen im Flur wahrnahm. Um diese Zeit war das Gebäude sonst menschenleer, keiner der wie ich jüdischen Mieter wollte in der Dunkelheit durch die untere Stadt nach Hause gehen müssen. Durch den Türspäher sah ich zwei furchterregende Araber in Pluderhosen, die auf dem Gang hockten und offensichtlich warteten – direkt vor meiner Tür!

In Panik stürzte ich an das einzige Fenster, welches sich einige Meter hoch über der Straße befand. Ich hatte gehofft, dort Passanten um Hilfe rufen zu können. Aber weit und breit war niemand zu sehen. Voller Schreck schoß mir durch den Kopf, ob dies ein erneuter Versuch wäre, mich um die Ecke zu bringen, nachdem es neulich in Jerusalem nicht geklappt hatte; sicher waren diese schrecklichen Gestalten von der Clique des Mufti geschickt worden …! Mit pochendem Herzen saß ich wie angeklebt auf meinem Bürostuhl und wußte keinen Ausweg aus dieser Falle. Ich machte mir nichts vor, die beiden da draußen hatten es auf mich abgesehen und würden mit der sprichwörtlichen orientalischen Geduld endlos auf mich warten. Mit Sicherheit waren sie bewaffnet und konnten bestimmt auch problemlos das Schloß meiner Bürotür aufbrechen.

Ich saß wie versteinert, mein Herz raste. Es war unsinnig, überhaupt den Versuch zu machen, die Polizei zu rufen. Es waren in der Hauptsache Araber dort beschäftigt, und es war mehr als wahrscheinlich, daß sie einen jüdischen Hilferuf ignorierten, und nicht nur ignorierten, sondern schlimmer noch: denen da vor der Tür womöglich bereitwillig zur Hand gingen … Ich brauchte nur an meine Verhaftung als angebliche Betrügerin der Versicherungsgesellschaft zu denken. Eine jüdische Polizei gab es nicht. Ich versuchte, ruhig zu bleiben und betete zu Gott, daß ein neuerliches Wunder geschehe, wie in Jerusalem! Bei dem Gedanken an Jerusalem schoß mir plötzlich der Apotheker durch den Kopf, der mich vor meinem Verfolger gerettet hatte: Apotheke! Apotheke – das Wort summte wie verrückt in meinem Hirn, und da hatte ich es: Nachtapotheke! Mit zitternden Händen wühlte ich im Papierkorb nach der achtlos weggeworfenen Tageszeitung. Damit ich kein Licht machen mußte, stellte ich mich ans Fenster, um den letzten Schimmer des Tageslichtes auszunutzen. Fieberhaft blätterte ich herum, bis ich die Anzeige der diensthabenden jüdischen Nachtapotheke fand. Hatten meine »Besucher« womöglich die Telefonleitungen gekappt?? Ich hob den Hörer ab – Gott sei Dank! Es summte.

Ich versuchte das Geräusch der Wählscheibe mit meiner Jacke zu dämpfen, und als tatsächlich am anderen Ende jemand abhob, sprach ich so leise wie möglich mit meinem Mund direkt an der Muschel: »Dies ist ein SOS! Ich bin Jüdin, ich bin in Lebensgefahr! Bitte rufen Sie sofort folgende Nummer an. Bitte! Sagen Sie nur: Ruth ist im Büro in tödlicher Gefahr!« Ich gab die Telefonnummer von Abyad an, und als die Stimme nachfragte: »Ist das alles? Sonst keine Nachricht?« sagte ich schnell: »Nein, das genügt hoffentlich. Tausend Dank!« und legte vorsichtig den Hörer wieder auf.

Mein Gesprächspartner hatte sofort den Ernst der Lage begriffen. In der Atmosphäre ständiger Übergriffe und Ausschreitungen war die gesamte jüdische Bevölkerung in steter Wachsamkeit. Abyad schien mir die einzig mögliche Rettung zu sein, obwohl ich kaum Hoffnung hatte. Um diese Zeit war er fast immer in einem der englischen Clubs, wo die vornehmen Araber gerne gesehen waren und man sich im Kreise reicher Effendis amüsierte – und saß nicht allein zu Hause vor seinem Telefon. Ich wußte nicht, wieso ich mich an seine Nummer erinnert hatte, er wollte sie mir immer aufschreiben, wozu es aber nie gekommen war. Es scheint jedoch wirklich so, daß in der Not unser Gehirn und unser Denken unverhoffte Dinge produzieren.

In der Dunkelheit sitzend, dachte ich an Eli und Walter und an die immer unwahrscheinlichere Aussicht, daß dieses feindliche Land jemals befriedet werden würde. Ich empfand, daß meine einzige Heimat die Arme meines Mannes waren, den ich vielleicht nie wiedersehen würde. Abwechselnd sah ich vor meinem inneren Auge Walters Gesicht und die strahlenden, noch so vertrauensvollen Augen meines kleinen Sohnes. Schier endlos kam es mir vor, daß ich so dasaß. Bis plötzlich Schritte mehrerer Personen zu hören waren, die offenbar die Treppe zu meinem Stockwerk hochkamen. Mir wurde eiskalt, und mein Herz krampfte sich zusammen. Hatten die Mörder nach Verstärkung geschickt? Dann hörte ich laute arabische Stimmen. Ich konnte kaum noch atmen vor Furcht. Da meinte ich, Abyads aufgeregte Stimme im Stimmengewirr unterscheiden zu können, aber war das möglich? Spielte mir da nicht meine Hoffnung einen Streich? Ich kannte seine arabische Stimme doch kaum, da wir immer nur Französisch miteinander sprachen, wie sollte ich sie wohl unter mehreren heraushören? Mir schwirrte der Kopf, aber schon klopfte es an der Tür, und jemand sagte auf Französisch: »Bitte, machen Sie auf. Ich habe Polizei mitgebracht. Die beiden Männer sind bereits entwaffnet und in Handschellen, Sie haben nichts mehr zu befürchten.« Es war tatsächlich Abyad! Ich öffnete zitternd die Tür, und er konnte mich gerade noch in seinen Armen auffangen, ehe ich zusammenbrach. Die beiden Gestalten wurden bereits abgeführt. Später erzählte mir Abyad, daß die beiden tatsächlich bezahlte Söldner des Mufti waren.

Abyad brachte mich nach Hause, wo mich mein Mann leichenblaß empfing. Dies war schon das zweite Mal, daß er in einer solchen Situation war. Er wußte, daß ich in der unteren Stadt war und daß mir etwas passiert sein mußte. Abyad verabschiedete sich sofort, und ich hatte das Bedürfnis, Walter um Verzeihung zu bitten, daß ich schon wieder mein Leben gefährdet hatte. Auf mein verlegenes Stammeln hin strich er mir zärtlich über die Haare und murmelte: »Ich verstehe doch. Ich weiß doch. Wir sitzen ja alle im selben Boot.«

So war Abyad also für mich zum »Ritter auf dem weißen Pferd« geworden – mein Lebensretter. Ich empfand ein tiefes Gefühl der Dankbarkeit für ihn, welches sich zu dem nicht ungefährlichen Gefühl der starken Anziehung gesellte. Er schien mir um so mehr wie aus einem orientalischen Märchen entsprungen. Zugleich verstand er es, bei mir, wie auf den Saiten einer Violine, die schlummernde immerwährende Europasehnsucht zum Klingen zu bringen. Er war eine Fata Morgana des Reichtums verglichen mit unserem Flüchtlingselend. Zu dieser Zeit litt ich sehr darunter, daß ich mein Universitätsstudium wegen der einsetzenden Judenverfolgungen hatte abbrechen müssen. Die Tatsache, daß Jamil Abyad Absolvent der Sorbonne war, machte ihn in meinen Augen zum hochkarätigen Intellektuellen.

Als er das nächste Mal mit dem tollen Duft seines After-Shaves mein Büro betrat, hob er mit einer zärtlichen Geste seiner Hand mein Kinn. Mir tief in die Augen schauend, sagte er mit weicher Stimme: »Wie geht's, ma petite fleur? Haben Sie sich von dem Schrecken erholt?«

Ich vergaß zu lächeln und konnte meine Erregung kaum verbergen. Die berühmten Schmetterlinge wirbelten in meinem Bauch … Ich liebte meinen Mann, jedoch verbreitete Jamil einen Glanz, der auf mich unwiderstehlich, fast magnetisch wirkte. Er sprach weiter: »Sie sehen blaß aus, und es ist auch schon spät. Lassen Sie den Kram hier liegen. Ich habe Ihnen noch einige Papiere mehr gebracht. Jetzt aber müssen Sie hier raus an die frische Luft.«

Erschreckt sagte ich: »Ich muß um sieben Uhr zu Hause sein, Eli braucht sein Abendessen.«

»Bis dahin sind noch zwei Stunden Zeit. Waren Sie mal ganz oben auf dem Carmel?«

»Nur auf halber Höhe zwischen dem Hadar und dem Gipfel, zu Fuß auf dem Eselspfad.«

»Die Straße auf den Berg hinauf ist noch nicht zu Ende gepflastert, aber das schafft mein Wagen«, sagte er, und meine Einwände waren weggepustet.

Wir fuhren also hoch auf den Gipfel, wo üppige Pinienwälder standen, die mich begeisterten; viel Grün hatte ich in diesem Land bisher nicht gesehen. Wir stiegen aus, er nahm schweigend meine Hand und führte mich zu einer Stelle, wo das unendlich blaue Mittelmeer uns zu Füßen lag. Wir standen lange dort, wortlos, immer noch Hand in Hand, versunken in den wunderschönen

Anblick. Dann zog er mich sanft an sich, worauf ich ihn, zitternd, ebenso sanft abwehrte. Seufzend sagte er: »Gehen wir zu mir nach Hause, Tee trinken.«

Es war erst gegen sechs, also noch viel Zeit. Wir verließen den dunkelgrünen Wald und erreichten die Lichtung des Carmel-Gipfels. Während der Fahrt pochte mein Herz. Einerseits wollte ich ihn bitten, mich nach Hause zu fahren, andererseits lockte das Abenteuer. Wir kamen zu einem herrlichen, im arabischen Stil erbauten Haus. Jeder Stein der Außenmauern war handgemeißelt. Nachdem Abyad an der schweren Mahagonitür die »Hamsa«* aus Messing, die als Türklopfer diente, betätigt hatte, erschien ein riesengroßer Sudanese in einer weißen Galabiah mit rotem Gürtel. Ein freundliches Lächeln strahlte blitzweiß aus seinem dunklen Gesicht. Wir traten in die geräumige Diele, von der aus man in prachtvolle Zimmer blickte, und mir verging der Atem. Der oval geschnittene große Gesellschaftsraum war mit persischen Teppichen ausgelegt, und unzählige bunte Seidenkissen zierten mit dunkelrotem Plüsch bezogene Sofas. Von der Decke hing ein schwerer Kristalleuchter, und trotz der Farbenpracht wirkte der Raum nicht überladen.

Abyad wandte sich an den Diener: »Wir werden Tee in meiner study trinken. Bring' eine Auswahl, damit die Dame ihre bevorzugte Sorte aussuchen kann.«

Der Diener trug Pantoffeln und bewegte sich geschmeidig durch die marmorne Halle. Jamil öffnete die Tür zu einem ganz im französischen Renaissancestil möblierten kleinen Raum. Ich hätte diesen niemals »study« genannt, von einem Schreibtisch oder anderen Studierzimmer-Utensilien war nichts zu sehen. Es war ein kleines, sehr intimes Privatzimmer. Zwei große einladende Sessel standen vor einem hübschen Teetisch, Jamil zog mich aber sanft auf das brokatbezogene Sofa. Noch nie war es mir passiert, daß ich mich so stark von einem Fremden angezogen fühl-

---

* Hamsa = rechte Hand der arabischen Schicksalsgöttin Fatmeh (Fatima), die Unheil abwenden soll.

te. Als der Tee kam, konnte ich mich nicht auf die diversen Sorten konzentrieren. Ich zeigte lächelnd auf die erstbeste Dose, und der Diener brühte den Tee in unserem Beisein. Ich versuchte mir klarzumachen, in was für eine Situation ich mich hineinmanövriert hatte. Ich spielte verlegen mit dem Ehering an meinem Finger und mir ging durch den Kopf, was eigentlich ein vereidigtes jüdisches Mitglied der Haganah auf einem arabischen Sofa zu suchen hatte. Abyad war uns Juden gegenüber nicht feindlich gesinnt, aber konnte ich abschätzen, ob es sich bei seiner Haltung um Liberalität oder um Opportunismus handelte?

Als der Diener gegangen war und das Streicheln von Jamils Händen intensiver wurde, stieg mir das Blut in den Kopf. Er nestelte an den Knöpfen meiner Bluse. Bebend blickte ich auf seine Lippen und empfand plötzlich ein wahnsinniges Bedürfnis nach ihm. Ehe er mich küßte, erhaschte ich sein ironisches Siegerlächeln, und dennoch zogen mich seine Lippen magisch an. Bei seinem leidenschaftlichen Kuß wollte ich in ihn hineinschmelzen, ich fühlte seinen Körper durch die Kleider hindurch auf meiner Haut, brennend vor Verlangen, und war dabei, alles zu vergessen. Als seine Hand sanft über mein Knie strich und sich langsam unter meinen Rock stahl, wachte ich jäh auf. Knallhart stürzte ich zurück in die Wirklichkeit: Walter – Eli – Haganah – Aharonchik! Auf was wollte ich mich hier einlassen?

Jamils Gesicht veränderte sich. Erstaunt zog er seine Brauen hoch und sah enttäuscht und beleidigt aus. Auch er schien seine Gefühle nur mühsam zu unterdrücken. Er nahm mein Gesicht zärtlich in seine beiden Hände, schaute mir in die Augen und sagte: »Quel dommage!«[*] Der Zauber war verflogen. Er hauchte mir einen Kuß auf die Stirn und fragte: »Möchtest du nach Hause?« Der plötzliche Gefühlsumschwung trieb mir Tränen in die Augen. Jamil nahm sein duftendes Einstecktuch aus seiner Jackettasche und trocknete mir behutsam die Tränen. Stumm fuhren wir den Carmel-Berg hinunter.

[*] »Wie schade!«

Sechstes Kapitel

Bombardierung des englischen Hauptquartiers –
»Atid Navigation« – Das CID-Verhör – Die »Patria« –
Rachel

Zu unseren ältesten Freunden gehörte das Ehepaar Avrahami, Zilli und Jussuf. Sie und andere mit uns befreundete Juden waren oftmals zugegen, wenn wir unsere englischen Gäste in unser Haus einluden. Auf diese Weise schufen wir eine natürliche, ungezwungene Atmosphäre bei diesen Zusammenkünften. Jussuf war ein Jude aus Bonn und hieß eigentlich Josef. Er sah wie so viele deutsche Juden durch sein dunkles Haar und seine noch dunkleren Augen ausgesprochen orientalisch aus. Seine Vorfahren waren sicher vor langer, langer Zeit aus Spanien vertrieben worden. Er jedoch war ein ausgesprochen echter »Bönncher Jung«. Wir hatten in derselben Sandkiste gespielt und waren gemeinsam im Kindergarten. Natürlich hatte man ihn, wie jeden anderen, aufgefordert, der Haganah beizutreten. Pflichtbewußt meldete er sich bei der jüdischen Bürgerwehr, was eine vergleichsweise harmlose Aufgabe war.

Die Avrahamis waren lustig und liebenswürdig und wurden von den Engländern gern gesehen. Vor seiner notgedrungenen Ausreise nach Palästina hatte er in Bonn bereits einige Semester Medizinstudium hinter sich gebracht. Aufgrund seiner Menschenliebe ebenso wie seiner geschickten Hände sahen wir alle ihn schon als erfolgreichen Chirurgen. Jedoch das Schicksal wollte es anders. Um sich hier seinen Unterhalt zu verdienen, arbeitete er in der Werkstatt der Eisenbahn und wurde zum Schweißer ausgebildet. Da er künstlerisch sehr begabt war, dauerte es nicht lange, bis er aus alten Eisenresten die wunderschönsten und wunderlichsten Figuren zusammenschweißte. Viel später gelang es ihm, eine eigene kleine Metallwerkstatt aufzubauen, womit er seine Familie bescheiden ernähren konnte. Er brachte es sogar so weit, sich in einem damals entlegenen Ort am Meer ein kleines Häuschen mit einem wunderschönen Garten zuzulegen.

Eines Tages erschienen in seiner Werkstatt zwei sehr junge Männer, die mit leuchtenden Augen erklärten, sie hätten eine tolle Erfindung gemacht und suchten jemanden, der ihnen den Prototyp bauen könnte. Und er, Jussuf, sei ihnen wärmstens empfohlen worden. Leider hätten sie gar kein Geld, aber da diese Erfindung bald einen rasenden Absatz im Land haben würde, und womöglich darüber hinaus, wollten sie ihn an dem zu erwartenden großen Verdienst beteiligen und ihm das auch gleich schriftlich bestätigen. Sie seien dankbare Menschen, die eine gute Tat nie vergessen und sich doppelt und dreifach erkenntlich zeigen würden …!

Nach diesem Redeschwall drückten sie Jussuf ihre Zeichnungen in die Hand. Man sah zwei x-förmige Metallständer, ungefähr drei Meter auseinander stehend, die durch eine Metallwelle verbunden waren. An dieser Welle hing ein Behälter, ebenfalls aus Metall, in Form einer Badewanne, die um etwa hundertachtzig Grad gedreht werden konnte. Die beiden sagten, es sei eine landwirtschaftliche Maschine, die bei der Ernte von Zitrusfrüchten eingesetzt werden sollte. Bisher wurden die Früchte in Körben gesammelt, die dann mühsam zu heben waren und auf Lastwagen ausgeschüttet werden mußten. Mit der neuen Erfindung konnte ein halber Lastwagen mit einer Handbewegung gefüllt werden. Die Zeit- und Kraftersparnis versprach enorm zu sein, und Jussuf begeisterte sich für die Idee. So sehr, daß er sich bereit erklärte, sofort den Prototyp zu bauen. Die beiden Erfinder bedankten sich überschwenglich und versprachen, zu dem vereinbarten Termin, der bald sein würde, zu kommen und das Modell abzuholen.

Naiv wie Jussuf war, ließ er es mit der bloßen Aussicht auf Geld und Vertrag erst einmal bewenden und machte sich an die Arbeit. Mit seiner Neigung, massiv und solide zu bauen, hatte er das Mo-

dell so angefertigt, als ob es Jahrhunderte halten müßte. Über seiner
Begeisterung hatte er die Materialkosten vollkommen vergessen.

Als die jungen Leute wiederkamen und den Prototyp eilig auf
ihren Lastwagen luden, waren sie dann so schnell auch wieder in
ihrer Fahrerkabine verschwunden und einfach losgebraust, daß
Jussuf keine Gelegenheit hatte, noch einmal über die versproche-
ne Beteiligung zu reden geschweige denn, sich etwas Schriftliches
geben zu lassen. Kurz bevor die beiden gekommen waren, hatte
er sich eine schöne klassische Platte aufgelegt, die immer noch lief.
Er vertrieb sich einfach seinen Ärger über diesen Wortbruch, indem er begann, die Melodien mitzupfeifen, und er verschwende-
te keine weiteren Gedanken an diese Sache, hoffte aber, er würde
über kurz oder lang doch noch seinen Lohn erhalten.

Bald nach dem Verschwinden von Jussufs Auftraggebern hörten
wir im Radio, daß das englische Polizeihauptquartier in Haifa
über einen meterhohen Drahtzaun hinweg mit Bomben attackiert
worden sei. Dieser Zaun war zum Schutz an der vorbeiführenden
Straße, dem King's Way, angebracht worden, und überall standen
Wachposten. Der Schaden war fürchterlich, auch Menschenleben
waren zu beklagen. Die englische Polizei fahndete Tag und Nacht
nach den Tätern, und besonders nach dem Erbauer einer schweren Vorrichtung, die es ermöglichte, Bomben über einen so hohen
Zaun zu schleudern. Schon die Radiomeldung an sich hatte Jussuf und seine Familie in Angst und Schrecken versetzt. Doch
hofften sie, gegen alle Befürchtungen, daß es sich bei der Vorrichtung nicht um Jussufs »Werk« gehandelt habe. Am Morgen
nach dem Anschlag erschien das Bild dieser »Erfindung« in allen
Zeitungen, mit der Unterschrift, daß »Her Majesties Gouvern-
ment« nach dem Urheber dieser Teufelsmaschine fahndet. Da
wurde die furchterregende Ahnung zur Gewißheit. Jussuf kam zu
uns gestürzt, und auch wir gerieten in Panik, vor allem, weil er ja
in den englischen Kreisen als unser Freund bekannt war. In den
Zeitungen stand, daß jede Metallfabrik und jede Werkstatt des
Landes von den englischen Behörden auf den Kopf gestellt wür-

de. Jussuf, in seiner kopflosen Aufregung, hatte noch nicht daran gedacht, die Baupläne zu vernichten, und so jagten wir mit ihm zu seiner Werkstatt. Dann rieten wir ihm, er solle wie gewohnt seiner Arbeit nachgehen. Zu seinem Glück wurde seine Werkstatt aus irgendeinem Grund, vielleicht weil sie zu klein und unbedeutend war, nicht kontrolliert.

Wieder, wie bei der Bombe, die im arabischen Souk hochgegangen war, waren es Mitglieder von Lechi oder Etzel, die für diesen Anschlag verantwortlich waren. Sie glaubten irrsinnigerweise, daß sie die Engländer durch Terror dazu veranlassen könnten, den Juden mehr Schutz vor den Arabern zu gewähren. Dieses neuerliche Attentat hatte natürlich das Gegenteil zur Folge. Jussuf lebte in ständiger Furcht, und wir mit ihm, daß die beiden »Erfinder« geschnappt und von den Engländern ins Kreuzverhör genommen würden. Aber nichts dergleichen geschah, und bald kehrte der Alltag ein.

Ich fand unterdessen eine neue Arbeit, den Geldeinsammel-Posten hatte ich ja nach nur einer Woche gekündigt. Die damals bedeutende Schiffahrtsgesellschaft »Atid Navigation Company«, die die Vertretung für eine große ausländische Versicherungsgesellschaft hatte, suchte für diesen Bereich eine perfekte englischsprachige Sekretärin. Ein aus Berlin stammender Freund, Wolf Lazarus, einer der Direktoren dieser Schiffahrtsgesellschaft, hatte mich darauf aufmerksam gemacht. Schon wieder Versicherungen! Aber ich hoffte, daß es sich bei diesem Posten um Kundenanwerbungen und Publikumsverkehr handelte.

Der Direktor der Versicherungsgesellschaft, Herr Fränkel, bei dem ich mich vorstellen mußte, war ein deutscher Jude, groß, schlank und hochnäsig. Er bildete sich sehr viel auf den Direktor-Titel ein. Um zu seinem Büro zu gelangen, führte mein Weg an dem Büro von Wolf Lazarus vorbei. Seine Tür stand wegen der Hitze weit offen. Er und sein Beiruter Freund Jacques Dana lächelten mir spitzbübisch zu, als sie mich sahen, und nickten aufmunternd Richtung Büro des »Unter-Direktors«. Ich fürchtete, daß dieser Herr Fränkel womöglich Stenographie oder Schreibmaschine verlangen könnte, und bekam Bauchschmerzen bei dieser Vorstellung.

Schüchtern klopfte ich an, und der »Riese«, wie er heimlich genannt wurde, öffnete mir mit einem unangenehmen gezwungenen Lächeln die Tür. Er sprach ein gutes Englisch und schien auch von meinen Kenntnissen beeindruckt. Dann begann er mir auseinanderzusetzen, daß ich Policen auszustellen und ihm mit Rat und Tat als Privatsekretärin zur Verfügung zu stehen hätte. Zudem lege er Wert auf Überstunden, unbezahlte. Da ich auf diesen Posten sehr angewiesen war, wagte ich vorerst nicht, mein Kind zu erwähnen. Die nächste Frage kam unvermittelt: »Können Sie gut radieren?«

Ich verstand nicht: »Wieso radieren?«

»Ja, die Schriftstücke, die Sie tippen. Die müssen absolut fehlerfrei sein!«

Ich wußte, daß das Spiel verloren war, und bekannte, daß ich noch nie eine Schreibmaschine angerührt hätte. Herr Fränkel war sprachlos. Dann donnerte er los: »Wie kommen Sie dann dazu, sich hier bei mir zu melden? Sie wußten doch genau, daß ich eine perfekte Sekretärin suche!«

»Weil ich dringend Arbeit brauche«, sagte ich kleinlaut.

»Jetzt verschwinden Sie, aber mal schnell!«

Als ich wieder an dem Büro von Wolf und Jacques vorbeiging, sprang Wolf auf und fragte: »Was ist los? Warum gehst du?«

»Herr Fränkel war sehr ungehalten, weil ich keine Ahnung von Schreibmaschine, geschweige denn Stenographie habe.«

»Der Idiot! Wo wir doch hier ein Heer von Stenotypistinnen sitzen haben!«

Wolf forderte mich auf, einen Moment Platz zu nehmen, und Jacques bestellte süßen Tee für uns drei. Da Fränkel diesen beiden ja quasi unterstand, konnten sie es sich erlauben, mich zu bewirten. Dann stand Wolf auf, sagte: »Mach dir keine Sorgen«, und ging hinüber zu Fränkels Büro. Nach einer Weile kam er zurück: »Du bist engagiert. Acht englische Pfund im Monat!«

Voller Erstaunen fragte ich: »Wie hast du denn das geschafft?«
»Ich habe ihn an die Stenotypistinnen verwiesen und ihm versprochen, seine ›vertrauliche‹ Korrespondenz nach meiner Arbeit an deiner Stelle zu tippen. Inzwischen lernst du es, und für Stenographie soll er sich eine andere suchen.«

Tatsächlich arbeitete ich mich schnell ein und hätte auch sehr viel Spaß an der Arbeit gehabt, wenn Herr Fränkel nicht so ein jähzorniger Boß gewesen wäre. Dazu hatte er die Angewohnheit, erst dann seine Socken zu wechseln, wenn seine Kollegen ihn darauf aufmerksam machten, daß es an der Zeit wäre … Dann wurden sie nicht etwa gewaschen, sondern er kaufte sich ein neues Paar, und der Gipfel war, daß er die alten in seiner Schreibtischschublade sammelte – ein Schreibtisch, an dem ich öfters sitzen mußte. Ich wagte aber nicht, mich zu beschweren. Trotz unserer gegenseitigen Abneigung ernannte mich Fränkel recht bald zum »Claim Assessor«, zur Verantwortlichen für Schadensansprüche.

Mit der Zeit hatte ich mich mit Wolf und Jacques sehr angefreundet. Sie brachten mich abwechselnd abends nach Hause, der sportliche Wolf mit einem Motorrad, seiner geliebten Harley Davidson, Jacques mit einem Auto. Obwohl Wolf diesen hohen Posten hatte, konnte er es sich kaum leisten, in der Mittagspause ins Restaurant zu gehen. Er hatte nicht nur eine anspruchsvolle Frau zu versorgen und eine sehr hohe Miete zu bezahlen, sondern mußte auch seine Eltern ernähren. Also saßen wir zu dritt mittags oft auf einer kleinen Mauer und teilten unsere mitgebrachten Brote, meist mit Margarine und einem aus Hefe hergestellten Leberwurstersatz. Und wenn jemand ein Ei auf dem Markt ergattert hatte, teilten wir meist auch dies.

So verbrachte ich bei »Atid« eine relativ behagliche Zeit. Auch für die Haganah hatte ich wenig, und schon gar nichts Gefährliches, zu tun. In der »Küche« ließ ich mich nur noch selten, spätabends nach Überstunden, Haushalt und Kind blicken. Was mich belastete, war unsere Wohnsituation. Wir wohnten immer noch nur in diesem einen Zimmer, das so oft für unsere Engländer als »Partyraum« umfunktioniert werden mußte, ohne daß diese ahnten, wozu es sonst diente. Das schaffte ich nur, weil die liebe Malka mir dabei immer half. Und leider brachten wir es nicht fertig, unseren größer werdenden Sohn zum Schlafen in den Praxisraum zu verbannen, den wir noch neben der anderen Praxis betrieben. Eli fürchtete sich in diesem allzu engen und und sterilen Zimmer. Da wir ständig ein schlechtes Gewissen hatten, weil wir uns sowieso so wenig um ihn kümmern konnten, gaben wir ihm nach und ließen ihn in unserer Nähe schlafen.

So konnten wir nie allein sein, und das Ehebett wurde zu einem belastenden Frust, was unsere Liebe zu zerstören drohte. Unser früheres, lustvolles Glück war nur noch eine ferne Erinnerung. Walters Augen wurden immer trauriger. Diese dunklen meergrünen Augen mit den schweren Lidern schienen durch seine dichten Wimpern immer verschleierter. Er blickte nicht mehr wie früher strahlend in die Welt, und seine schönen Augenbrauen, wovon er die eine oft ironisch fragend in die Höhe zog, verdüsterten jetzt nur noch vorwurfsvoll seinen Blick.

Wenn ich dann mittags die unbeschwerten Gesichter von Wolf und Jacques mit der Schwermut meines Mannes verglich, tat es mir weh. Ich lebte in dem Glauben, daß dies momentan meine größte Sorge sei. Eines schönen Mittags jedoch, als wir gemütlich auf unserem Mäuerchen saßen, platzte diese Illusion. Eiligen Schrittes kam der Laufjunge aus dem Büro, der junge Lahis, auf uns zu. Außer Atem und bleich stieß er hervor: »Ruth! Die CID* sitzt im Büro. Die suchen dich. Du mußt sofort mitkommen!«

Es gibt ein hebräisches Sprichwort, das besagt: »Auf dem Kopf des Diebes brennt die Mütze.« Daran mußte ich denken, als ich dem Jungen klopfenden Herzens folgte. Mit großer Mühe konnte ich meine Erregung unterdrücken, als mich der Junge in das »heiligste aller Heiligtümer« führte, in das Büro des Firmeninhabers und obersten Chefs. Herr Borchard saß allein hinter seinem großen Schreibtisch und fuhr mich an: »Wo sind Sie so lange ge-

* Criminal Investigation Department = die britische Kriminalpolizei.

wesen? Die Herren von der Kriminalpolizei sind wütend weggegangen. Sie sollen sich sofort im Hauptquartier melden. Hier ist die Adresse.« Er warf mir einen Zettel hin, und indem er mich voller Verdacht ansah, fragte er mit beißender Stimme: »Was haben SIE mit der Kriminalpolizei zu tun? So etwas ist in meiner Firma noch nie dagewesen!«

Ich nahm den Zettel wortlos an mich. Ein großer Kloß saß mir im Hals, und als ich in mein Büro kam und meine Handtasche vom Schreibtisch nahm, um zu gehen, wurde ich vom jähzornigen Herrn Fränkel angebrüllt: »Wo geht's denn jetzt schon wieder hin!?«

Ich drehte mich nur kurz zu ihm um und sagte: »Bin bald zurück« und seufzte innerlich: »Gott geb's.«

Alle meine Tätigkeiten für die Haganah schwirrten mir wie wild durch den Kopf. Was konnten sie entdeckt haben? Und bevor ich den Bus zum Gebäude der CID nahm, mußte ich unbedingt noch schnell in eine Apotheke. Man hatte uns eingeschärft, niemals ohne ein Beruhigungsmittel zu einem solchen Verhör zu gehen. Ich kannte die untere Stadt inzwischen sehr gut, doch konnte ich mich in diesem Moment um alles in der Welt nicht darauf besinnen, wo ich eine Apotheke finden könnte. So irrte ich ziellos und in Panik durch die Straßen. Ich durfte unmöglich viel Zeit verlieren. Wenn die von CID »sofort« sagten, meinten sie es auch.

Endlich fand ich eine Apotheke am sogenannten »neuen Markt«, in einem jüngst erbauten jüdischen Viertel. Ich bat die junge Angestellte, mir schnell zwei Valerian-Tabletten und ein Glas Wasser zu geben. Sie hatte mir meine Aufregung angemerkt und griff eiligst hinter sich nach einer Medikamentenschachtel. Nachdem ich die beiden Tabletten geschluckt hatte und schon im Gehen war, schrie sie plötzlich aufgeregt hinter mir her: »Um Gottes Willen! Ich habe Ihnen ja Veronal gegeben!! Das ist ein starkes Schlafmittel. O je! Sie müssen sich jetzt sofort hinlegen, oder besser noch sich übergeben. Können Sie das?«

Entsetzt stieß ich hervor: »Nein! Das konnte ich noch NIE! Und schlafen legen kann ich mich jetzt auch nicht!« Und schon

133

rannte ich kopflos auf die Straße. Ich stellte mir vor, was passieren würde, wenn ich vollkommen benebelt und nahe am Einschlafen auf gefährliche Fragen antworten müßte, und seufzte nur wiederum: »Gott steh mir bei. Oder schick mir einen guten Schutzengel!«

Den Autobus erreichte ich noch bei klarem Kopf, und als man mich in das Zimmer des Beamten führte, der mich verhören sollte, spürte ich Gott sei Dank auch noch nichts. Dieser Mann war, wie ich später erfuhr, ein jüdischer Renegat, ein Abtrünniger, der nun auf der Seite der Engländer gegen die Juden arbeitete. Sein Name war Schindler. Er war relativ klein, in den Dreißigern, hatte helles Haar und wunderschöne Vergiß-mein-nicht-blaue-Augen. Sicher wäre er allzu gerne ein Engländer gewesen, wofür ich ihn damals tatsächlich hielt. Mitten auf seinem Schreibtisch lag ein großer Revolver, offenbar zur Einschüchterung.

Ich saß ihm gegenüber und da – plötzlich – versuchten sich meine Augenlider zu schließen. Ich vergaß vollkommen den Grund meines Hierseins. Der Schlaf drohte mich zu überwältigen, und ich hatte nur eins im Kopf: meine Augen offen zu halten. Ich stellte mir krampfhaft Streichhölzer vor, die meine Lider aufhalten könnten, und starrte mein Gegenüber an, in der Hoffnung, größte Aufmerksamkeit vorzutäuschen. Er guckte mich auch an: lange, schweigend und drohend. Dann sagte er: »Was hat eine verheiratete Frau, eine Jüdin wie Sie, mit zwei Arabern zu tun? Treiben Sie Spionage für die Juden bei den Arabern? Oder bei den Arabern für die Juden? Oder huren Sie mit diesen beiden herum, oder treiben Sie alles zusammen?«

Ich zwang mich zu antworten: »Welche A-r-a-b-e-r?«

»Sie werden doch nicht leugnen, daß sie jeden Tag abwechselnd von dem einen und von dem anderen von zu Hause abgeholt und abends wieder gebracht werden?«

Ich sah, wie in einer Wolke, Wolf und Jacques, beide dunkle, orientalisch wirkende Männer, meine Mittagskumpanen: »Ich werde doch von zwei Chefs meiner Firma abgeholt«, sagte ich konsterniert.

»Soo? Wie heißen die denn?«

»Die beiden Abteilungsleiter für Schiffahrt und Export heißen …«, und mit größter Anstrengung schaffte ich es, weiterzu-
sprechen und die Namen zu nennen.

Schindler hatte eilig die Namen mitgekritzelt. Dann rief er nach
einem Adjutanten, übergab ihm das Papier und machte es sich in
seinem Stuhl bequem. Er verschränkte die Arme vor der Brust
und fixierte mich unablässig.

Ich versuchte, seinen Blick zu erwidern, was mir mit aller Gewalt trotz der bleiernen Dumpfheit auch ab und zu gelang. Der
Adjutant kam wieder herein und brachte das Stück Papier
zurück. Schindler nahm es zur Kenntnis. Ob er enttäuscht oder
befriedigt war, konnte ich in meinem Zustand nicht feststellen.
Dann reichte er mir ein weiteres Papier und sagte: »Das sind Ihre
Personalien. Ist die Adresse korrekt?«

Alles verschwamm vor meinen Augen, und ich sagte zaghaft:
»Ich glaube ja.«

Da fuhr er mich an: »Was heißt das, ›Sie glauben‹? Kennen Sie
Ihre eigene Adresse nicht?«

Erstaunt über mich selbst, daß mir sozusagen im Schlaf so eine
Ausrede einfallen konnte, sagte ich: »Ich habe keine Lesebrille bei
mir.« Niemals hatte ich irgendeine Brille getragen!

Schindler stand auf und sagte in milderem Ton, während er den
Revolver wegsteckte: »Das Verhör ist beendet. Sie sind entlassen.«

Ich hätte jeden Preis dafür gezahlt, daß mich jemand am Arm
gefaßt und nach Hause gebracht hätte. Ich habe keine Ahnung,
wie ich es allein hoch zum Hadar schaffte, mit dem richtigen Bus,
und dann zu Fuß weiter bis zur Wohnung. Malka und ihr Mann
machten mir die Haustür auf, ich hatte bei ihnen geklopft. Malka
sagte: »Um Gottes Willen, was ist los mit dir? Bist du krank?«

Ich konnte nur noch lallen: »Laß mich schlafen.«

Sie rannte vor mir her in unser Zimmer und verwandelte in
Windeseile das elegante Sofa in ein Bett, und schon hatte ich mich
draufgeworfen und war eingeschlafen. Da ich an Schlafmittel

überhaupt nicht gewöhnt war, schlief ich den restlichen Nachmittag und die ganze Nacht hindurch bis zum nächsten Morgen. Ich wachte mit einem gehörigen Kater auf. Walter konnte mir dieses Abenteuer kaum glauben. Als abends jedoch unsere Nachbarin, Hede Abraham, eine ebenfalls abtrünnige Jüdin und zufälligerweise mit Schindler befreundet, zu uns kam, konnte er sich überzeugen. Sie erzählte, daß Schindler am vorigen Abend bei ihr zu Besuch gewesen wäre und von dem Verhör ihrer Nachbarin Ruth Zucker berichtet hätte: Diese Frau besäße die schönsten verträumten Schlafzimmeraugen, die er je gesehen hätte, und ihr Englisch sei perfekt gewesen, hätte er geschwärmt. Und: Er würde sie zu gerne kennenlernen, ob sie das nicht arrangieren könne! Hede hatte sich gern dazu bereit erklärt, wollte jedoch sichergehen, daß Walter nichts dagegen habe.

Im Bewußtsein unserer »Gastgeberpflichten« den Engländern gegenüber, war uns klar, daß wir hier einen großen Fisch an der Angel hatten. Schindler paßte sehr wohl in unseren kleinen gesellschaftlichen Kreis ... Walter durfte also »absolut nichts dagegen« haben, im Gegenteil. Als Hede wieder gegangen war, sagte er: »Dein Schutzengel ist sagenhaft! Nicht nur verdreht er unseren Feinden vollkommen die Köpfe, er bringt dir auch noch die Henker ins Haus, damit du ihnen die Köpfe weiter verdrehen kannst.« Mit einem Anflug von Eifersucht ergänzte er: »Dem scheinst du ja ganz schöne Augen gemacht zu haben ...«

»Aber ich bitte dich, mit Veronal??«

Nicht viel später erschütterte ein weiteres dramatisches Ereignis meine vergleichsweise sorglose Ruhe in dieser Zeit. Es war am 25. November 1940. Ich saß mit anderen Angestellten zusammen in unserem Großbüro, als eine gewaltige Detonation uns alle zusammenfahren ließ. Die Fensterscheiben klirrten, und wir saßen wie erstarrt, zu Tode erschrocken! Schon stürzte ein junger Angestellter kreidebleich in unseren Raum und schrie: »Ein Riesenschiff mit Flüchtlingen sinkt!«

Alle stürmten los über die Treppen zum obersten Stock des Gebäudes, von wo man den Hafen überblicken konnte. Die Rauchschwaden verzogen sich schon etwas, und wir sahen Menschen von einem riesigen Schiff ins Meer springen; über dem Hafen lag überlautes Sirenengeheul. Alle, die schwimmen konnten, rasten die Treppen wieder hinunter Richtung Hafengelände, um irgendwie zu helfen. Als wir dort ankamen, wurde uns Frauen der Zugang vom englischen Militär verwehrt, die Männer konnten passieren. Sie rannten so schnell sie konnten weiter und sprangen ins Hafenbecken. Viele andere Retter waren bereits dabei, Menschen aus dem Wasser zu ziehen und an Land zu bringen. In der Nähe liegende Schiffe und Boote waren durch das Sirenengeheul alarmiert und steuerten den Unglücksort an, um ebenfalls zu helfen und die Ertrinkenden aus dem Wasser zu fischen.

Es sah aus wie ein Schlachtfeld. Die Engländer waren völlig fassungslos beim Anblick dieser vielen Männer, Frauen und Kinder, die um ihr Leben kämpften. Die Geretteten wurden sofort in ein großes Lagerhaus gepfercht, nur wenige kamen in Krankenhäuser. Als es schien, daß alle Überlebenden geborgen waren, drängten die englischen Soldaten die Flüchtlinge vom Lagerhaus auf bereitstehende Militärlastwagen.

Wir Frauen standen vor dem Eingang zum Gelände, um die Geretteten zu empfangen. Unter ihnen fiel mir ein Mädchen auf mit einem fein geschnittenen Gesicht und traurigen Augen, die dennoch einen trotzigen Widerstand ausdrückten. Ihr langes schwarzes Haar hing wirr um ihren Kopf, und sie schmiegte sich klatschnaß wie sie war schutzsuchend an mich. Sie hieß, wie ich später erfuhr, Rachel, und ich hätte allzu gern wenigsten sie davor bewahrt, mit den anderen wie Vieh brutal auf die Lastwagen gepfercht zu werden. Unter diesen Unglücklichen waren Kinder, Frauen mit Babys, Greise, ausgemergelte, erschöpfte und verzweifelte Wesen. Ich hätte Rachel bei mir zu Hause verstecken können – sie jedoch hier wegzuschaffen war unter den scharfen Augen der bewaffneten Engländer unmöglich. Ich mußte sie gehen lassen, und auch sie wurde verladen. Ich konnte sie nicht vergessen.

Da ich hier nichts mehr tun konnte, eilte ich so schnell wie möglich in die »Küche«, um Näheres über die Umstände dieser Katastrophe zu erfahren. Aharonchik war nicht da, er war natürlich irgendwo voll in Aktion, aber die wenigen anderen Chawerim, die sich ebenfalls eingefunden hatten, wußten bereits, daß die Militärlaster mit ihrer verzweifelten Menschenladung zum improvisierten Flüchtlingslager Atlith unterwegs waren. David Nameri, genannt Davidka, der oberste Verantwortliche bei uns für das Einschmuggeln illegaler Einwanderer, kam schweißgebadet und niedergedrückt herein. So angespannt hatte ich ihn noch nie gesehen, nicht mal bei den geheimen nächtlichen Ankünften der »illegalen« Schiffe. Wir bedrängten ihn mit Fragen, aber er konnte nur stammeln: »Viele Opfer, viele viele Opfer. Der arme Munya – er war es, der die Aufgabe hatte, die Bombe zu legen ...« Wir standen starr um ihn herum und blickten ihn stumm fragend an.

Als Davidka sich ein wenig beruhigt hatte, erfuhren wir, was passiert war. Es war die »Patria«, ein französisches Schiff, und sie brachte keine Flüchtlinge nach Palästina, sondern im Gegenteil: Sie war dazu bestimmt gewesen, illegale Einwanderer aus Palästina wieder zu deportieren. Zu diesem Zweck hatten die Briten die »Patria« von den Franzosen gemietet und sie leer, sogar ohne Besatzung, im Hafen von Haifa bereitgestellt. Daß Flüchtlinge aus Europa, die hier gestrandet waren, wieder ausgewiesen werden sollten, war auch den Franzosen bekannt und geschah mit ihrer Billigung.

Davidka erzählte die Vorgeschichte: »Es waren drei kleine klägliche Frachtschiffe, die gleichzeitig in den Gewässern Palästinas ankamen: die ›Mylos‹, die ›Atlantic‹ und die ›Pacific‹. Die Engländer haben sie alle entdeckt und unter scharfer Bewachung nach Haifa eskortiert. Sie waren fest entschlossen, diese Flüchtlinge wieder zurückzuschicken, und da die drei Frachter völlig seeuntüchtig waren und es nicht einmal wieder aus den Hoheitsgewässern herausgeschafft hätten, verschifften die Engländer alle auf die ›Patria‹. Es waren an die eintausendachthundert Menschen! Zu diesem Zweck mieteten sie also dieses französische

Riesenschiff. Und trotzdem«, fuhr Davidka fort, »uns, dem Geheimdienst und der Jewish Agency, war klar, daß diese gewaltige Anzahl zusammengepferchter Menschen, die unendliche Strapazen gerade hinter sich hatten, unmöglich überleben könnten, noch dazu ohne jeglichen Proviant oder sonst eine Versorgung.«

Die Geschichte endete damit, daß die oberste Leitung der Agency sich verzweifelt bemühte, den britischen Hochkommissar für Palästina, Sir Harold McMichael, zu einer Aufgabe des Deportationsplanes zu bewegen. Alle Bemühungen und alles Flehen war umsonst – die Briten wollten demonstrativ klarmachen, daß angesichts der arabisch-jüdischen Ausschreitungen und der sich zuspitzenden Interessenkonflikte keine weitere jüdische Einwanderung mehr stattfinden würde.

Und so faßte die Haganah den Plan, die »Patria« mittels einer kleinen Bombe zu sabotieren. Die Entscheidung fiel nicht leicht, da man nicht absehen konnte, wie groß der Schaden nach einer solchen Explosion sein würde. Außerdem war der Plan schwer ausführbar, denn das Hafengelände war schon seit längerem für Juden gesperrt, und die »Patria« wurde scharf bewacht. Trotz der Unmöglichkeit, das Gelände also vorab zu erkunden, hielt die Haganah an ihrem Plan fest. Es wurde beschlossen, eine kleine Zeitbombe zu konstruieren, die in der Haifaer Wohnung von Shulamit Klebanow, einer deutschen Jüdin, zusammengebastelt wurde.

Einem von uns, Munya Mardor, gelang es, als verkleideter Araber auf das Hafengelände zu kommen und die Bombe, versteckt in einer Frühstücksbox unter den Augen der Wachen auf die »Patria« zu schmuggeln. Auf dem Schiff selbst fand Munya drei noch kräftige und leistungsfähige Männer, die sich mit ihm verschworen. Einer von ihnen, Hans Wendel aus Deutschland, bekam Anweisungen für die Zündung der Bombe. Ursprünglich war geplant, den Zeitzünder auf Mitternacht zu stellen, das wurde jedoch schnell verworfen; die Zahl der Opfer, Flüchtlinge, die vor Erschöpfung eingeschlafen und schwer zu wecken gewesen wären, wäre zu hoch gewesen. So stellten sie die Uhr auf neun Uhr morgens – eine Zeit, in der alle Passagiere auf Deck sein mußten wegen der täglichen Kabineninspektion von seiten der Engländer.

Diese Bombe, die in aller Eile und Heimlichkeit gebaut wurde, hatte eine viel stärkere Wirkung als beabsichtigt, und die »Patria« sank dramatisch schnell – es gab keine Chance, sich mit Schwimmwesten oder auf Beibooten in Sicherheit zu bringen. Später stellte sich heraus, daß es nicht so hätte kommen müssen, wenn die Innenwände des Kiels nicht vollkommen rostzerfressen und morsch gewesen wären und daher sofort zusammenbrachen. So kämpften in den Wellen völlig erschöpfte Menschen verzweifelt um ihr Leben. Hundertachtzig Opfer waren zu beklagen. Hans Wendel, der noch versucht hatte, Passagiere zu retten, die sich doch in ihren Kabinen aufgehalten hatten, war eines von ihnen.

Der Gedanke an Rachel ließ mir keine Ruhe. Offiziell durfte man die hinter Stacheldraht gesperrten Flüchtlinge nicht besuchen, aber ich bat Aharonchik so lange, bis er mir gestattete, mit Hilfe eines dortigen Chawer in das Lager zu gelangen. Die meisten Aufseher waren zwar Engländer, jedoch hatte man auch einige Juden angestellt wegen mangelnder Verständigungsmöglichkeiten auf beiden Seiten aufgrund der Sprachbarrieren. Die meisten dieser Juden waren Haganah-Mitglieder, wovon die Engländer nichts ahnten.

Im Lager empfing mich ein von der Haganah informierter junger Jude, der mich zu Rachel führte. Ich erkannte sie sofort, sie jedoch hatte keine Ahnung, wer ich sein mochte, sie nahm an, eine Sozialarbeiterin, und war sehr scheu. Als ich ihr auf deutsch erklärte, daß wir uns bereits im Hafen getroffen hätten, glitt ein trauriges Lächeln über ihr Gesicht, und bald wurde sie zutraulicher. Ich hatte ihr Schokolade mitgebracht und steckte sie ihr heimlich zu, da ich mich vor all den anderen, die mit traurigen und hungrigen Augen um uns herumstanden, schämte – für diese hatte ich nichts. Ich besuchte Rachel öfters, und allmählich begann sie von den schrecklichen Erlebnissen auf dem Fährschiff und dann auf der »Patria« zu erzählen.

Wochenlang waren sie eingepfercht wie die Sardinen auf diesem verseuchten, nach menschlicher Misere stinkenden kleinen Dampfer gewesen, zu essen und trinken gab es nicht genug zum Leben und zuviel zum Sterben. Eines Nachts wurde vom Meer aus auf das Schiff geschossen, keiner verstand, was los war, und panisch warfen sie sich alle übereinander auf das nasse, schlüpfrige Deck. Die, die unten lagen, drohten zu ersticken. Zwei Menschen wurden tödlich getroffen und schnellstens über Bord geworfen. Eine Frau sprang in Verzweiflung hinter ihrem toten Mann ins Wasser, wo sie kläglich ertrank. Sie zu retten war unmöglich, das Schiff fuhr unter Beschuß weiter – mit seiner lebenden Ladung der ewig Entrechteten und Herumirrenden auf diesem Erdball.

Die traumatisierten Menschen klammerten sich verzweifelt an ihre Hoffnung: »Heimat«, »Eretz Israel«[*].

Ihr einziger Wunsch, als sie in den Hafen von Haifa einliefen, war, dieses schreckliche schwimmende Gefängnis zu verlassen, endlich Land unter ihren Füßen zu spüren und in Sicherheit zu sein. Dann kamen ein britischer Einwanderungsbeamter und ein Offizier an Bord dieses »Höllenschiffs«[**], und sie blickten mit erschreckten und ungläubigen Augen auf die Menge. Das Elend war so gewaltig, daß die beiden Engländer fassungslos davor standen und kaum in der Lage waren, irgendwelche Formalitäten zu erledigen oder gar Befehle auszuführen.

Der Einwanderungsbeamte fand als erster die Sprache wieder, räusperte sich und sagte der sie bedrängenden Menge: »Ihr werdet jetzt auf die ›Patria‹ verfrachtet, das ist das große schöne Schiff hier im Hafen.« Und stockend fuhr er mit tiefer Stimme fort: »Und damit zurück nach Europa …« Der Schreck des Unfaßbaren fuhr den Elenden in Mark und Bein und brach ihren Rest an Lebenswillen; zudem körperlich ausgezehrt, waren sie unfähig, noch irgendeinen Widerstand zu leisten.

[*] Eretz Israel (hebr.) = Heimat Israel.
[**] So wurden diese seeuntüchtigen Flüchtlingsfrachter genannt.

Diese entsetzliche Ungerechtigkeit, die die Briten den wenigen Flüchtlingen, die der Nazi-Hölle entkommen waren, antaten, ging in die »schwarze« Geschichte Israels ein; es kam zu dem Flüchtlingselend hinzu, daß alle Überlebenden nach sechsmonatigem Aufenthalt im eingezäunten Lager doch deportiert wurden – nach Afrika.

Rachel konnte ich dieses Schicksal ersparen. Ich erwähnte sie bei unseren »Küchen«-Treffen immer wieder, bis Moshe Abdu, die rechte Hand von Aharonchik, eines Tages zu mir sagte: »Ruth, deine Rachel holen wir aus Atlith raus! Ich werde eine Ambulanz bestellen, in der du als Sanitäterin sitzt, und dann schmuggeln wir sie als Schwerkranke aus dem Lager. Ich habe Beziehungen zu einem englischen Regierungsarzt, der uns gerne hilft. Er wird auch in dem Wagen sein. Und vielleicht setzen wir deinen Mann ans Steuer.«

Gesagt, getan. In unserer Besetzung kamen wir mühelos durch die Sperre. Ich wußte, daß Rachel wie üblich bei den Kleinkindern sein würde, und ich steuerte sofort auf sie zu und sagte sehr laut und auf englisch: »Wieso kannst du hier arbeiten? Das ist gefährlich! Womöglich steckst du die Kinder an!« Sie schaute mich entgeistert und sprachlos an. Im Befehlston und noch lauter sagte ich: »Sofort in die Ambulanz!« und zerrte sie am Arm mit mir fort. Es ging alles rasend schnell, keiner hielt uns auf, und als wir längst aus dem Lager wieder draußen waren, nahm ich sie in die Arme und sagte: »Keine Angst, du wirst jetzt endlich frei sein! Wir bringen dich in einen Kibbuz, wo du unter Freunden leben wirst.«

Rachel konnte es kaum fassen, sie atmete heftig und ihre Wangen bekamen etwas Farbe. Sie stammelte: »Diesmal werde ich wirklich in Sicherheit sein? In einem Kibbuz, wo alle Menschen Juden sind??«

Wir fuhren sie direkt in den Kibbuz Yagur, wo ihr der allerherzlichste Empfang bereitet wurde. Nach dem gemeinsamen Essen im großen Speisesaal zeigten wir ihr ihr kleines, nett eingerichtetes Zimmer, das sie mit einem anderen Mädchen teilte, die sich schon auf ihre neue Mitbewohnerin freute.

Wir verließen abends eine Rachel, deren Augen bereits einen ganz neuen Glanz hatten. Gelegentlich besuchte ich sie und freute mich unendlich, zu sehen, wie sie sich zu einer glücklichen und schönen jungen Frau entwickelte.

Siebtes Kapitel

Rommel ante portas – Die »Teheran-Kinder« – Das Granatentraining

Im Sommer 1942 erreichte der deutsche Generalfeldmarschall Rommel mit seinem Afrika-Korps El-Alamein in Ägypten und bewegte sich bedrohlich Richtung Suez-Kanal und Sinai, was nur etwa fünfhundert Kilometer von uns entfernt war. Wir befürchteten, daß die Nazis auch in Palästina »das Judenproblem« radikal lösen würden. Wir standen vor einem erneuten »Massada«[*]. Die oberste Führung der Haganah beschloß eine verzweifelte letzte Widerstandsaktion auf dem Carmel gegen die herannahende Nazi-Invasion. Denn aller Wahrscheinlichkeit nach war Haifa, damals die einzige Hafenstadt Palästinas, Rommels Ziel. Wenn es soweit käme, sollten alle Juden Haifas auf dem Berg versammelt sein. Keiner von uns wagte sich eine klare Vorstellung von dem zu machen, was wirklich geschehen würde.

So zogen auch wir in eine damals noch unberührte Region des Carmel, genannt Newe Sha'anan. Diese Gegend hatte einen großen Vorteil und einen großen Nachteil. Das Schöne war die noch vollkommen unberührte Natur und die herrliche Aussicht auf die Bucht von Haifa. Zu unserem Entzücken und dem unseres Sohnes gab es in den kleinen Pinienwäldern viele Tierarten: Hasen, Wildhühner, Füchse, Schakale, aber leider auch Gift-

---

[*] Massada heißt der etwa vierhundert Meter hohe Felsen in der Ebene am Südufer des Toten Meeres, hart an der Grenze zur Bar-Yehuda-Wüste. Bei dem letzten Aufstand der Juden gegen die Römer im 1. Jahrhundert n. Chr. flüchteten sie sich mit ihren Familien auf das Plateau des Felsens. Sie hielten jahrelanger Belagerung stand, bis die Römer 73 n. Chr. den Felsen eroberten. Unter Eleasar ben Simon nahmen sich, statt in sichere Gefangenschaft und Sklaverei zu gehen, neunhundertsechzig Männer, Frauen und Kinder das Leben.

schlangen und Skorpione. Aber schlimmer war die hohe Bergwand, die sich über Newe Sha'anan erhob und von Arabern besetzt war, die des öfteren von dort oben aus unsere Siedlung unter Beschuß nahmen.

Die Haganah wollte die ohnehin spärlichen Kampfeinheiten und Waffen nicht einsetzen, um diesen einen Berg zu stürmen. So lebten wir also in ständiger Furcht, und uns Eltern kostete es unendliche Überwindung, die Kinder im Freien spielen zu lassen. Und wir ließen sie draußen spielen: nicht nur wegen der gesunden Bergluft und der herrlichen Sonne, sondern auch, weil man uns Tag und Nacht predigte, daß sich kein Jude vor den Arabern verkriechen dürfe.

Diese Gefahr von der Bergwand verblaßte sehr rasch vor italienischen Jagdbombern, die im nahen Syrien stationiert waren und die Raffinerie in der Haifa-Bucht – die größte im ganzen mittleren Osten – zum Ziel hatten. Der Luftweg führte genau über Newe Sha'anan und damit über unser kleines Häuschen. Wir saßen also in der Falle zwischen den feindlichen Flugzeugen und dem sich nähernden Heer von Rommel. Unsere Beklemmung wuchs, und wir spürten täglich, wie sich das düstere »Massada-Syndrom« über uns legte. Die standhaft aushaltenden Bewohner des Carmel waren verängstigt, wenn nicht verzweifelt, und keiner wagte es, dem anderen offen ins Gesicht zu blicken. Jeder behielt seine Ängste wie ein Geheimnis für sich. Auch Walter und ich sprachen lange nicht von der Gefahrensituation, er war nur noch zärtlicher zu Eli und auch zu mir. Nachts hielten wir uns fest in den Armen, schlaflos meist.

So lebten wir tagaus, tagein, bis die Engländer es eines Tages fertigbrachten, ihre Luftabwehr in Gang zu setzen. Von nun an wurden die italienischen Bomber direkt über unseren Köpfen teils schwer beschädigt, teils abgeschossen. Einmal landete eine der Bombenlasten zweihundert Meter neben unserem Haus in einem Feld. Unsere Haustür flog durch den Luftdruck aus den Angeln und zerbarst knapp neben dem runden Tisch, unter dem wir kauerten und versuchten, Eli vor herumfliegenden Glas- und

Mauerstücken zu schützen. Wir verharrten in einem Betonregen, und Eli schrie. Er hatte Mörtel eingeatmet. Er hustete und würgte, konnte aber zu unserem Entsetzen den Fremdkörper nicht loswerden. Panisch wollte ich mit ihm ins Hospital aufbrechen, Walter machte mir aber klar, daß man Fremdkörper zwar auf Röntgenbildern sehen könne, aber keine Macht der Welt brächte sie aus den Lungen heraus. In dieser Nacht schlief Eli mit einem Beruhigungsmittel röchelnd in meinen Armen, während der Wind durch unser beschädigtes Haus zog und von draußen das Geheul der aufgeschreckten Schakale zu hören war.

Nach dieser Nacht wußten wir, daß wir dringend irgendeinen Luftschutz brauchten. Es gab zwar natürliche Höhlen in der Nähe, aber die waren immer restlos überfüllt; es gab nur wenige, die so mutig oder besser: leichtsinnig waren wie wir. Nach langem vergeblichem Suchen fanden wir doch noch einen Unterschlupf in einer Höhle, die auf dem Grundstück eines deutschen Arztes lag, Dr. Jakob, der sich darauf verlegt hatte, Ziegenböcke zu züchten. Dies hatte ihm den Namen »Dr. Jabock« eingebracht. Wir teilten seine Höhle mit diesen hochgezüchteten wohlgenährten Tieren, die einen bestialischen Gestank verbreiteten. Nacht für Nacht verbrachten wir eine Zeitlang inmitten dieser Böcke in einem alptraumhaften Dreck und hielten dies nur aus Verantwortungsgefühl Eli gegenüber überhaupt aus.

Inzwischen rückte die Gefahr in Gestalt Rommels immer näher. An einem Shabbat* nahm Walter mich fest in den Arm, während das Kind jauchzend in der Sonne hinter einem kleinen Wildhasen herlief. Bei diesem Anblick überkam mich eines dieser sehr seltenen Glücksgefühle, die uns überhaupt beschert waren. Als ich aber in Walters furchtbar blasses, verstörtes Gesicht sah, überlief es mich eiskalt.

»Ich muß dir etwas sagen«, stieß er hervor. Er zeigte mir eine Ampulle und sagte: »Das ist eine Giftampulle. Die ist für dich. Ich habe die gleiche. Alle Ärzte haben vorgesorgt. Rommel kommt

---

* Shabbat (oder Sabbat), der Sonnabend, ist der wöchentliche jüdische Ruhetag.

immer näher. Ehe wir in deren Hände fallen, wirst du, wie alle anderen, diese Ampulle zerbeißen. Der Tod ist schmerzlos und tritt unmittelbar ein. Bevor ich sie zerbeiße, werde ich mit meinem Revolver so viele von Rommels Schergen mit in den Tod nehmen wie möglich.«

Entsetzt stieß ich hervor: »… und Eli?«

Walter zögerte, ehe er sprach: »Dem Kind werde ich rechtzeitig eine Spritze geben.«

Ich sackte in Walters Armen zusammen und schluchzte, wie ich es mir bisher niemals erlaubt hatte. Ich glaubte vor Verzweiflung zu ersticken.

Das Rufen und Jauchzen des Kindes, das von draußen hereinklang, kam mir völlig unwirklich vor. Ich war in einem bösen Traum gefangen. Hilflos schaute ich wieder in Walters Gesicht, das mir verbissen und hart erschien. Später verstand ich, daß er sich durch meinen Gefühlsausbruch nicht schwächen lassen durfte. Heute kann ich nicht mehr verstehen, wie ich es an jenem Abend fertig brachte, Eli mit dem gewohnten Lächeln ins Bett zu bringen, zuzudecken und ihm einen Gutenachtkuß zu geben. Er wollte noch eine Geschichte hören, aber ich war unfähig, ihm etwas zu erzählen.

Walter und ich waren tagelang wortkarg und fühlten uns wie durch ein sündhaftes Geheimnis verbunden. Die Ampullen trugen wir ständig bei uns. Ich nehme an, daß er auch eine Spritze und eine weitere Ampulle bei sich hatte.

Montgomery und die 8. alliierte Armee besiegten Rommel, ehe er unser Land erreicht hatte. Wir haben nie mehr darüber gesprochen, nicht während der akuten Gefahr und auch später nicht. Doch der Schaden an unseren Seelen ist wohl nie mehr ganz vergangen.

1942 war es, als wir von dem Völkermord an den europäischen Juden erfuhren. Ende Januar hatten die Nazis in Berlin die Ausrottung aller jüdischen Menschen beschlossen. Sie erfanden dafür den zynischen Begriff »Endlösung«. Später lernten wir die Bedeutung der Namen Maidanek, Treblinka, Auschwitz verstehen.

Nach und nach erfuhren wir auch, daß Eltern, deren Deportation bevorstand oder die schon in den Todeszügen waren, ihre Kinder in die Wälder schickten oder sie gar vom Zug oder von den Ladeflächen der Lastwagen herunterwarfen in die Straßengräben, um ihnen eine letzte verzweifelte Überlebenschance zu geben. Viele dieser Kinder kamen um, jedoch wurden auch etliche gefunden und konnten gerettet werden.

Unter den vielen namenlosen Rettern gab es einen, der »der fliegende Mönch« genannt wurde. Es war Teddy, der Sohn meines Genfer Psychologie- und Graphologieprofessors Eduard Magnat. Ich war mit ihm sehr befreundet.* Teddy, ein sehr sportlicher junger Mann, entschied sich als frommer Katholik für ein Klosterleben und trat dem Barfüßer-Orden bei. Zum Judentum hatte er nur durch das Alte Testament eine Beziehung, und ich war der einzige jüdische Mensch, den er kannte. Als er von den umherirrenden, hungernden jüdischen Kindern erfuhr, setzte er sich in seiner weißen Kutte auf ein Motorrad und machte sie auf die Suche durch die Wälder. So rettete er Hunderte von Kindern und brachte sie in Klöstern unter. Viele der heute in Israel lebenden Menschen verdanken ihm ihr Leben. Seinem Vater erzählte er später, daß er mich, seine jüdische Jugendfreundin, um deren ungewisses Schicksal er sich sorgte, in jedem geretteten Kind vor seinem inneren Auge gesehen habe.

Es gab auch eine Sammelstelle für diese Kinder in Polen, die von der Jewish Agency betreut wurde. Als sich an die tausend Kinder dort befanden, entsandte die Agency zwei Betreuer, Reuven Schäfer und Avraham Silberberg, dorthin. Sie sollten Schritte einleiten, um diese Geretteten nach Palästina zu bringen. Es stellte sich jedoch heraus, daß die Mandatsregierung sich weigerte, die Kinder ins Land zu lassen. An der auf ein Minimum reduzierten Einwanderungsquote war nicht zu rütteln, auch nicht unter diesen erbarmungswürdigen Umständen.

---

* Er war für mich solange er lebte mein »geistiger Vater«. Ich nannte ihn »my spiritual Daddy«. Seine Briefe an mich zeichnete er daher immer: »Your S.D.«.

In dieser Situation engagierte sich Raya Szertok (Sharet), die Ehefrau unseres späteren Außenministers. Es gelang ihr, den damaligen Schah von Persien dazu zu bewegen, die tausend Kinder nach Teheran einreisen zu lassen, wo ein improvisiertes Lager unter Rayas Leitung errichtet wurde. Der Schah war den Juden freundlich gesonnen, den Löwen in seinem Wappen bezeichnete er als »Löwen Judas«. Bis die Kinder und ihre Betreuer dort jedoch ankamen, mußten sie den langen Weg von Polen über Sibirien, Usbekistan und Pakistan nach Persien hinter sich bringen. In Persien waren sie dann in Sicherheit, aber auch dort herrschte Hungersnot, und die Verhältnisse im Sammellager waren denkbar schlimm. Als die jüdische Bevölkerung in Palästina von dem Schicksal der sogenannten »Teheran-Kinder« erfuhr, geriet sie in Aufregung und verlangte von der Jewish Agency, koste es was es wolle, diese Kinder ins Land zu bringen.

Die Haganah bekam nun den Auftrag, eine kollektive Einwanderungsbewilligung mit gültigem Visum zu beschaffen. Natürlich fiel es unserer Organisation nicht schwer, ein solches Dokument zu fälschen. Was aber schier unmöglich schien, war die Beschaffung einer gültigen Unterschrift. Die Visa, die damals überhaupt ausgestellt wurden, waren fast ausschließlich für den hochstehenden christlichen Klerus bestimmt; der arabische Bischof, der in Haifa ansässig war, übte enormen politischen Einfluß aus. Diese Visa trugen die eigenhändige Unterschrift eines einzigen hochgestellten britischen Beamten, und dieser Beamte, den ich hier Mr. X nennen möchte, hielt seine Unterschrift streng geheim. Nur die Visa-Besitzer bekamen sie zu Gesicht. Nicht einmal die ihm unterstellten Beamten, darunter auch einige Juden, kannten sie. Wenn Mr. X unterschrieb, tat er dies unter vier Augen mit dem entsprechenden ausländischen Beamten, der im Einzelfall zuständig war.

In diesmal relativ großem Kreis saßen wir in der »Küche« und zerbrachen uns die Köpfe, wie man zu einem Exemplar dieser mysteriösen Unterschrift kommen könnte. Eine genaue Beschreibung von Mr. X, seinen Gewohnheiten, Hobbys und so weiter, hatten wir bereits, auch wußten wir alles über seine junge englische Freundin. Und wir hatten erfahren, daß er sich sehr für den Segelsport begeisterte. Hier sahen wir eine Chance. In Haifa gab es neuerdings einen Segelclub namens »Sevulun«[*], dem etliche Mitglieder von Lechi und Etzel angehörten. Zu diesen extremistischen Organisationen wollten wir zwar prinzipiell keinen Kontakt haben, aber wir wußten, daß sie uns für eine humanitäre Aktion wie die Rettung von Kindern bereitwillig die Hand reichen würden.

Mr. X gehörte dem Club zwar nicht an, aber er – dem wie allen britischen Beamten jegliche Fraternisierung mit Juden untersagt war – war nur zu gerne bereit, das ihm zur persönlichen Verfügung gestellte Boot jedes Wochenende in Empfang zu nehmen. Er unterhielt sogar, trotz des Verbotes, freundschaftliche Beziehungen zu einigen jungen Clubmitgliedern. Diese nach und nach recherchierten Kenntnisse über Mr. X ermöglichten es uns nun, einen Plan auszuhecken …

Wir erfanden ein »Jubiläum« für den (ganz jungen!) »Sevulun«-Club, das ganz groß im eleganten Haifaer Casino gefeiert werden sollte. Im großen unteren Saal des Casinos ließen wir zu diesem Zweck einen bunten Jahrmarkt aufbauen mit vielen Schieß-, Lotterie- und Freßbuden. Wir sorgten dafür, daß Bier und Whisky und andere alkoholische Getränke in Strömen flossen. Der »Clou« unseres Plans war ein »Wahrsagerzelt« mit mir als verkleideter Zigeunerin! Als der festliche Abend kam, saß ich in dem schummrigen Zelt, trug eine graue Perücke, ein grellbuntes Kopftuch, war auf alt geschminkt und in einen sehr weiten lila-roten Umhang gehüllt. Das Plakat vor dem Zelt pries in leuchtenden Farben an, daß »Madame Udela« aus den Handlinien und der Schrift das Schicksal vorhersagen könne. Der Eintritt war gratis.

Mr. X mit seiner schönen jungen Freundin wurde als Ehrengast eingeladen, und er konnte die Einladung kaum ausschlagen, er-

---

[*] Sevulun heißt einer der zwölf Stämme Israels aus dem Alten Testament.

freute er sich doch jedes Wochenende der Gastfreundschaft des Clubs. Für die beiden waren Plätze am »Ehrentisch« reserviert, wo auch andere englische Gäste plaziert waren sowie einige gut englisch sprechende jüngere Leute vom Club. Darunter auch eine junge Haganah-Kameradin, die am selben Arbeitsplatz wie die Freundin von Mr. X tätig war und schon seit einiger Zeit dem Auftrag nachkam, sich mit ihr anzufreunden. Daher wußten wir, daß es der innigste Wunsch der Freundin war, Mr. X zu heiraten. Der jedoch schien sich in keiner Weise fest binden zu wollen.

Unsere Chawerim, besonders jene, die am »englischen« Tisch saßen, strömten nun zu mir in das Zelt, hielten sich dort kurz auf und verbreiteten anschließend voller Begeisterung in der Festgesellschaft die schönsten Wundergeschichten über die »alte Zigeunerin« und ihre Wahrsagerei. Schnell sprach sich die Attraktion herum, und tatsächlich biß auch die junge Engländerin an – natürlich wollte sie alles über ihre Zukunft erfahren, obwohl sie es zunächst nicht eingestehen mochte. Bald erschien sie jedoch zusammen mit unserer Kameradin, ihrer »Freundin«, bei mir im Zelt.

Zuerst spielte ich das Spiel mit der »Freundin«, die wunderbar »erstaunt« und »überwältigt« auf meine Künste reagierte. Daraufhin wagte sich auch die Engländerin vor. Sie zeigte mir ihre Handlinien und gab mir eine Unterschrift. Da wir über sie und ihre Vergangenheit natürlich Bescheid wußten, konnte ich ihr verblüffende Details aus ihrem Leben nennen. Als ich ganz sicher war, daß sie vollständig von mir eingenommen war, mimte ich eine Art Trance:

»Ich sehe Sie neben einem blonden Herrn mit schöner Gestalt stehen, der ganz wunderbar zu Ihnen paßt. Ich sehe eine herrliche Zukunft auf Sie zukommen …« Ich mimte dann ein plötzliches Aufschrecken und fuhr mit ganz veränderter Stimme fort: »Ich sehe, daß sich diese herrliche Zukunft zurückzieht – Sie haben einen innigen Wunsch, können ihn aber nicht verwirklichen, wie schade für Sie … Man muß einen Zauber ausüben, damit Sie Ihr Glück einfangen können.«

Ich unterbrach mich, blickte ihr tief in die Augen und fragte: »Kennen Sie einen Mann wie ich ihn beschrieben habe?«

Sie nickte errötend.

»Ist er vielleicht hier anwesend?«

Wieder nickte sie.

Ich beugte mich zu ihr vor und flüsterte ihr ins Ohr, daß ich aus großem Mitgefühl für sie bereit wäre, einen Zauber auf diesen Mann auszuüben, wenn sie ihn zu mir bringen würde.

In der Zwischenzeit hatten unsere Jungs dafür gesorgt, daß das Glas von Mr. X niemals leer war. Die lebhafte Unterhaltung am Tisch, die animierende Musik, die wild tanzenden Paare und der Alkohol taten das ihre, um ihn vorübergehend seine Pflichten vergessen zu lassen. Seine Freundin kehrte mit hochrotem Kopf an seine Seite zurück und erzählte ihm aufgeregt, sie habe Erstaunliches erlebt. Die Zigeunerin hätte alles über ihre Vergangenheit gewußt! Sie sei eine wahre Zauberin! Und dann bat sie ihn innigst, mit ihr zusammen zu dem Zelt zu gehen – er würde dort Unglaubliches erleben! In seinem Zustand ließ er sich tatsächlich dazu bewegen.

Als die beiden in meinem Zelt erschienen, häufte sich auf meinem Tischchen bereits ein Riesenberg kleiner viereckiger, mit Unterschriften versehener Zettel. Mr. X setzte sich und gab mir seine Hand zu lesen. Ich gewann sehr rasch sein Vertrauen, weil ich auch seine Vergangenheit haargenau wiedergeben konnte. Dann wollte er etwas über seine berufliche Zukunft wissen. Und die konnte ich natürlich einzig und allein aus seiner Unterschrift herauslesen … Schwungvoll und klar prangte sogleich eine schöne Unterschrift auf einem meiner Zettel. Ich hob ihn mir vor die Augen, ließ ihn sinken, hob ihn wieder hoch und begann: Ich pries seine vor ihm liegende, glanzvolle Beamtenkarriere und sagte ihm schnellstes Vorwärtskommen sowie höchste Auszeichnungen voraus. Dann legte ich den Zettel offen auf den Tisch und bat ihn, als Ablenkungsmanöver, nochmals seine Hand sehen zu dürfen. Ich sprach viel über Seelenverwandtschaft, Romantik und Erotik. Mehrmals schloß ich seine Hand zur Faust, öffnete sie wieder sacht und flüsterte ihm sodann zu, daß dies ein Zauber sei, eine Form des Segens, die ich von meiner Großmutter gelernt hätte. Die Augen seiner Freundin leuchteten in diesem Moment, ob des versprochenen Zaubers, auf.

Damit endete die Sitzung. Mr. X stand auf und wollte den Zettel mit seiner Unterschrift in seine Jackentasche stecken. Ich schrie auf: »Um Gottes willen! Sie nehmen ihre Zukunft zurück! Wenn Sie diesen Zettel mitnehmen, zerstören Sie alles! Schauen Sie, alle haben ihre Zettel hiergelassen. Legen Sie den Zettel, wohin Sie wollen, unter die anderen.«

Er nahm ihn zögernd wieder aus der Tasche und fragte: »Was machen Sie denn mit all den Zetteln?«

»Die verbrenne ich eigenhändig. Am Ende des Festes. Draußen steht eine Blechtonne.«

Und ich zeigte ihm noch die kleine Benzinflasche, die ich mitgenommen hatte, und gab meiner Stimme einen dunklen geheimnisvollen Ton: »Damit übergieße ich das ganze Papier und verbrenne es bis zum letzten Rest.«

Mit einem Rest Skepsis fragte er: »Darf ich Ihnen dabei helfen?«

»Aber selbstverständlich. Ich würde mich über Ihre Hilfe sehr freuen. Ich werde Sie rufen lassen, wenn es so weit ist.«

Daraufhin schob er seine Unterschrift so tief wie möglich unter alle anderen Zettel, bedankte sich höflich und verließ das Zelt. Ich mußte mich jetzt erst mal von dem Schreck erholen. Als er den Zettel einstecken wollte, schoß mir durch den Kopf: »Dieser unglaubliche Aufwand für nichts und wieder nichts?!« Und als er dann mein Zelt doch ohne Zettel verlassen hatte, hörte ich tatsächlich die Flügel meines Schutzengels rauschen …

Vor meinem nächsten Kunden bat ich um eine starke Tasse Kaffee. Noch ehe er mir serviert wurde, war der bewußte schicksalhafte Zettel schon unterwegs zu unserem Fälscher. Damit bloß niemandem etwas auffiel, mußte ich tapfer weiter wahrsagende Zigeunerin spielen. Es war ansstrengend und ich fühlte mich ziemlich ausgelaugt, aber ich wußte ja, wieviel Kinderseelen von diesem Abend abhingen.

Endlich ging das Fest seinem Ende zu, und ich ließ Mr. X rufen, um gemeinsam die Unterschriften zu verbrennen. Wir hatten eine große Papiertüte bereitgelegt, und ich bat ihn nun, während ich sie aufhielt, alle Zettel hineinzustopfen. Natürlich wäre es für ihn unmöglich gewesen, seinen eigenen Zettel aus diesem Wust herauszufischen, selbst wenn er noch dabeigewesen wäre. Gemeinsam gingen wir dann in den Hof und leerten den Tüteninhalt in die kleine Tonne. Ich goß etwas Benzin darüber, und er durfte ein Streichholz dranhalten. Als die Flammen hochloderten, fuchtelte ich dramatisch mit den Armen herum, während meine Hände abwechselnd den David-Stern und das Kreuz in die Luft zeichneten. Dabei murmelte ich mit möglichst tiefer Stimme Texte von hebräischen Kinderliedern, wohlwissend, daß er diese Sprache nicht beherrschte. Als die Flammen verloschen und nur ein wenig schwarze Asche übriggeblieben war, erklärte ich ihm, daß er soeben einer Zauberkunst beigewohnt habe, deren weiße Magie die gute Zukunft all derer, die mir gegenübergesessen hätten, besiegeln würde. Er dankte mir und verabschiedete sich sehr höflich.

Restlos wasserdicht wurde meine offizielle Mission als »Zigeunerin« auf dem Jubiläumsfest durch einen Dankesbrief, den ich wenig später vom Clubvorstand höchstpersönlich erhielt.

Die Unterschrift von Mr. X war inzwischen direkt bei unserem Chawer namens Schmidt gelandet, der ein Fotoatelier in einer kleinen Nebenstraße der Herzl-Straße besaß und dort auch wohnte. Er war nicht nur ein begnadeter Fotograf, sondern hatte auch die verblüffende Gabe, spielend jede Handschrift nachmachen zu können, wobei er der ehrlichste und harmloseste Mensch war, den man sich vorstellen kann. Er übte seine Kunst nur aus, wenn er wußte, daß sie lebenswichtig für andere war. Da ich wiederum eine gelungene Fälschung von einer dilettantischen unterscheiden konnte, arbeiteten wir immer Hand in Hand.

Bald hatten wir ein Dokument in der Hand, das es uns ermöglichte, die Kinder aus Teheran nach Palästina zu bringen. Aber statt daß die Nachbarländer ihnen erlaubt hätten, direkt von Teheran via Irak und Transjordanien* auf dem Landweg zu reisen, mußten sie die neuerlichen Strapazen eines riesigen Umwegs auf sich nehmen: Es war der 3. Januar 1943, als die Kinder nach Süden zum Persischen Golf auf den Weg gebracht wurden. Knapp drei Wochen später, am 21. Januar, wurden sie dort eingeschifft, um über das damals zu Indien gehörende Karachi bis zur äußersten Ecke der arabischen Halbinsel, nach Aden zu gelangen, dem Hafen des Yemen. Von dort führte die Route wieder nach Norden durch das Rote Meer, bis sie am 18. Februar im ägyptischen Suez landeten. Achthundertsechzig Kinder hatten all das überlebt, und die Ägypter erlaubten die Weiterfahrt mit der Eisenbahn bis nach Palästina.

Aharonchik, der als hoher englischer Offizier verkleidet war und einen ebenso verkleideten »Assistenten« bei sich hatte, begleitete den Kindertreck über alle Grenzen und brachte sie mit Hilfe des Kollektiv-Visums mit der »eigenhändigen Unterschrift« von Mr. X zum Schluß auch über diese letzte, heikelste Grenze. Nach ihrer Ankunft wurden die Kinder sofort in Privatfamilien oder in Kibbuzim untergebracht, wo sie als bona fide-** Familienmitglieder ausgegeben worden wären, hätte jemals eine Kontrolle stattgefunden.

Mit Sicherheit war Mr. X diese Masseneinwanderung nicht verborgen geblieben. Er hütete sich jedoch davor, sie jemals offiziell zur Kenntnis zu nehmen, um seinem guten Namen nicht zu schaden. Ich habe ihn noch ein Mal in meinem Leben wiedergesehen, rein zufällig, als er Arm in Arm mit seiner Freundin über die Herzl-Straße schlenderte. Ich erkannte ihn sofort, während er natürlich die »Zigeunerin« unmöglich wiedererkennen konnte. Ganz im stillen empfand ich eine tiefe Dankbarkeit.

Die Bedrohung durch Rommel und sein Afrikakorps lag hinter uns, dafür nahmen während der anhaltenden Einwanderungs-

---

* Damalige Bezeichnung für den östlich des Jordans gelegenen Teil Jordaniens, das bis 1946 von einem britischen Hochkommissar verwaltet wurde.
** bona fide (lat.) = auf Treu und Glauben.

blockade die Terroraktionen der Araber gegen die Juden zu. Als die Situation sich immer mehr verschärfte, meldete sich eines Tages einer aus den »oberen Etagen« der Haganah bei mir: Max Cahn, ein bildhübscher junger Mann, der »Mexican« genannt wurde. Ich hielt ihn, der tiefschwarze Augen und schönes schwarz gewelltes Haar hatte, tatsächlich für einen Mexikaner – nicht nur wegen seines Spitznamens –, und ich fand ihn sehr interessant, war er doch der erste Jude aus Mexiko, dem ich begegnete. In Wirklichkeit war er jedoch ein vielseitig gebildeter Südafrikaner, wie ich später erfuhr …

Max Cahn fand sich also bei mir zu Hause ein und erklärte Walter und mir, daß wir in unserer Wohnung ein geheimes Waffenlager einrichten müßten, in der feindlichen Umgebung, in der wir wohnten, bräuchten wir doch Mittel, um uns zu verteidigen. »Mexican« beschloß darüber hinaus, unsere Wohnung zu einem Stützpunkt zu machen, da man vom Dach aus die gegenüberliegenden Berge ins Visier nehmen konnte, auf denen sich arabische Scharfschützen herumtrieben. Die wiederum konnten von ihren Stellungen aus direkt in unser Schlafzimmerfenster gucken. So kam es, daß wir von nun an immer wieder mitten in der Nacht jäh aus dem Schlaf gerissen wurden, weil uns unbekannte junge Leute schwerbewaffnet durchs Schlafzimmer stürmten, um von dort auf das flache Dach zu gelangen. Dann gingen wilde Schießereien los, während ich mich mit Eli in die unteren Räume verkroch und zitterte, auch um Walter, der ebenfalls mit einem Gewehr bewaffnet aufs Dach stürmte. Das Theater ging meist die ganze Nacht bis zum Morgen, und wenn ich mich für die Arbeit und Eli für die Schule fertigmachen mußte, kroch ich auf allen vieren ins Schlafzimmer zum Kleiderschrank; aufrecht gehen war zu gefährlich, denn des öfteren verirrten sich Kugeln durch die Fenster, die wir geöffnet hielten, damit uns wenigstens herumsplitterndes Glas auf diese Weise erspart blieb.

Um von unserem Haus, das in einem Wadi[*] lag, auf die Straße

***

[*] Wadi (arab.) = Abhang, steiles Tal.

zu kommen, mußten wir eine Steintreppe mit achtundvierzig Stufen hochlaufen. Die Hälfte dieser Strecke war vollkommen ungeschützt vor den arabischen Heckenchützen, die, wann immer sie eine Bewegung dort wahrnahmen, anfingen zu schießen. Jeden Morgen mußte ich mit dem Kind an der Hand diese Stufen hochhasten in der Gewißheit, daß wir die besten Zielscheiben abgaben. Nach der vierundzwanzigsten Stufe allerdings konnten wir hinter ein Haus biegen und den Rest des Abhangs im Schutz dieses Hauses emporklettern. Auf der Straße angekommen, ging Eli allein weiter, während ich die Strecke zurück in Angriff nahm und die vierundzwanzig gefährlichen Stufen in gewohnter Manier wieder hinunterrannte.

Eines Morgens sagte Eli zu mir, als wir die Straße erreicht hatten und nachdem ich ihm einen Kuß auf die Stirn gegeben hatte: »Mutti, wenn mir auf dem Weg etwas passiert und ich sterbe, stell' dich bitte nicht so an wie die orientalischen Frauen, die auf dem Friedhof kreischen und jaulen. Bitte bewahr' bei meinem Tod Haltung.« Beim Anblick seiner allzu erwachsen blickenden Augen in seinem blassen Gesicht kamen mir die Tränen. So schnell wie möglich sagte ich: »Ich verspreche es dir«, und wandte mich ab, damit er die Tränen nicht sehen konnte.

Bald wurde auch ein Waffenlager bei uns eingerichtet. Sie hatten unsere Privatwohnung dafür ausgesucht, weil dort niemand so etwas vermuten würde. So bekamen wir in unser ohnehin zu kleines Wohnzimmer noch eine riesige, im antiken Stil geschnitzte Truhe hingestellt. Sie hatte einen doppelten Boden und wurde mit schönen bunten Kissen bedeckt, so daß sie eine bequeme Sitzgelegenheit abgab. Neben vielen Gewehren barg sie außerdem Handgranaten, und unsere Wohnung kam auf diese Weise zu einem Decknamen: »Emda« hieß sie jetzt, was soviel bedeutet wie »militärischer Stützpunkt«.

Aharonchik kommandierte mich sodann zu einem Kurs ab, wo ich an mehreren Abenden lernen sollte, mit Handgranaten umzugehen. Walter beherrschte es schon längst. Ich begab mich also in die Privatwohnung von Frau Dr. Hardt, einer Zahnärztin für Kinder. Voller Erwartung betrat ich die Wohnung dieser sehr robusten und außerordentlich freundlichen Dame, die mich in ihren Salon wies, wo schon etliche junge Frauen versammelt waren. Der Salon war geräumig, und die Möbel waren offensichtlich aus ihrer ehemaligen Wohnung in Deutschland hierher gerettet worden. Wir saßen also auf Seide und Brokat und wurden mit erlesenem Tee und selbstgebackenem Kuchen auf Rosenthal-Porzellan bewirtet. Wieder einmal fühlte ich mich um Jahre zurückversetzt, Tausende Kilometer weit weg … Ich konnte nur staunen, und fand es absurd, daß ich hier etwas über Handgranaten lernen sollte.

Nach einer Weile sagte Frau Hardt: »So, Kinder, helft mir abräumen, und dann kommt der Tisch auf die Terrasse.« Als dies erledigt war, mußten wir das Sofa und alle Sessel an der Wand entlang, einen Meter davon entfernt, aufreihen. »Nun«, sagte die Frau Doktor, »diese Möbel stellen eure Deckung dar. Ihr müßt euch dahinter hocken, und zwar so, daß man nichts mehr von euren Köpfen sieht! Ich klatsche dreimal in die Hände, und wenn ich schreie ›Deckung!‹, habt ihr zu verschwinden!«

Zu Befehl. Ich fand das Manöver so lächerlich, daß es mir schwerfiel, ein Kichern zu unterdrücken. Auch fiel mir jetzt die fatale Ähnlichkeit zwischen Frau Hardt und ihrer Bulldogge auf, der es übrigens vorher nicht verwehrt worden war, an dem köstlichen Kuchen teilzuhaben. Dazu kam, daß der Hund jedesmal, wenn sie mit dröhnender Stimme »Deckung!« schrie, laut losbellte. Und überhaupt schien er zum Mobiliar zu gehören, denn obwohl wir alle etwas Angst vor ihm hatten, wurde er nicht hinausgeschickt. Wir hätten uns als »Widerstandskämpferinnen« im übrigen gehütet, unsere Angst vor so einem »harmlosen Köter« wirklich zu zeigen.

Nachdem wir das Aufsuchen der Deckung intelligenterweise sehr schnell beherrschten, wurde das »Training« ernster. Wir lernten, wie man Handgranaten entsichert, was Frau Doktor, trotz ihres Berufes, mit den Zähnen demonstrierte. Nach dem

Entsichern mußte man kurz zählen und dann die Granate werfen. Das Werfen durften wir allerdings nur fingieren, denn unsere Handgranaten waren zwar blind, aber der Nippes in dem schönen antiken Glasschrank hätte dran glauben müssen. Einige von uns bewegten sich bei dem fingierten Werfen wie bei ›Schwanensee‹.

Da mein Entschluß seit jeher feststand, wenn irgend möglich, nicht an Kämpfen teilzunehmen, auch nicht bei der Haganah, war dieses nicht ernst zu nehmende »Training« eine nette Abwechslung für mich im Vergleich zu den sonstigen Aufgaben. Und nie werde ich vergessen, daß ich hinter Brokatsesseln geduckt lernen sollte, was man im Schützengraben zu tun hat.

Aber es ging weiter im Unterricht. Auf einen wunderschönen Mahagonitisch wurde eine Wolldecke gelegt, darauf eine Rolle weißes Papier. Dies war die Unterlage für unsere Übungen, eine Parabellum-Pistole und einen kleinen Revolver, der in die Handtasche paßte, auseinanderzunehmen und sie wieder zusammenzusetzen. Zu meiner Verblüffung gelang mir das ganz gut, obwohl ich einen tiefen Horror davor empfand.

Da ich sehr weit weg wohnte, brachte mich Frau Hardt, zusammen mit einer anderen Chawera, in ihrem kleinen Auto nach Hause. Auf dem Beifahrersitz saß ihre treue Bulldogge, mit in Lenkradhöhe aufgestützten Vorderpfoten, Kopf an Kopf mit ihrem Frauchen. Die anderen, die zu Fuß gingen und einen Blick auf dieses Bild erhaschten, konnten sich vor Lachen kaum halten, wegen der Ähnlichkeit zwischen Hund und Frauchen. Als ich wieder zu Hause war, kamen mir doch gewisse Bedenken: Ob ich im Ernstfall mit den bei mir in der Truhe verborgenen Handgranaten wirklich würde umgehen können?

*Ruth Zucker als »Touristin« bei der Überfahrt nach Palästina
1934 mit ihrem angeblichen »Verlobten« Leo Teicher.*

Dr. Walter Zucker (links) zu der Zeit, als er als Lastwagenfahrer arbeitete (Abb. oben) und Ruth und ihr zweijähriger Sohn Eli 1937 (Abb. unten).

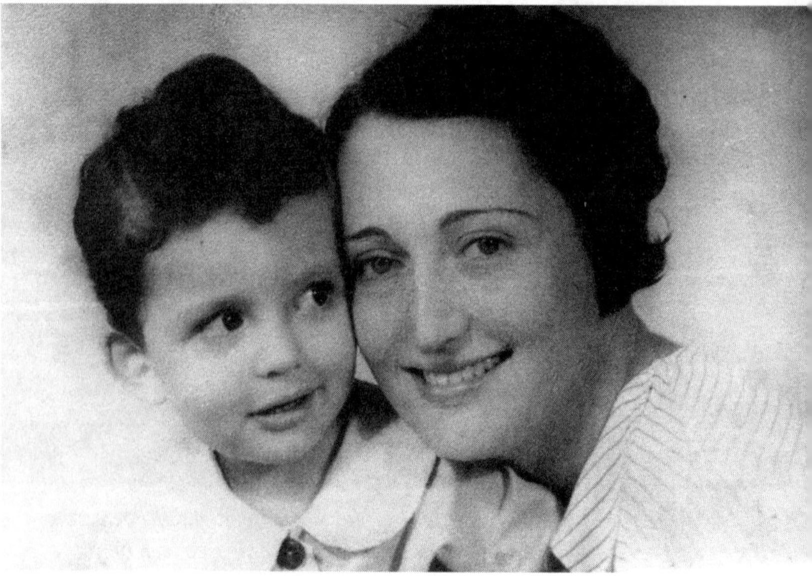

*Ruth Zucker in den vierziger Jahren, in der Zeit ihrer Tätigkeit
für die Haganah (1937–1948).*

Mister Stafford, Chief Immigration Officer, später Chief Censor in Haifa, ein Held dieses Buches.

Die unvergessene Freundin Ahuva (»Ahuva« heißt »Geliebte«),
die bei einem arabischen Terrorüberfall ums Leben kam.

Aharon Sella, genannt »Aharonchik Nr. 2«. Das Bild stammt aus späterer Zeit, als er Oberster Polizeibefehlshaber war.

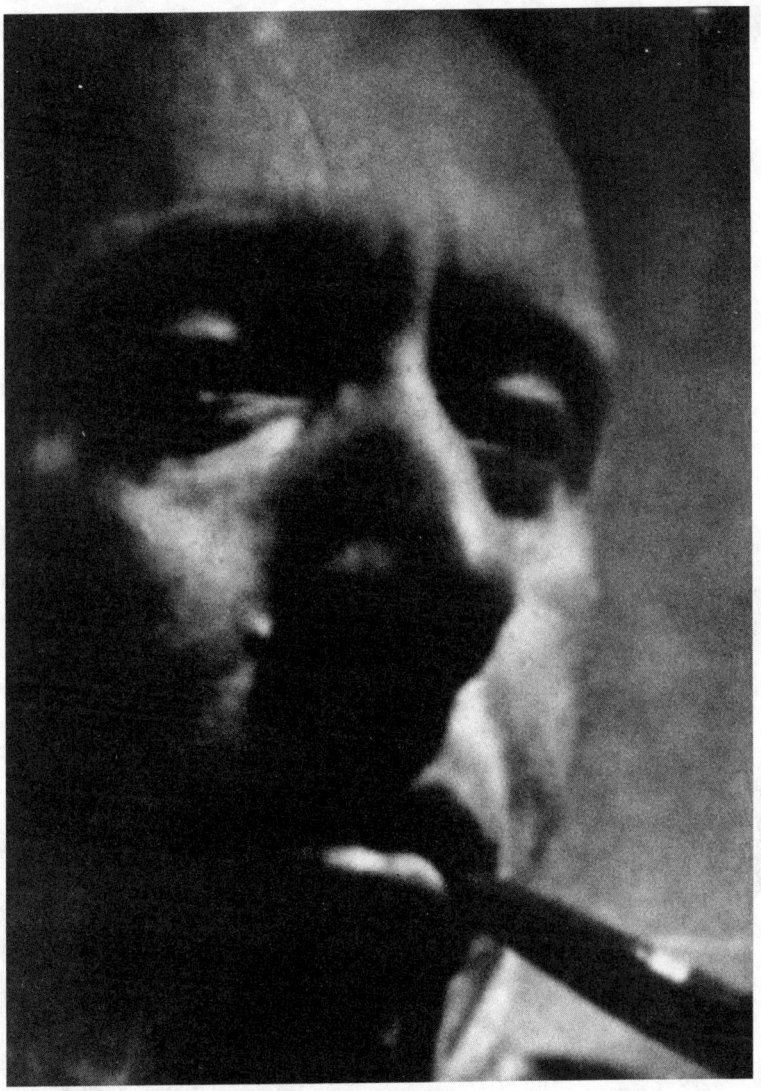

Jacob Lanes, genannt »Kuba«, führendes Mitglied der Haganah und verantwortlich für die Anwerbung von Freiwilligen für den Untergrund- und Partisanenkampf.

Wolf Lazarus, leitender Angestellter bei der »Atid Navigation Company«, der sein Leben für die Haganah riskierte.

Das Flüchtlingsschiff »Patria« – am Strand die bangende Menschenmenge.

Die »Teharan-Kinder«, die nach einer langen Irrfahrt Anfang 1943 mit einem gefälschten Einreisevisum nach Palästina gelangten.

OFFICIAL SECRETS ORDINANCE.

Declaration to be signed on appointment to the Postal and Telegraph Censorship.

(Binding on all members and ex-members of the staff).

1. I hereby undertake to make no private use of and to give to no person unauthorised to receive it, whether verbally, or in writing, or by publication, any information

(a) derived from or concerning the contents of messages or correspondence dealt with by me or other members of the Censorship staff;

(b) which may be communicated to me or be contained in any document which may come into my hands;

(c) concerning the instructions issued from time to time with regard to the Censorship or the manner in which it is conducted.

2. I undertake to refrain from any reference to any confidential matter in my private correspondence and conversation and particularly to avoid any reference to my official duties or those of other members of the Censorship staff.

3. I understand and agree that all documents which come into my hands in the course of my duties are to be regarded as the property of the Palestine Government, and that I may make no copy of, or extract from them except in the execution of my duty.

4. I fully appreciate that I am bound by this Declaration of Secrecy not only during my period of service with the Postal and Telegraph Censorship Department, but also after that employment has ceased.

5. I further understand and agree that any breach or neglect in regard to the safeguarding of official information is a diciplinary offence and will also render me liable to procceedings under the Official Secrets Ordinance.

Signature on joining _R. Zucker_ Witness _____ Date _February 17ᵗʰ 74_

Signature on leaving _____ Witness _____ Date _____

31995—1000—20.11.43—G.C.P.

*Die Verpflichtung zu absoluter Geheimhaltung, die jeder Mit-
arbeiter des »Censorship Departments« wöchentlich unterschreiben mußte. Auf die Nichteinhaltung standen schwere
Strafen.*

RUTH ZUCKER
REAL ESTATE AGENCY
New Business Centre / House Freund

רות ציקור
שרד חוזק לנכסי דלא נידי
רכז מסחרי החדש — בית פרוינד

HAIFA, _____ חיפה,

*Briefkopf von Ruth Zucker als angebliche Grundstücksmaklerin
in Haifa.*

ACHTES KAPITEL

Baden mit dem Henker – Im »Haus der Zensur« –
Das Unterwasserkabel – Eine Engländerin
im Kibbuz

Eines wunderschönen sonnigen Tages kam Stafford, wie er es oft
tat, zu uns zum Tee. Bald machte er den Vorschlag, baden zu gehen: »Ich möchte heute unbedingt schwimmen. Kommt doch
mit! In einer halben Stunde bin ich unten am Strand mit jemandem verabredet.«

Walter mußte in die Klinik, fand es aber wichtig, daß ich Stafford begleitete, da ich bei solchen Gelegenheiten immer neue
Engländer für unseren »Kreis« kennenlernen konnte. Auf der
Fahrt zum Strand unterhielten wir uns sehr nett. Mit wem er wohl
verabredet sei, wollte ich ihn aber nicht mit so unverblümter
Neugier fragen. Als wir dort ankamen, bekam ich einen gelinden
Schreck: Es näherte sich eine riesengroße Gestalt, die eine unglaubliche Ähnlichkeit mit dem berühmten Filmschauspieler Boris Karlov* hatte, der mir noch aus den Zeiten vor dem Krieg bekannt war. Das Gesicht dieses Unbekannten war so knochig, daß
es mich an einen Totenkopf erinnerte, und mich blickten aus-
druckslose dunkle Augen an. Dazu hatte er ellenlange Arme und
riesige Hände mit langen Fingern. Bei seinem Anblick überlief
mich ein Schauder.

Ehe er uns erreichte, konnte ich Stafford gerade noch zuflü-
stern: »Wer ist denn das?«, und Stafford sagte schnell: »Keine
Angst, ich weiß, er sieht erschreckend aus, aber er ist ein furcht-

---

* Boris Karlovs größter Erfolg war die Titelrolle in ›Das Phantom der Oper‹, die
er fast gänzlich ohne Maske gespielt hatte.

bar einsamer Mensch, und niemand sucht seine Gesellschaft. Da wollte ich ihn heute nicht abweisen, als er mit mir schwimmen gehen wollte.«

Wir kamen hinunter ans Wasser, und ich ging in eine Kabine, um mich umzuziehen. Die beiden Männer waren bereits in Badehosen. Da fiel mir plötzlich auf, daß die Wellen heute für mich viel zu hoch waren, und ich hatte Angst, hineinzugehen. Die beiden lachten mich aus, und Stafford sagte: »Kommen Sie doch mit, seien Sie kein Spielverderber. Wir heben Sie einfach über die Wellen hinweg. Sie geben jedem von uns eine Hand, und dann passiert Ihnen gar nichts. Hinter dem Wellenkamm ist das Meer doch völlig ruhig!«

Gut, ich wollte kein Spielverderber sein. Stafford gab ich meine Hand gerne, seinem Begleiter nur widerwillig und zögernd. Dann hoben sie mich tatsächlich über jede hohe Welle, und nachdem ich eine Weile in dem schönen ruhigen Wasser weiter draußen geschwommen war, ging die Prozedur mit Hilfe beider Herren rückwärts. Nachdem ich mich umgezogen hatte und zu unseren Badetüchern zurückgekehrt war, sah ich Stafford alleine dort sitzen. »Boris Karlov« war Gott sei Dank bereits verschwunden.

Voller Neugier fragte ich jetzt: »Sagen Sie mir, wer ist dieser seltsame Freund von Ihnen?«

»Was? Sie kennen ihn nicht? Das ist doch der Henker von Akko!«

Ich hoffte, mich verhört zu haben. Ich fühlte plötzlich ein tiefes Loch in meinem Magen. Diesem Menschen hatte ich meine Hand gegeben, dem, der so viele von meinen Glaubensbrüdern hingerichtet hatte. Dieses Horrorwesen, das ich als Haganah-Mitglied selber täglich zu fürchten hatte …

Während unserer Heimfahrt auf den Carmel war ich sehr schweigsam und wahrscheinlich ziemlich blaß. Stafford musterte mich etwas verwundert von der Seite. Feinfühlig wie er war, verabschiedete er sich vor unserer Tür und machte keine Anstalten, noch mit hineinzukommen. Es war wie ein neurotischer Zwang, aber ich mußte mir unwahrscheinlich lange und so heiß es ging die Hände waschen. Als ich Walter das am Abend berichtete, sagte er, und nicht zum ersten Mal: »So etwas passiert natürlich nur dir!«

Eines Tages wurde Stafford zum »Chief-Censor« des »Royal British Censorship«[*] befördert. Und mir schlug er vor, mich mit meinen drei Sprachen in seiner Behörde um einen Posten zu bewerben. Das Gehalt war beachtlich, und Aharonchik war natürlich hell begeistert!

Ich fing also an, in der obersten britischen Zensurbehörde zu arbeiten! Und zwar gleich als Vorgesetzte einer kleinen Gruppe, die sich mit allem Deutschen befassen mußte. Ironie des Schicksals, daß sich unter meinen Mitarbeitern ein mir wohl bekannter Herr Geheimrat befand. Als ich ganz neu in Palästina war, hatte ich eine kurze Zeit als Dienstmädchen seiner Frau gearbeitet, die mich noch dazu in Ungnade entlassen hatte, weil ihre Teppiche mir zu schwer waren. Es gab damals natürlich noch keine Staubsauger in Palästina. Die zimmergroßen Teppiche mußten draußen auf der Stange geklopft werden. Unsere jetzige Konstellation mußte dem Herrn Geheimrat wohl recht seltsam vorkommen …

Als Angestellte dieser Behörde mußten wir wöchentlich immer aufs neue ein Dokument unterschreiben, das »Official Secrets Ordinance«[**] hieß. Darin wurden wir zu absoluter Geheimhaltung verpflichtet. Mündlich wurde uns dann noch klargemacht, daß das Übertreten dieser Verordnung Kriegsgericht bedeutete, und dies würde unweigerlich in das Verlies von Akko, sprich zum Henker führen. Ich stahl ein Exemplar für die »Küche«.

Morgens um halb neun mußten alle zur Arbeit antreten. Ein arabischer Pförtner führte genau Buch über die Zeit unseres Eintreffens, und wir mußten die Einträge mit unserer Unterschrift beglaubigen. Diese Uhrzeit, Punkt acht Uhr dreißig, galt aller-

---

[*] Oberster Zensor der königlich britischen Zensurbehörde.
[**] Offizielle Geheimhaltungsverordnung.

dings nur für »Natives«, also für uns »Eingeborene« beziehungsweise Nicht-Engländer. Die Besitzer englischer Pässe brauchten
erst um neun Uhr zu erscheinen und sich auch nicht »registrie-
ren« lassen. Ich nahm diese Tatsache ärgerlich zur Kenntnis, fügte mich aber anfangs dieser Vorschrift.

Die Behörde befand sich in dem Teil Haifas, der »Deutsche Ko-
lonie« genannt wurde, ein Stadtviertel, in dem sich ursprünglich
Mitglieder des deutschen Templer-Ordens angesiedelt hatten, die
aus religiösen Gründen im Heiligen Land leben wollten. Das
»Haus der Zensur«, wie die Behörde genannt wurde, befand sich
in einem großen Gebäude, in dem die Zensoren je nach Sprachen
oder Spezialgebieten wie zum Beispiel Handel oder Schiffahrt auf
die verschiedenen Stockwerke verteilt waren. Stafford hatte sein
Büro im Erdgeschoß, gleich neben der Eingangshalle. Im obersten Stockwerk befand sich das »Reporting Office«, ein relativ
kleiner Raum. Dort saßen drei englische Damen – hier durften
nur Engländer arbeiten! –, die jedes verdächtige Schriftstück, das
ihnen aus den anderen Abteilungen übermittelt wurde, begutach-
ten mußten. Auch der geringste Anhaltspunkt für einen Verdacht
wurde dort registriert und an die entsprechenden offiziellen Stellen weitergeleitet.

Für die Haganah war diese Abteilung natürlich von besonde-
rem Interesse, weil wir wissen mußten, auf wen die Engländer ein
Auge hatten und warum. Mein Auftrag war nun, auf irgendeine
Weise das »Reporting Office« zu infiltrieren – mit anderen Worten: es zu schaffen, dort auch ohne britischen Paß eingesetzt zu
werden. Eine »Mission impossible«, wie sollte ich die bloß erfüllen?

Die Tatsache, daß ich Stafford mittlerweile gut kannte, half mir,
einen Plan zu schmieden. Ich erinnerte mich daran, wie er damals,
als ich ihm das erste Mal begegnete, auf meine Unverschämtheit,
seinen Angestelltenapparat brieflich der Bestechlichkeit zu be-
schuldigen, reagiert hatte. Er hatte positiv reagiert. Ich wußte, daß
er Selbstsicherheit, fast könnte man meinen, auch dreistes Auf-
treten schätzte. Was er haßte, war Unterwürfigkeit.

Die erste Stufe meines Plans war, daß ich nun jeden Morgen zu spät kam, um neun, oder gar nach neun. Jedesmal wurde dies rot notiert, und ich setzte eine selbstbewußte Unterschrift daneben. Es war üblich, einen »Native«, kam er dreimal zu spät, zum Chef zu beordern. Ich freute mich auf das Treffen mit Stafford.

Er empfing mich, wie immer freundschaftlich, in seinem Büro: »Frau Zucker, es tut mir leid, daß ich Sie herbestellen mußte, aber ich kann leider keine Ausnahme machen. Bitte bemühen Sie sich nächstens, pünktlich zu sein.«

Ich antwortete, leicht ironisch: »Ist das alles?«

Und er, leicht verlegen: »Ja, momentan ist das alles.«

Nach weiterem dreimaligen Zuspätkommen machte ich abermals meinen Besuch beim Chef. Diesmal sagte Stafford: »Verstehen Sie doch, bitte, ich darf keine Ausnahme machen! Was würden die übrigen Angestellten dazu sagen? Es ist mir unangenehm, Sie hierher zu bestellen, aber ich bin dazu verpflichtet.«

Ich verließ ihn wortlos mit einem freundlichen Lächeln.

Und noch einmal verspätete ich mich und unterhielt mich obendrein in der Halle ostentativ mit den gerade ankommenden englischen Angestellten. Ich wurde zu Stafford beordert, das dritte Mal.

Stafford sagte, abermals verlegen: »Das kann doch nicht so weitergehen. Ich habe ja volles Verständnis dafür, daß eine junge Hausfrau mit einem Kind morgens nicht immer pünktlich sein kann. Bitte erfinden Sie eine gute Ausrede, damit ich Sie offiziell morgens eine halbe Stunde später einteilen kann. Zum Beispiel, daß Sie, was ja auch stimmt, sehr weit weg wohnen, oder daß Sie ihr Kind erst später in die Schule bringen können oder sonst etwas!«

Ich schaute ihn möglichst freundlich an, und weil ich ihn gut kannte, lächelte ich bewußt verlegen und sagte bescheiden: »Heute habe ich einen wirklich guten Grund.«

»So? Was denn?«

»Ich habe einen so wunderbaren Traum gehabt, da wollte ich einfach nicht mit dem Träumen aufhören und bin viel zu spät aufgestanden.«

Staffords Augen blickten ganz neugierig, und er neigte sich über seinen Schreibtisch mir zu: »So? Und was haben Sie denn so Schönes geträumt??«

Ich stand so abrupt auf, daß der Stuhl nach hinten ruckte, sagte mit unangenehm erhobener Stimme: »Ich träumte, ich hätte einen britischen Paß!«, ging zur Tür und knallte diese hinter mir zu.

Am nächsten Morgen, ich war wieder nach neun Uhr erschienen, rief Stafford mich umgehend in sein Büro. Ich wußte nicht, was mich erwartete. Ich bangte, ob ich diesmal womöglich übertrieben hätte und mich auf eine Kündigung gefaßt machen müsse. Aber meine Kalkulation ging auf.

Stafford empfing mich äußerst freundlich und sagte: »Möchten Sie vielleicht im Reporting Office arbeiten, dann können Sie jeden Tag um neun kommen?«

»Ja, das möchte ich schon.«

Ohne noch ein Wort zu verlieren, begleitete er mich auf der Stelle in das oberste Stockwerk und stellte mich den drei Damen vor: »Frau Zucker ist zwar keine Engländerin, sie hat aber weder Minderwertigkeits- noch Minderheitenkomplexe. Ihr könnt sie akzeptieren, sie ist perfekt in drei Sprachen, und ich bin der Meinung, daß sie für euch eine große Unterstützung sein wird.«

Da alle drei nur Englisch beherrschten, mußten sie gute Miene zum bösen Spiel machen. Ich dankte Mr. Stafford, der sich umgehend zurückzog.

Kurze Zeit danach stand das jüdische Pessachfest vor der Tür, welches meist in die christliche Osterzeit fällt. Juden feiern zu diesem Zeitpunkt den Auszug aus Ägypten. Es heißt, daß die Juden in der Eile, Ägypten zu verlassen, nicht mehr darauf warten konnten, den Sauerteig für Brot gären und aufgehen zu lassen. Deshalb bereiteten sie schnell Brote nur aus Mehl und Wasser. Diese Art Gebäck kennt man heute als »Matze«. Aus dieser Tradition heraus sind religiöse Juden verpflichtet, an Pessach alles gesäuerte Brot zu verbrennen, bis auf den letzten Krümel, sowie alles, was mit solchem Brot in Berührung gekommen ist. Gegessen wird nur »Matze«.

In einer der unteren Etagen im »Haus der Zensur« arbeitete nun ein frommer älterer Jude mit Bart und Schläfenlocken. Er war ein kleiner, rundlicher, gemütlicher Mann, der niemals ohne sein Käppchen erschien. Normalerweise brachte er sich für die Mittagspause unzählige Margarinebrote, mit etwas Salat und Radieschen belegt, mit, die er, auch wenn er schon wieder am Schreibtisch saß und unzählige Briefe überprüfte, eifrig verspeiste. Erschien unerwartet einer der höheren Beamten in seinem Büro, ließ er die Brote mit sämtlichem Zubehör schnellstens in seiner Schublade verschwinden. Oft vergaß er dann, den Rest aufzuessen oder wieder mit nach Hause zu nehmen. Am nächsten Tag brachte er frische Vorräte.

Jetzt aber stand Pessach bevor. Die Brotreste und Krümel mußten dringend verbrannt werden. Im Hinterhof des Gebäudes standen mehrere leere Benzinfässer, und er hatte sich eine kleine Flasche Petroleum mitgebracht. In der Pause trug er seine Schublade auf seinem Schmerbauch vor sich her hinunter in den Hof, wo er den gesamten Inhalt in eines der Fässer schüttete, die alten Krusten mit Petroleum übergoß und ansteckte. Prompt stürzten aus der unteren Abteilung laut schreiende Engländerinnen teils in Staffords Büro, teils die Treppen hinauf zum »Reporting Office«. Man vernahm überall: »Ein Jude verbrennt verdächtige Dokumente! Kommen Sie sofort!«

Meine drei Kolleginnen und ich stürzten hinunter Richtung Hinterhof, wo Stafford bereits blaß und kopfschüttelnd stand. Der fromme Jude hob verzweifelt die Schultern, die Handflächen himmelwärts, und sagte auf Jiddisch: »Wus willen sei von mir? Ich verbrenn doch nur den Chumez*!« Es dauerte lange, bis ich Stafford und den umstehenden Damen dieses Ritual klargemacht hatte. Völlig überzeugt waren sie allem Anschein nach jedoch

---

* Chumez = gesäuertes Brot.

nicht, und die englischen Zensoren begegneten dem armen Mann fortan mit großem Mißtrauen.

Bald mußte ich das »Reporting Office« wieder verlassen. Zusammen mit der Büroleiterin Mrs. Gray wurde ich in die Zensurstelle des Telegraphenamtes im riesigem Gebäude der Hauptpost versetzt. Dort mangelte es an sprachkundigen Zensoren, auch war die Regierung mit dem aktuellen Vorgesetzten nicht mehr zufrieden. Mrs. Gray war für diesen Leitungsposten vorgesehen. Sie war eine ältliche grauhaarige Dame mit stets zersaustem, zu einem Knoten gestecktem Haar, der ihr tief im Nacken saß. Verheiratet war sie mit einem wesentlich jüngeren englischen Captain.

Wir siedelten also in das Telegraphenamt über. Dies war die Schaltstelle für die Übermittlung der Einwanderungszertifikate, deren Ausgabe die Briten seit Ausbruch des Zweiten Weltkriegs auf ein Minimum pro Jahr gedrosselt hatten. Festgelegt war diese Maßnahme in dem schon erwähnten »Weißbuch«. Wenn nun eine hiesige Familie für einen in Europa verbliebenen Verwandten solch ein lebensrettendes Zertifikat erhielt, konnte sie dies nur per Telegramm nach Europa übermitteln. Es gab dafür folgende vorgeschriebene Formulierung: »Sie haben das Einwanderungszertifikat Nr. soundso für ihre Einwanderung nach Palästina erhalten.« Solch ein Zertifikat konnte Juden retten, die sonst in Konzentrationslager verschleppt worden wären. Manchen Nazis war es gleichgültig, wie sie die Juden loswurden, ob durch Auswanderung oder durch Internierung und spätere Vernichtung.

Alle Telegramme nach und von Europa mußten die Zensurstelle des Amtes durchlaufen. Der Hauptzensor für das ganze Land war zu dieser Zeit Sir Edwin Samuel. Stafford, der ebenfalls den Titel »Chief Censor« trug, war zuständig für Haifa und den Norden des Landes. Er war Sir Edwin unterstellt. Dieser erschien in unseren Büros und gab die Order aus, daß jedes Telegramm, worin das Wort »Zertifikat« vorkam, zurückgehalten und erst einmal zu den Akten gelegt werden sollte. Der Befehl lautete kurz: »Keep pending indefinitely.« Diese Maßnahme mußte ich natürlich sofort der Haganah melden, wohl wissend, daß ich die »Secret Ordinance« unterschrieben hatte und dies regelmäßig wieder tun mußte – die Erklärung, daß nichts, was mit der Zensurbehörde zu tun hatte, nach außen dringen durfte, sonst ... Somit schwebte also das Damoklesschwert des Kriegsgerichts über meinem Kopf.

Die Haganah gab dieses Wissen natürlich sofort weiter, was sich wie ein Lauffeuer unter all jenen Familien verbreitete, die hofften, mit einem Zertifikat ihre Lieben in Europa doch noch retten zu können. Und bald trafen bei uns en gros Telegramme ein, die, abweichend vom vorgeschriebenen Wortlaut, den Begriff »Zertifikat« nicht mehr enthielten, sondern nur noch »Einwanderung«. Für solche Telegramme galt die bestehende Order nicht.

Es dauerte nicht lange, da bekamen wir via Sir Edwin eine neue Anweisung: Alle Telegramme, die das Wort »Einwanderung« enthielten, seien aufzuhalten. Nachdem ich auch davon die Haganah unterrichtete, stand in den Telegrammen nur mehr: »Sie haben die Nr. soundso für Palästina.« Von »Einwanderung« war also nicht mehr ausdrücklich die Rede. Sir Edwins dritte Order folgte unweigerlich: kein Telegramm mit der Kombination einer längeren Nummer und dem Wort »Palästina« durchzulassen. Schnellstens erfuhr die jüdische Bevölkerung auch davon ...

Mehr konnte ich bezüglich der Zertifikate dann nicht mehr melden und konnte auch nichts mehr bewirken. Persönlich konnte ich nur einmal direkt helfen. Ich traf zufällig auf einem Flur des Postgebäudes einen kleinen Mann, der mir mit flehendem Blick ein Papier in die Hand drückte. Es war ein Telegramm, und es handelte sich um seine Eltern. Trotz der drohenden Gefahr ging ich damit in die unterste Etage zur Hauptpost, suchte mir den am jüngsten aussehenden Beamten, gab ihm das Papier mit dem Text und sagte: »Bitte, bitte, nur noch dieses eine. Schick' es durch.« Später stellte sich heraus, daß dieser Beamte auch ein Haganah-Mitglied war; ich hatte den richtigen Instinkt gehabt. Dem kleinen Mann aus dem Flur begegnete ich gelegentlich in der Stadt wieder, und er fiel mir jedesmal um den Hals und konnte sich nicht genügend bedanken. Seine Eltern waren gut angekommen, worüber ich sehr glücklich war. Gleichzeitig bedrückte mich jedoch die Vorstellung, wie viele andere man noch hätte retten können, die wegen der Blockade der englischen Zensur ihr Leben verloren.

In dieser Situation des Stillstands bat Aharonchik mich zu einer Sitzung in der »Küche«. Die Jewish Agency hatte mittlerweile begonnen, unzählige Zertifikate mit den entsprechenden Telegrammtexten zu fälschen. Er sagte mir, daß es vielleicht doch noch eine Möglichkeit gäbe, diese Telegramme ohne Wissen der Engländer zu übermitteln, und dazu bräuchte er meine Hilfe. Ich schaute ihn verständnislos an.

Aharonchik erklärte: »Du weißt doch, daß wir gute Froschmänner haben und daß die Telegrammtexte von Haifa aus durch ein Unterwasserkabel nach Europa geschickt werden. Diese Kabel stammen von der berühmten englischen Firma ›Cable and Wireless‹, die das Monopol darauf hat. Wenn wir nun wüßten, wo das Kabel genau in Europa mündet, könnten die Froschmänner es anzapfen und unter Wasser telegraphieren. Damit könnten wir noch Tausende retten!«

Ich begriff nicht, was Aharonchik in diesem Zusammenhang von mir wollte, und er erklärte weiter: »Wir haben bereits ausgekundschaftet, daß im Büro des obersten Direktors dieser Kabelfirma, Herrn Veral, eine Karte an der Wand befestigt ist, worauf mit bunten Heftzwecken die Route des Kabels exakt markiert ist. Es wird nun deine Aufgabe sein, in dieses Büro hineinzukommen. Du mußt dir die genaue Mündung des Kabels und auch eventuelle Umwege unter Wasser merken, oder besser noch, wenn möglich, die Route abzeichnen.«

Ich holte Luft: »Lieber Aharonchik! Ich weiß, daß an der Bürotür von Herrn Veral ein großes Schild hängt mit ›No entry‹ in dicken roten Lettern. Kaum einer wagt sich auf diese Etage, geschweige denn in dieses Büro!«

»Liebes Kind«, gab er zurück und seufzte, »denk daran, wie

viele Menschenleben davon abhängen. Dann wirst du es, wie ich dich kenne, schon irgendwie schaffen.«

Er strich mir übers Haar und nahm mich in den Arm. Mir war zum Heulen. Natürlich hätte ich gerne geholfen, doch schien mir der Plan unausführbar. Einige Tage und Nächte ließ mich der Gedanke nicht los, wie ich einen Weg finden könnte. Dann kam mir eine Idee – oder letztendlich meldete sich wieder einmal mein Schutzengel!

Herr Veral hatte eine reizende achtzehnjährige Tochter, Gloria, die sich wie alle patriotischen Engländer nach dem Abitur dem Einsatz für ihr im Krieg befindliches Vaterland, dem sogenannten »War Effort«, verschrieben hatte. Sie hatte also ihre Eltern nach Palästina begleitet, als ihr Vater dorthin versetzt wurde, und sie wurde uns als britische Aufsichtsführende in der Zensur zugeteilt. Gloria war nicht nur sehr hübsch, sondern auch sehr lieb und angenehm im Wesen. Ich fing unaufdringlich an, mich mit ihr anzufreunden. Bald erfuhr ich, daß sie eine große Vorliebe für Shakespeare hatte, dessen Werke sie alle kannte, die Sonette zum Teil sogar auswendig. Ich hatte damals in Genf eine Englischlehrerin, die diese Vorliebe teilte und mir weitergab, so daß ich Shakespeare ebenfalls sehr schätzte und mit seinen Werken vertraut war.

Gloria war begeistert, als sie von meinen Kenntnissen erfuhr, und da sie ein schwärmerisches Mädchen war, tauschten wir bald in den Pausen Sonette aus. Nach einiger Zeit versuchte ich mich darin, sie im shakespeareschen Stil anzudichten, wonach sie vollends vernarrt in mich war. Sie erzählte ihren Eltern von unserer Freundschaft und bat sie inständig, mich nach Hause einladen zu dürfen. Ihr Vater jedoch beschied: »No fraternisation.« Dieser Ausdruck war eigentlich nur gebräuchlich in Bezug auf den Feind, viele Engländer betrachteten die Juden allerdings in dieser Zeit als solchen. Gloria durfte auch nicht zu mir zu Besuch kommen.

Das Schicksal wollte es, daß eines Tages das Töchterchen nicht zur Arbeit kam. Ich nahm an, daß sie krank sei; es herrschte gerade eine Grippeepidemie. Die vollkommen Hysterische mimend, stürmte ich mit wirrem Haar auf die oberste Etage und klopfte heftig an die Bürotür von Mr. Veral. Von innen vernahm ich ein erstauntes »Who is it?«, woraufhin ich ohne weiteres in das Büro platzte und mit verzweifelter Stimme hervorstieß: »Wo ist Gloria? Sie ist doch hoffentlich nicht krank? Ich sorge mich um sie! Können Sie mir sagen, was mit ihr geschehen ist??«

Mr. Veral war von Kopf bis Fuß ein englischer Gentleman und konnte eine so besorgte Freundin seiner Tochter nicht abweisen. Er sagte: »Bitte beruhigen Sie sich. Meine Tochter hat nur eine leichte Grippe. Sie müssen sich nicht so aufregen. Möchten Sie vielleicht eine Tasse Tee?«

»Ja, gerne!«

Mr. Veral stand auf, ging zur Tür und rief nach dem Laufjungen. Meine Augen klebten auf der Landkarte an der gegenüberliegenden Wand. Ich konnte sofort entdecken, daß die gesuchte Kabelmündung Gibraltar war. In den wenigen Sekunden, die Mr. Veral vor der Tür stand, versuchte ich krampfhaft, mir die Wellen und Zacken der bunten Heftzweckenlinien einzuprägen. Als er sich wieder an den Schreibtisch setzte und wir auf den Tee warteten, ließ ich meinen Blick ab und zu auf die Wand gleiten, während ich ihm weiter zulächelte. Ich bemühte mich, ein anregendes Gespräch mit Mr. Veral zu führen und brachte die Sprache auf die Vorliebe seiner Tochter für Shakespeare. Er machte mir Komplimente für mein gutes Englisch, und der Gesprächston wurde recht freundschaftlich.

Bevor ich mich verabschiedete, sagte er: »Ich hätte eine Bitte an Sie. Meine Frau und ich kennen so wenig von diesem Land, und wir wissen gar nichts über den jüdischen Sektor. Wir haben schon so viel über die Kibbuzim gehört und auch gelesen, und wir wissen, daß deren Lebensstil einzigartig ist auf der Welt. Anscheinend sind das die einzigen Orte, wo echte Gleichheit unter den Menschen herrscht und das in vollkommener Harmonie.« Mr. Veral hatte den Rest an Reserviertheit verloren und fuhr in fast bittendem Ton fort: »Wir möchten so gerne einmal einen Kibbuz besuchen. Wären Sie und ihr Mann vielleicht bereit, uns in einen solchen zu begleiten?«

Natürlich willigte ich begeistert ein und wir verabredeten uns für den nächsten Sonnabend.

An dem besagten Tag holten mein Mann und ich das Ehepaar in einem von der Haganah ausgeliehenen Auto ab, das einigermaßen in Schuß war. Ich bekam einen gelinden Schreck, als ich die zierliche ältliche Mrs. Veral zu Gesicht bekam. Sie sah aus, wie einem viktorianischen Gemälde entstiegen: schwarz gekleidet, Rock fast bis auf die Knöchel, dunkle Strümpfe und hohe Absätze; ihren dünnen Hals umhüllte schwarze Spitze, ein ebenso schwarzes Hütchen krönte ihr angegrautes Haar, und sie trug dunkle Spitzenhandschuhe, die ihr bis zu den Ellbogen reichten. Mein Schreck galt dem fürchterlichen Kontrast, der sich ergeben mußte zwischen dieser Gestalt und den vollkommen salopp gekleideten Kibbuz-Bewohnern, die Männlein wie Weiblein mit Arbeitshemden, Kakhishorts und barfuß in Sandalen herumliefen. Mrs. Veral dagegen machte den Eindruck, als sei sie zu einer vornehmen Tee-Party unterwegs. Die Krönung ihres Aufzuges war ein Sonnenschirm, den sie fest in ihrer rechten Hand hielt.

Als wir im Kibbuz ankamen, erklärten wir dem Ehepaar, daß wir sie überall herumführen würden, und damit sie auch einige Kibbuz-Mitglieder näher kennenlernen könnten, seien sie zum Mittagessen im gemeinsamen Speisesaal eingeladen. So würden sie einen wirklichen Einblick in das Wesen des Kibbuz erhalten. Als wir sie durch das landwirtschaftliche Gelände führten, kamen wir an einem Gehege vorbei, in dem der einzige Bulle der Umgebung untergebracht war. Es war ein sehr imposant aussehendes Tier. Mrs. Veral rief erstaunt: »What a huge cow!«[*]

Der uns vom Kibbuz zur Verfügung gestellte Führer, ein deutscher Jude, dessen Englisch sehr zu wünschen übrig ließ, bemerkte trocken: »Tiss not a cow, tiss is a bull.«

***

[*] »Was für eine riesige Kuh!«

Mrs. Veral, die offensichtlich an dem ungepflegten Englisch Anstoß nahm, fragte: »Wozu braucht ihr den?«

Der Führer sagte: »Momentchen bitte«, verschwand kurz in der Scheune, kehrte mit einem kurzen wuchtigen Gummischlauch zurück und erklärte ihr anhand dessen, daß der Bulle ein Samenspender für die künstliche Befruchtung der Kühe sei. Im Wortlaut drückte er sich so aus: »I will explain: tiss hier is an instrument for fucking cows.«

Mrs. Veral erbleichte, blickte auf den Boden und fing an, krampfhaft mit ihrer Schirmspitze Kreise in den Sand zu zeichnen. Offensichtlich war sie bis in die Tiefe ihrer Seele schockiert und erschüttert.

Der ungerührte Führer, der uns noch die Kuhställe zeigen wollte, wurde dann auch brüsk von Mr. Veral unterbrochen, der bemerkte, daß seine Frau sich nicht sehr für die Landwirtschaft interessiere. Wir gingen dann ziemlich wortlos in dem kleinen Park spazieren, um ihnen die schöne Blumenzucht zu zeigen … Zum Mittagessen wollten die Verals allerdings nicht mehr bleiben, und wir hatten die Ehre, sie nach Hause fahren zu dürfen.

Neuntes Kapitel

Umzug auf den Französischen Carmel – Der deutsche Spion – Diebstahl in der Abtei

Und wieder einmal bestellte mich Aharonchik zu einer Unterredung in die »Küche«, nahm mich beiseite und bat mich, doch mit in das Nebenzimmer zu kommen, er müsse mit mir reden. Wir setzten uns hin, er nahm meine Hand und sagte: »Das soll kein offizieller Befehl sein, aber ich möchte dich bitten, damit einverstanden zu sein, deine Lebensumstände wieder zu ändern.«

»Was meinst du damit?«

»Du kennst doch den Französischen Carmel? Er heißt so, weil in diesem Teil dort oben zwei Klöster stehen, die in französischem Besitz sind, sie gehören dem Orden der Karmeliter – sie sind ja auch Namensgeber dieses Bergzuges. Das eine Kloster ist dieses große Gebäude ganz am südlichen Ende, neben der katholischen Kirche. Von dort schlängelt sich ein Panoramapfad durchs Grüne, und der Blick von da oben auf die Bucht und das Meer ist atemberaubend. Aber ich will dich nicht mit einem Vortrag über die Schönheit unserer Stadt ablenken«, sagte er, etwas verlegen um sich schauend, und fuhr fort: »Das andere Kloster, ein großes prachtvolles Nonnenkloster, liegt am Eingang des Französischen Carmel. In dem Bezirk zwischen diesen beiden Klöstern wohnen bisher so gut wie keine Juden, er ist eine Art Reservat für oft sehr hochstehende Engländer und reiche Araber oder ausländische Diplomaten. In unmittelbarer Nähe des Nonnenklosters gibt es ein zweistöckiges Haus, das im Besitz eines solchen reichen Arabers ist. Der untere Stock des Hauses war ursprünglich eine normale Wohnung, während der obere als Harem diente. Er hatte eine Galerie, von wo aus die verschleierten Damen in den unteren hallenartigen Raum blicken konnten, ohne selbst gesehen zu werden.«

Erstaunt unterbrach ich ihn: »Und was hat das mit mir zu tun?«

»Der Araber«, erklärte Aharonchik gelassen weiter, »der übrigens in einer deutschen Missionsschule erzogen wurde und so gut Deutsch spricht wie du, hat nun die beiden Etagen voneinander abgetrennt und möchte beide getrennt vermieten. Aus Gründen, die ich dir jetzt noch nicht verraten kann, muß in der oberen Etage unbedingt einer von unseren Leuten wohnen. Und von dem unteren Teil wissen wir, daß er entweder an arabische Diplomaten oder möglicherweise auch an sonstige Ausländer vermietet werden soll. Es ist weiterhin möglich, von der oberen Wohnung aus sehr gut zu beobachten, was unten vor sich geht. Und das ist ungeheuer wichtig für uns, und überhaupt – jemanden auf dem Französischen Carmel zu haben und noch dazu in einer ›Fundgrube‹ wie hier. An das Haus grenzt nämlich das größte englische Militärlager hier im Land, und wir haben erfahren, daß die Engländer beabsichtigen, dort, schräg gegenüber eine große Radarstation zu errichten.«

»Wofür eine Radarstation?«

»Das wissen wir noch nicht genau. Es ist anzunehmen, daß sie vor Einwandererschiffen in den Hoheitsgewässern warnen soll.«

»Und was willst du jetzt von mir?«

»Wie ich dir schon sagte, es ist kein Befehl, aber wir möchten, daß du mit deiner Familie dort in der oberen Etage einziehst. Die Wohnung ist allerdings winzig.«

»Und was wird aus meinem englischen Kreis?«

»Du wirst da oben nicht mehrere Leute zusammen einladen können, aber einzelne, die dir treu bleiben, können dich auch dort besuchen. Und deine Funktion dort ist dann sowieso wichtiger als dieser Kreis. Sprich bitte mit deinem Mann, und wenn ihr einwilligt, werde ich eine Verbindung mit dem Besitzer herstellen.«

Das Glück wollte es, daß Walter gerade einen Posten in der damals größten Krankenkasse des Landes, der Krankenkasse der

Arbeiterunion, angeboten bekommen hatte, als leitender Zahnarzt. Das Einkommen war wesentlich sicherer als das seiner Praxis, dennoch hingen wir sehr an ihr, die wir mit so vielen Opfern aufgebaut hatten. Wenn er den Posten annähme, müßte er sie aufgeben. Und auch wenn wir Aharonchiks Bitte nachkämen, könnte er keine Privatpatienten mehr empfangen, das wäre unmöglich in dieser kleinen Wohnung. Da unser Umzug für die Haganah so wichtig war, fiel uns der Entschluß letztlich nicht allzu schwer. Walter sagte der Krankenkasse zu, und wir unterrichteten Aharonchik.

Prompt am nächsten Tag erschien der Hausbesitzer in seinem Auto, um mich zur Besichtigung abzuholen. Er war sehr gut angezogen, und zu meiner großen Freude stellte er sich mir in fließendem Deutsch vor. Ich hatte noch nie einen Araber getroffen, der meine Muttersprache so gut beherrschte. Beide Wohnungen waren möbliert, die untere mit luxuriösen, antik wirkenden Möbeln, die obere sehr spärlich und schmucklos modern. Zu meinem Leidwesen war es unmöglich, in dem kleinen Wohnzimmer, das zudem auch als Elternschlafzimmer dienen mußte, unsere schönen, von der Haganah gestellten Möbel unterzubringen. Sie waren viel zu groß. Neben diesem Wohnzimmer war ein kleines Kinderzimmer. Ein relativ geräumiges Badezimmer und eine separate Toilette trösteten mich ein wenig. Erstaunlich aber war die Küche: Sie war auf der ehemaligen Harems-Balustrade installiert, an deren linkem Ende eine große Glastür nach draußen führte – auf eine riesengroße Dachterrasse, die ringsherum mit Blumenkästen verziert war; die herrlichsten Geranien blühten darin. Von hier oben hatte man einen überwältigenden Blick auf das Meer. Und der Gedanke, daß man in unserem Klima bis zu zehn Monate auf einem solchen Dach verbringen konnte, tröstete mich vollends über die Beengtheit der Wohnung. Später zogen wir wegen Eli ein zusätzliches Gitter um das Dach, der dort einen zahmen Igel, etliche Schildkröten und sogar weiße Mäuse aufzog. Der Preis, den der Besitzer forderte, war für diese Unterkunft reichlich übertrieben. Auf meinen Protest hin sagte er: »Aber überlegen Sie sich, mit welchen Nachbarn sie hier zusammen wohnen werden. Die Elite von Haifa!«

Ironischerweise genau aus diesem Grund, der mich sonst nie überzeugt hätte, sagte ich ihm, daß ich die Wohnung also gerne nehmen und ihm am Abend endgültig Bescheid geben würde, nachdem ich mit meinem Mann gesprochen hätte. In Wirklichkeit mußte ich natürlich angesichts des Mietpreises die Zusage von Aharonchik abwarten. Auf dem Nachhauseweg fragte ich noch mal nach: »Ist das Ihr letztes Wort?«

»Absolut.«

Ich war mir eigentlich schon jetzt der Einwilligung Aharonchiks sicher, denn er wollte ja, daß wir dort einzogen. Also überlegte ich nicht lange und bat den Araber, kurz im Wagen vor unserer Wohnung zu warten: »Wenn ich das okay von meinem Mann bekomme, kann ich Ihnen sofort zusagen.«

Drinnen telefonierte ich schnell mit Aharonchik, der glücklich war über unseren Entschluß und sagte, ich solle dem Hausbesitzer gegen Quittung gleich eine erste Anzahlung geben. So wurden wir handelseinig, und ich bat nur noch darum, rechtzeitig die Möbel aus der Wohnung entfernen zu lassen, wir hätten unsere eigenen, die wir gerne mitbringen wollten.

Aharonchik konnte unseren Umzug kaum erwarten und versprach, uns kleine Sofas zu besorgen, die auch als Betten dienen konnten. Mir fiel es schwer, meinen so mühsam zusammengekratzten Hausstand aufzulösen, ich hing doch an den Dingen, und es war unmöglich, alles, was uns lieb war, in der neuen Wohnung unterzubringen. Praktisch, wie Walter war, sagte er: »Wir werden in den ersten Tagen alles, was nicht in das kleine Wohnzimmer geht, im Kinderzimmer abstellen. Und den Hausbesitzer können wir fragen, ob das Kind in einem der Betten unten schlafen darf, solange diese Wohnung noch nicht vermietet ist. Die schwere Tür zu der Treppe nach unten könnten wir ja aufschließen und über Nacht offenstehen lassen.«

So machten wir es dann. In unserer ersten Nacht, als der Umzug mit Hilfe vieler Chawerim geschafft war, konnten wir gerade noch den kalten Imbiß verschlingen, den Aharonchik liebevoll zubereitet hatte, dann wollten wir so schnell wie möglich ins Bett. Eli war schon während des Essens eingeschlafen, und während ich in aller Eile unten ein Bett bezog, trug Walter ihn schon schlafend die Treppe hinunter. Die Tür ließen wir offen. Schon im Pyjama lief ich noch einmal schnell hinunter, um nach ihm zu sehen. Ich knipste das Licht an und gab einen entsetzten Schrei von mir! Auf dem Gesicht von Eli wimmelte es von dunklen Wanzen, die auch über seine Hände krochen. Ich fühlte mich einer Ohnmacht nahe. Walter, der inzwischen herbeigestürzt und wesentlich geistesgegenwärtiger war als ich und zudem durch seine Arbeit in der Ersten Hilfe an grausige Anblicke gewohnt, riß das Kind aus dem Bett, raste mit ihm die Treppe hoch und hielt es unter einen starken Duschstrahl. Eli schrie wie am Spieß, und in die Badewanne ergoß sich ein brauner Fluß. Dann ließen wir ein Vollbad mit Desinfektionsmitteln ein, und zum Schluß behandelten wir seine Wanzenbisse mit weiteren Desinfektionsmitteln und Salben. Am nächsten Tag war sein Gesicht so geschwollen, daß man kaum seine Augen sehen konnte. Obwohl Bettwäsche zu dieser Zeit ein wertvoller Besitz war, wagte ich es nicht, diese Leintücher nochmals anzurühren. Wir hätten vielleicht an Ungeziefer denken sollen, denn das Haus war lange Zeit nicht bewohnt. Unsere Wohnung suchten wir minutiös ab, sie war Gott sei Dank wanzenfrei. Dennoch säuberten wir jeden Meter und jeden Winkel mit Lisol und lebten in dauernder Angst vor einer Wanzeninvasion.

Das kleine Wohnzimmer hatte einen hübschen inneren Erker, dessen Fenster eine Sicht direkt in den unteren, hallenartigen Salon erlaubten. Wir verhängten sie mit schweren Vorhängen und versuchten, uns so gemütlich wie möglich einzurichten. Die »Galerie-Küche« war zwar winzig, aber damit fand ich mich bald ab. Nicht lange nach dem Umzug erschien Aharonchik mit großen Sperrholzplatten, nachdem er den engen Raum zwischen dem Geländer der Balustrade und der Zimmerdecke abgemessen hatte. Die eine Seite dieser Platten war sehr schön weiß verputzt, sie sollten vom unteren Salon her eine Wand vortäuschen. »Handwerker«, die natürlich zur Haganah gehörten, brachten diese Platten an. Als sie nach getaner Arbeit gegangen waren, setzte sich Aharonchik mit uns zusammen. Wir waren beunruhigt, was das wieder zu bedeuten hatte.

Er sagte: »Jetzt fängt für euch ein schweres Leben an: Wir haben die Wohnung unten untersucht, und von dort aus kann man jedes Wort hören, was hier oben gesprochen wird. Leider sind auch eure Schritte zu hören. Wir haben inzwischen erfahren, daß hier wahrscheinlich arabische Prominenz einziehen wird. Die dürfen natürlich auf keinen Fall merken, wie hellhörig es hier ist und daß ihr jedes Wort von ihnen verstehen könnt, so wie sie von euch. Also darf man euch unter keinen Umständen hören! Der Besitzer wird in den nächsten Tagen mit diesen Mietern zur Besichtigung kommen. Die Wohnung hat er inzwischen ja ausräuchern lassen. Möglicherweise ist es sogar der ägyptische Konsul, der hier einziehen wird. Die Wohnung ist allerdings in der Zeitung inseriert, wir könnten also auch Pech haben, und es kommt einer, der eher unwichtig ist für uns, aber mehr Geld bietet.«

Von nun an betraten wir unsere Wohnung also wie Mohammedaner ihre Moschee: ohne Schuhe. Auf Strümpfen oder in sehr weichen Pantoffeln bewegten wir uns so leise es ging. Anfangs war es etwas schwierig, unserem kleinen Eli die Wichtigkeit dieser lästigen Übung zu vermitteln, aber er löste das Problem auf Kinderart: Es war für ihn sehr bald ein geheimnisvolles Polizei- und Banditenspiel, bei dem er mitspielen durfte. Dieses »Mitspielen« sollte der Haganah später noch wertvolle Dienste leisten ...

Eines Nachmittags, als ich mich etwas schlafen gelegt hatte, weckte Eli mich und flüsterte: »Mutti, wach auf, unten gehen Leute, die sprechen Deutsch!«

Ich schreckte auf und dachte mir, daß das merkwürdig sei, denn auf dem Französischen Carmel wohnten ja nur Engländer und Araber. Ich flüsterte zurück: »Bist du sicher?«

»Ja, geh mal ans Erkerfenster!«

Ich hob den Vorhang ein wenig und tatsächlich: Unten standen der Hausbesitzer und ein sehr großer Herr, der einen Trenchcoat und einen braunen Filzhut trug. Sie unterhielten sich in fließendem Hochdeutsch. Der Araber sagte gerade: »Sie werden hier in der vornehmsten Gegend wohnen. Hier wohnen nur wohlhabende Araber und hohe englische Beamte. Allerdings, darauf möchte ich Sie aufmerksam machen, wohnt im ersten Stock eine kleine jüdische Familie. Wird Sie das stören?«

»Nein, im Gegenteil!«

»Wieso, sind Sie auch Jude?«

»Nein, woher! Ich bin doch kein Jude! Aber ich spreche perfekt Jiddisch.«

Sein Gegenüber zeigte sich erstaunt: »Ach? Wieso denn das? Sprechen Sie auch Hebräisch?«

»Nein, kein Wort. Aber Jiddisch fließend. Ich habe ein gutes Ohr für Sprachen, ich habe das aufgeschnappt. Wenn ich Jiddisch spreche, nimmt mir jeder den Juden ab.«

Etwas zögernd fragte der Besitzer nun: »Wo haben Sie das denn gelernt?«

»Ach, darüber möchte ich lieber nicht sprechen«, sagte er – ich traute meinen Ohren kaum – und fuhr mit einem kleinen Kichern fort, »von denen hat es ja bei uns genug gegeben. Wie kommen denn eigentlich die da oben in so eine vornehme Gegend?«

»Die Wohnung oben ist ziemlich schäbig und war eigentlich gar nicht als Wohnung gedacht, und viele von den deutschen Juden haben doch gar kein Geld. Ein Araber oder ein Engländer wäre da jedenfalls nicht eingezogen.«

Ich erfaßte blitzschnell, daß dieser deutsche Herr weder ein Einwanderer noch ein Tourist sein konnte, zumal er erwähnte, er möchte die Wohnung vorerst auf zwei Jahre mieten und daß er eine Frau und drei Kinder mitgebracht hätte. Wie ein Schlag traf mich der Gedanke, daß dieser Herr sein Jiddisch nur in einem Konzentrationslager hatte lernen können, womöglich war er Aufseher gewesen oder sogar etwas Höheres. Ich ließ den Vorhang fallen. Mein Herz klopfte wie wild. Eli bedeutend, er solle mucksmäuschenstill sein, schlichen wir uns zum Telefon, das in der hinteren Ecke des Kinderzimmers installiert war, möglichst weit weg von der Balustrade. Ich rief Aharonchik an, erreichte ihn sofort und sagte: »Bleib in der Nähe vom Telefon, ich rufe dich sobald wie möglich zurück, sehr bald!«

Dann schlichen wir uns auf das Dach, von wo man den Hauseingang überblicken konnte, und ich hoffte, wenigstens einen Blick in das Gesicht dieses Mannes werfen zu können, wenn sie herauskamen. Es hatte jedoch zu regnen begonnen, und die beiden verschwanden schnell im Auto. Außer dem Trenchcoat und dem Hut war von ihm nichts zu sehen. Allerdings sagte er im Hinausgehen noch, daß er den Umzug mit seiner Frau besprechen müsse, die nicht hatte mitkommen können, weil sie vorübergehend im Hospital läge. Kaum war das Auto abgefahren, rannte ich zurück zum Telefon.

Aharonchik fragte sofort: »Was ist denn los?«

»Aharonchik, ich glaube, ich habe einen deutschen Spion entdeckt!«

Er lachte herzlich: »Wieso denn das?«

Ich merkte, daß er mir nicht glauben wollte, und schilderte ihm minutiös alles, was ich gesehen und gehört hatte.

Daraufhin sagte er: »Das gibt allerdings zu denken! Die Deutschen könnten Interesse daran haben, mit Hilfe der Araber sowohl uns als auch die Engländer zu bespitzeln. Ruth! Denk mal mit mir nach! Wir müßten herausbekommen, wer dieser Mann ist! Den Hausbesitzer können wir schlecht fragen.« Er schwieg einen Moment, dann rief er laut: »Natürlich! Die Frau im Krankenhaus! Ich werde jetzt sofort Dr. Hanna Stern anrufen. Sie wird dich mit dem Auto abholen, und ihr werdet zusammen alle Krankenhäuser der Stadt abklappern. Hanna ist eines unserer sehr aktiven Mitglieder. Sie ist als Ärztin hochgeschätzt, und keine Klinik wird ihr den Zutritt verweigern. Hör zu, sie wird deine ›Privatchirurgin‹ sein und du die Patientin, die ein Privatzimmer sucht. Bitte halte dich bereit, sie wird dich gleich abholen.«

Hanna war eine bildschöne dunkelhaarige deutsche Jüdin mit

einem einnehmenden Lächeln. Wir fühlten uns sofort verbunden. Sie war älter als ich, und obwohl ich keinerlei Neid spürte, dachte ich doch wieder einmal wehmütig an mein unterbrochenes Studium und daran, daß ich es niemals zu einem akademischen Titel bringen würde. Wir begannen unsere Tour in der unteren Stadt im großen Regierungshospital. Da ich die jungen Lernschwestern dort kannte, weil ich eine Weile ihre »Vorgesetzte« gewesen war, war es ein leichtes, sie zu bitten, nach einer wahrscheinlich christlichen deutschen Frau zu suchen, die sich als Jüdin ausgab. So konnten wir weiterfahren und uns in anderen Hospitälern umsehen, ohne Zeit zu verlieren. Als die Dunkelheit hereinbrach, war unsere Suche immer noch ergebnislos, und auch aus dem Regierungshospital kam keine positive Nachricht. Wir hörten mit der Suche einstweilen auf, da man uns in der Nacht die Geschichte mit dem Privatzimmer nicht mehr abnehmen würde.

Am nächsten Vormittag begannen wir unsere Tour auf dem Carmel. Dort befand sich eine Privatklinik, die ein deutscher Arzt gegründet hatte, Dr. Meyer war sein Name. Wir baten an der Pforte darum, die Oberschwester zu sprechen, nachdem wir von Aharonchik den Wink bekommen hatten, daß sie zu uns gehörte. Als wir ihr erklärten, worum es ging, leuchtete ihr Gesicht plötzlich auf: »Ich glaube, ich kann euch helfen. Seit einigen Tagen liegt hier eine Dame, die nur Deutsch spricht und die mehrmals unaufgefordert betont hat, daß sie Jüdin sei. Eigentlich hätte mich das nicht stutzig gemacht, denn ihr Jeckes könnt ja alle kaum Iwrith. Diese Frau aber trägt unter ihrem Nachthemd ein goldenes Kreuz, und das habe ich bei einer Jüdin noch nie gesehen!«

»Wird sie denn von jemandem besucht?«

»Ja. Ihr Mann kommt fast täglich abends zwischen fünf und sieben.«

»Trägt der einen Trenchcoat und einen braunen Hut? Ein großer schlanker Mann?«

»Ja, genau.«

»Und liegt sie in einem Privatzimmer?«

»O ja, die kann es nicht fein genug haben!«

»Ist der Mann jetzt zufällig da?«

»Nein, vormittags kommt der nie.«

Wir erklärten ihr, daß wir diesen Mann unbedingt einmal sehen müßten und baten sie, uns sofort Bescheid zu sagen sowie er käme. Wir würden dann zu einer angeblichen Zimmerbesichtigung kommen, unter dem Vorwand, daß ich demnächst auch dort liegen müsse und ebenfalls den besten Standard verlange.

Noch am selben Nachmittag kam der Anruf der Oberschwester, und Hanna holte mich umgehend ab. In der Klinik gingen wir dann in Begleitung von Dr. Meyer, der inzwischen informiert worden war, und der Oberschwester zum betreffenden Privatzimmer. Dr. Meyer klopfte an, öffnete die Tür ein wenig und bat darum, daß eine Dame mit ihrer Privatärztin das Zimmer besichtigen dürfe, es wäre ja demnächst frei. Mit gewichtigen Mienen spazierten wir herum, direkt am Gemahl der Patientin vorbei auf den Balkon. Er saß auf einem Stuhl, während auf einem zweiten die schon bekannten »Kennzeichen« lagen: Mantel und Hut. Bald darauf verließen wir das Zimmer wieder, freundlich zum Abschied nickend, und sahen uns sofort unten die Personalien der betreffenden Patientin an. Stolz konnten wir Aharonchik eine Kopie überreichen.

Und tatsächlich, wir fanden bald heraus, daß es sich bei dem deutschen Herrn um einen Nazi handelte, der sein Jiddisch, wie ich vermutet hatte, in einem KZ aufgeschnappt hatte. Sein Auftrag hier war, sich als Jude auszugeben und einen arabischen Spionagering zu gründen, der in einem zukünftigen arabisch-jüdischen Krieg gegen die Juden, aber auch gegen die Engländer agitieren sollte – im Dienste der Deutschen. Ferner stellte sich heraus, daß dieser Mann auf einer arabischen Bank ein sehr hohes Konto mit ausländischer Währung besaß und dazu eine Kreditbewilligung in jeglicher benötigter Höhe. Wir setzten eine Sitzung im engeren Kreis in der »Küche« an.

Aharonchik wollte auch unsere Meinung hören, was zu tun sei: »Sollen wir diesen Mann kurzerhand ›verschwinden‹ lassen? Das hieße Mord, wenn auch berechtigter. Oder sollen wir ihm nur zu verstehen geben, daß er schnellstens mit seiner Familie das Land zu verlassen habe?«

Natürlich waren wir einstimmig für den zweiten Vorschlag, aber nur seiner drei Kinder und ihrer Mutter wegen. Aharonchik nahm die Sache selbst in die Hand. Wir haben nie erfahren, was geschehen ist, aber tatsächlich bestieg dieser Nazi sofort mit seiner Familie das nächste Schiff und verschwand.

Wir kamen nicht zur Ruhe, die nächste Aktion folgte auf dem Fuß und hatte mit unserer zentralen Aufgabe, die illegale Einwanderung zu forcieren, zu tun. Der Haganah war es gelungen, einen Spähposten auf der äußersten Spitze des Carmel einzurichten, von wo aus man einlaufende Schiffe frühzeitig ausmachen konnte. Außerdem war es von da aus möglich, die Aktivitäten des englischen Militärs zu beobachten. Dieser Spähposten war auf dem Gelände des Klosters der Karmelitermönche gelegen. Dort steht auch der Leuchtturm von Haifa – strategisch äußerst wichtige Punkte für die Haganah! Es war uns gelungen, uns mit den Mönchen zu befreunden, die es zuließen, daß wir uns auf ihrem Gelände frei bewegten, was sogar den Engländern verwehrt war, die nichts von dieser Verbindung ahnten.

In der katholischen Kirche, die sich neben dem Kloster befand, gab es eine wunderschöne Figur der Mutter Gottes. Wertvolle Perlen schmückten ihren Hals, und auf dem Kopf trug sie eine goldene Krone, besetzt mit Diamanten und Edelsteinen. Tagsüber war diese Kirche immer bewacht, abends wurde der wertvolle Schmuck ins Kloster gebracht und in einem Safe verwahrt. Die Kombination des Safes war nur einem Mönch bekannt. Eines Morgens nun kam Aharonchik aufgeregt zu mir nach Hause und sagte: »Man erlaubt unseren Chawerim nicht mehr, am Leuchtturm Wache zu halten. Der Schmuck der Mutter Gottes ist aus dem Safe des Klosters verschwunden. Jemand hat es fertiggebracht, ihn zu öffnen. Ich wurde heute früh dorthin bestellt, und man erklärte mir, daß außer uns niemand Zutritt habe. Wir sollten es nicht mehr wagen, uns dort blicken zu lassen, und gefälligst dafür sorgen, daß der Schmuck wieder auftaucht – es könnten nur unsere Chawerim gewesen sein!«

Aharonchik war sich seiner Leute sicher und wußte genau, daß keiner von ihnen sich jemals an fremdem Besitz vergreifen würde. Er war vollkommen bestürzt über diese Wendung.

Ich sagte: »Das ist sehr schlimm! Aber wie ich dich kenne, bist du nicht gekommen, um dich trösten zu lassen. Was hast du vor?«

»Du mußt uns helfen!«

»Aber wie?« stellte ich meine schon übliche, erwartungsvolle Frage, gespannt, welchen Plan er diesmal hegte.

»Du hast mir doch erzählt, daß du gelegentlich Wahrträume hast – beziehungsweise daß du Dinge voraussehen kannst, die sich nachher wirklich ereignet haben. Ich habe bei dir oft das Gefühl gehabt, daß du so etwas wie den sechsten Sinn hast. Von unseren Jungs hat niemand den Schmuck gestohlen. Du mußt irgendwie herausbekommen, wie der Mensch aussieht, der es getan hat. Geh in Trance! Ich glaube daran, so etwas gibt es, wenn du dich wirklich konzentrierst oder meditierst oder Gott weiß was! Du hast solche Dinge doch bei Mahatma Gandhi gelernt, oder?? Mir ist es egal, wie du es machst, aber bitte, gib uns eine Beschreibung!«

Und schon war er wieder fort. Ich war allein zu Hause; es herrschte eine himmlische Ruhe, dabei fühlte ich mich äußerst beunruhigt, hilf- und nutzlos – wie sollte ich mich selbst in Trance versetzen? Ich ging hinaus aufs Dach, setzte mich unter unseren improvisierten Sonnenschutz und versuchte, mich zu sammeln. Tatsächlich hatte ich zu der Zeit, als ich mich als »Jüngerin« Gandhis fühlen durfte, viel über Meditation und übersinnliche Begebenheiten gelesen. »Wahrträume« hatte ich schon als kleines Kind. Mit äußerster Konzentration versuchte ich mich nun zu sammeln und möglichst an nichts und niemanden mehr zu denken, um mich meinem »inneren Wissen« zu öffnen. Allerdings war ich nicht sehr zuversichtlich, daß mir das jetzt am hellichten Tag gelingen würde. Doch da ich durch mein übermäßig hektisches Leben ständig übermüdet war, fielen mir bei der Anstrengung der Konzentration sehr bald die Augen zu, und ich versank in einen tiefen Schlaf.

Da träumte ich, daß mir im Nebel eine Gestalt entgegenkam. Ich konnte nur ihre Umrisse wahrnehmen. Sie näherte sich mir, und ich bekam schreckliche Angst! Plötzlich sah ich einen dürren alten Mann vor mir stehen. Er war wie ein Bettler gekleidet. Seine Jacke hing in Fetzen an ihm herunter, seine schmutzigen Füße steckten in kaputten Sandalen, und auch seine Hände waren schmutzig. Aus seinem hageren verrunzelten Gesicht schauten mich sehr hellblaue Augen an. Er hatte struppiges graues Haar und einen grauen Bart, in dem ich einige rötliche Haare unterscheiden konnte. Die Gestalt schüttelte den Kopf stumm von rechts nach links, und ich glaubte, daß sie damit »nein, nein« ausdrücken wollte. Jäh schreckte ich aus meinem Schlaf auf und wußte nicht, wie mir geschah. Völlig desorientiert starrte ich auf das geweißte Dach. Als ich langsam zu mir kam, richtete ich meinen Blick über die Geranien hinweg auf das blaue Meer. Ein großer innerer Friede erfüllte mich. Sollte das der Mensch sein, den Aharonchik suchte? Wie hätte diese erbärmliche Gestalt einen Safe öffnen können, um sich kostbare Juwelen anzueignen? Auch sah er weder wie ein Araber noch wie ein Jude aus, und schon gar nicht wie ein Engländer. Gab es diesen Menschen überhaupt?? Er schien mir eine typische Traumfigur zu sein. Ich schloß erneut die Augen, in der Hoffnung, daß plausiblere Gestalten auftauchen würden und ich Aharonchik wirklich helfen könnte. Aber der Alte kam ständig vor meinem inneren Auge wieder. Ich konnte die Lider nicht mehr schließen, ohne daß er sofort da war.

Da nahm ich mir ein Herz und rief Aharonchik an: »Hör zu, Aharonchik, ich muß dir etwas völlig Absurdes erzählen. Ich bin fast wie auf Kommando eingeschlafen und habe im Traum einen schäbigen alten Bettler gesehen, der alles andere sein kann, nur kein Juwelendieb! Aber wenn ich die Augen schließe, kommt er immer wieder.«

Aharonchik war ganz aufgeregt: »Ich komme sofort zu dir«,

sagte er, und es verging kaum Zeit, da stand er schon da. Er hatte einen kleinen, beschriebenen Zettel mitgebracht mit einigen Zahlen und mit einigen Zeilen in einer Sprache, die ich zuerst nicht erkannte. Nach genauerem Hinsehen sagte ich zu ihm: »Aber das ist doch Russisch! Das ist russische Schrift.« So etwas war hier sehr ungewöhnlich, da es zu dieser Zeit so gut wie keine russische Einwanderung gab. Die bereits ansässigen, in den ersten zwei Jahrzehnten unseres Jahrhunderts eingewanderten jüdischen Russen schrieben nur noch Hebräisch.

»Du hast recht«, sagte Aharonchik, »ich kann das zwar nicht entziffern, aber vielleicht kannst du sagen, ob das die Schrift eines alten oder eines jungen Menschen ist.«

»Selbstverständlich die eines alten, sie ist doch ganz zittrig!«

»Und würde sie zu deiner Traumfigur passen?«

In meinem Gehirn machte es klick: »Natürlich wäre es möglich.«

Aharonchik triumphierte: »So! Das hätten wir! Diesen Zettel hat der oberste Mönch nämlich neben dem aufgebrochenen Safe gefunden. Die Zahlen sind der Code. Ich wollte ihn dir vorhin nicht zeigen, um dich nicht zu beeinflussen. Uns hat auch gewundert, daß eine so alte zittrige Schrift etwas mit dem Einbruch zu tun haben sollte. Aber jetzt gehe ich einfach zu dem Mönch hin und kann bluffen. Ich werde ihm sagen, daß jemand den Dieb gesehen hat, daß ich ihn beschreiben kann und diese Beschreibung genau zu dieser Schrift paßt.«

Ich persönlich fand das eigentlich zu gewagt, es war ja nur ein Traumwesen, aber Aharonchik sagte: »Wir haben nichts zu verlieren.«

Im nachhinein stellte sich der »Bluff« als goldrichtig heraus: Der Mönch wurde bei der Beschreibung, die Aharonchik von der alten Bettlergestalt gab, kreidebleich: »Das kann doch gar nicht sein! Sie beschreiben da unseren russischen Gärtner, der seit fünfzig Jahren bei uns lebt und den wir für den ehrlichsten Menschen auf der Welt halten! Außerdem ist er ein frommer Katholik und würde sich niemals am Schmuck der Mutter Gottes vergreifen.

Ich kann das einfach nicht glauben! Natürlich habt ihr den auf unserem Gelände öfter einmal gesehen.«

»Ja, aber nicht bei Nacht!« sagte Aharonchik und verlangte, den Gärtner holen zu lassen. Als dieser mit dem Zettel konfrontiert wurde, fing er an zu zittern und stammelte: »J'ai juré de ne rien dire!«[*]

Dann gestand er, daß nachts drei Araber an seiner Schlafstätte erschienen wären und einer ihm einen Revolver an die Schläfe gehalten hätte. Die beiden anderen hätten ihm erklärt, er solle innerhalb einer Woche die Kombination des Safes ausfindig machen und die Männer nachts in den Saferaum einschleusen; sie drohten ihm, ihn anderenfalls zu erschießen, und das auch, wenn er irgend jemandem ein Sterbenswörtchen verriete. Diese Männer hätten so furchterregend ausgesehen, daß er Angst bekommen hätte. Er jammerte: »Wie hätte ich mich als alter schwacher Mann gegen die drei wehren sollen? Ich habe keine Nacht mehr geschlafen aus Angst vor den Dieben und vor dem Jüngsten Gericht, weil ich doch mitschuldig bin an einem Vergehen gegen die Mutter Gottes.« Und dann sei er weinend zusammengebrochen, schloß Aharonchik seinen Bericht.

Seltsam ist, daß ich bis heute, wenn ich daran zurückdenke, diesen alten Mann in allen Details vor mir sehe, so als wäre er ein guter Bekannter von mir. Dabei hatte ich ihn weder vorher noch nachher zu Gesicht bekommen, außer vor meinem inneren Auge.

Wir schrieben jetzt Anfang 1944. Die Engländer hatten beschlossen, in Haifa eine große Kompanie ausgesuchter Soldaten, vor allem Offiziere, für die Besetzung Deutschlands vorzubereiten. Dabei kam es ihnen besonders darauf an, daß sie Deutsch lernten. Und wieder einmal hatte Aharonchik es fertiggebracht, bei der Auswahl des entsprechenden Deutschlehrers mitzureden: Es gelang ihm, mich als »Sprachlehrerin« und obendrein mit »guten

---

[*] »Ich habe geschworen, nichts zu verraten!«

Beziehungen zu Engländern« auf diesen Posten zu schleusen. Der Unterricht sollte in einem großen Hangar im Militärlager auf dem Französischen Carmel stattfinden. Aharonchiks Auftrag an mich lautete, private Beziehungen mit den Intelligenteren unter ihnen zu knüpfen – auf die bewährte Art, durch Einladungen in unser »Heim« – und zu sondieren, ob sie möglicherweise mit uns kooperieren würden.

Die Mitglieder der britischen Armee waren im Gegensatz zu den Zivilbeamten ohne ihre Familien im Land und das oft seit geraumer Zeit. Sie fühlten sich von der einheimischen Bevölkerung angefeindet und saßen in ihrer Freizeit gelangweilt und oft sehr einsam in ihren Baracken. Wenige nur gehörten zur sogenannten Elite, die bei offiziellen Ereignissen und Festen dabeisein durften. Der Hangar war riesengroß und jetzt im Winter völlig ungeheizt, mit langen Reihen nackter Stühle. Dort fand der Deutschunterricht statt. Obwohl sie eigentlich einen Widerwillen gegen die deutsche Sprache hatten, war es doch eine willkommene Abwechslung. Aber es war auch offensichtlich, daß es den meisten nicht im mindesten Spaß machte, noch mal die Schulbank zu drücken. Das Resultat war, daß sie sich lachend und grölend mit dem Deutschunterricht gegenseitig aufzogen und ihn verspotteten. Und vor diesen feixenden, meist sehr hochgewachsenen Jungs, unseren sogenannten »Feinden«, stand ich nun mit meinen gerade ein Meter sechzig.

Mit möglichst autoritärer Stimme bat ich sie auf englisch, Platz zu nehmen, und fügte gleich hinzu, daß dies das letzte Mal gewesen sei, daß ich Englisch mit ihnen gesprochen hätte, ich würde ab jetzt nur mehr Deutsch sprechen, allerdings am Anfang mit paralleler Übersetzung. Ich fing sofort damit an: » Ich habe Sie gebeten: Please sit down, das heißt auf deutsch: Bitte setzen Sie sich. Sprechen Sie mir das nach – please speak after me ...« Und so weiter. Diese Methode schien ihnen zu gefallen, und die angesetzten sechzig Minuten vergingen im Nu. Nach wenigen Malen machten sie eine Eingabe an ihren Vorgesetzten: Sie hätten es gerne, daß die Stunde auf zwei Stunden verlängert würde. Nach nur drei

Monaten konnten sich meine Schüler, wenn auch nicht ganz fehlerfrei, auf deutsch verständigen.

Jeweils nach dem Unterricht versuchte ich, mit einigen ins Gespräch zu kommen, allerdings wieder auf englisch. Einige gingen auf meine private Einladung ein. Darunter waren zwei nette, relativ junge Offiziere, die mir zu verstehen gaben, daß der Befehl: »No fraternisation« ihnen doch in den Knochen saß. Mit einem der beiden, dem intellektuelleren, sollte uns eine jahrzehntelange Freundschaft verbinden. Es war Charles Thompson, der in seinem Zivilberuf Redakteur einer renommierten Londoner Zeitung war. Der andere hieß Mr. McGhee. Auch mit ihm waren wir lange befreundet.

Charles, wie Walter und ich ihn bald nannten, mußten wir nicht »bekehren«. Eines Nachmittags stand er unangemeldet vor unserer Tür und war sehr aufgeregt. Er wollte uns mitteilen, daß die Engländer ein Schiff auf hoher See gesichtet hätten und daß er und seine Kameraden nun den Auftrag hätten, die Flüchtlinge, sollten sie versuchen, an Land zu kommen und sich in die Büsche des Carmel zu schlagen, mitleidlos mit Gewehren und aufgesteckten Bajonetten wieder auf das Schiff zurückzutreiben. Er sagte: »Ich werde mich weigern. Ich tue so etwas nicht. Ich werde mich einfach krankschreiben lassen oder mir sonst was einfallen lassen. Ich kann so etwas nicht tun!«

Wir dankten ihm sehr für diese Nachricht und erklärten ihm, welch wertvollen Dienst er uns damit erwiesen hätte. Dank ihm konnte das Schiff also gewarnt werden und lief nicht wie vorgesehen in Haifa ein, sondern ganz woanders. Damit waren einige hundert Menschenleben gerettet, die nicht, wie viele andere, ohne ausreichenden Proviant wieder aufs offene Meer zurückgetrieben wurden und damit in den sicheren Tod. – Charles wurde einer von uns.

Auch McGhee versuchte zu helfen, wo er konnte, ohne daß wir uns zu erkennen gegeben hätten. Es herrschte ein stillschweigendes Einvernehmen zwischen uns. Er sehnte sich nach seinen kleinen Kindern, die er zu Hause zurückgelassen hatte, und war Eli besonders zugetan. Er nahm ihn oft mit zum Strand, und natürlich gingen sie auch gemeinsam in eine Umkleidekabine. Eines Tages kam Eli baß erstaunt nach Hause und sagte: »Mutti, weißt du, daß Mr. McGhee nicht beschnitten ist?« Da er christlich und nicht jüdisch war, war das für mich selbstverständlich, und ich sagte: »Ja natürlich, das weiß ich.«

Darauf mein Sohn, ziemlich entsetzt: »Mutti! Woher weißt DU denn das!?«

ZEHNTES KAPITEL

Meine Nachbarn, die Konsuln – Sprengung der Radarstation – Unterwegs mit einer tickenden Bombe

Wir wohnten weiter in der seltsamen Wohnung auf dem Französischen Carmel, was der Haganah große Vorteile brachte, meine Familie und ich jedoch mit der Aufgabe eines normalen Privatlebens bezahlen mußten. Auch unsere Besucher mußten sich daran halten, bereits unten an der Treppe ihre Schuhe auszuziehen. Die Haganah hatte mir ein halbes Dutzend schöner weicher Pantoffeln gekauft, die für die Gäste immer bereitstanden und die ich sie bat anzuziehen. Ich erklärte diese seltsame Aufforderung damit, daß ich keine Haushaltshilfe hätte und es mir so schwerfiele, diese lange Treppe zu putzen. Unzählige Witze bezüglich »Eintritt in meine Moschee« wurden gerissen. Die Küche mit der verputzten Sperrholzwand war Sperrgebiet und immer abgeschlossen, so daß kein allzu beflissener, hilfreicher Gast sich dahin verirren konnte. Den Schlüssel trug ich ständig bei mir.

Die Rechnung der Haganah ging zum Glück auf: Bald nach dem Intermezzo mit dem deutschen Spion zog der ägyptische Konsul in die untere Wohnung. Er hatte eine Frau, zwei Kinder, einen Sklaven, der als Butler diente, und drei weibliche Leibeigene: zwei acht- bis zehnjährige Mädchen und eine sehr junge Frau. Der große Salon, dessen eine Wand im oberen Teil aus der Sperrholzbegrenzung zu unserer »Galerie«-Küche bestand, wurde von der Familie so gut wie nie benutzt. Er diente als Konferenzraum für das Konsulat, der jederzeit zur Verfügung stehen mußte für ausländische Honoratioren, die dort ihre geheimen Unterredungen mit dem Herrn Konsul abhielten. Wir fanden einen Weg, um alles, was dort unten besprochen wurde, genau zu protokollieren.

An der Haifaer Technischen Hochschule studierten viele junge Juden, die aus arabischen Ländern stammten und deren Muttersprache Arabisch war. Diese Studenten – natürlich gehörten sie zu uns – waren für solche »Dolmetscher«-Zwecke in Stenographie ausgebildet und kamen jeweils zu zweit schichtweise zu uns. Offiziell galten sie als meine Englischschüler. Sie saßen diszipliniert und in Pantoffeln in meiner Küche, mucksmäuschenstill, und warteten, des öfteren auch vergeblich, auf das »Diktat«. Nicht immer fanden Konferenzen statt, aber auch die Unterhaltungen arabischer Besucher des Konsuls, die alle um einen großen ovalen Tisch herumsaßen und von dem hin und her eilenden Personal bedient wurden, ergaben oft wichtiges Informationsmaterial.

Natürlich bekamen wir auch vieles zu hören, was nicht zu Protokoll gebracht wurde, zum Beispiel die sehr lautstarken Klagen der jungen Frau Konsulin, die schwanger war. Die arme Frau mußte sich Tag und Nacht übergeben und schrie jeweils nach einer ihrer Dienerinnen, so daß es ständig durchs Haus scholl: »Fathme! Fathme! Fathme!« oder »Sahara! Sahara!«. Sie eilten dann eiligst mit Schalen aus echtem Silber herbei, in denen kleine wohlriechende Waschlappen lagen, um ihre Herrin zu erfrischen. Nach drei Monaten wurde es diesbezüglich wieder ruhiger – das Zanken und Zetern der Kinder und Dienstboten allerdings ging weiter. Selbst wenn wir uns nicht so sehr bemüht hätten, kein lautes Geräusch zu machen, die unteren Bewohner hätten uns bei ihrem eigenen Krach kaum gehört. Ich wunderte mich immer wieder darüber, wie der Konsul es fertigbrachte, stets für vollkommene Ruhe im Haus zu sorgen, sobald das Konferenzzimmer belegt wurde.

Diese ägyptische Familie wurde nach einiger Zeit von der eines syrischen Konsuls abgelöst. Für uns war dieser Wechsel ein doppelter Lichtblick – zum einen, weil der Ägypter seinem Kollegen aus Syrien offenbar empfohlen hatte, wie er seine offiziellen Konferenzen »aus Gründen der Sicherheit« in diese Privatwohnung zu verlegen, zum anderen bestand »die Familie« nur aus einem Ehepaar, beide sehr jung, charmant und hochgebildet. Dazu kamen noch ein Butler und ein Dienstmädchen. Der Konsul und auch seine Frau hatten beide eine französische Ausbildung genossen, und so hatten Walter und ich die Gelegenheit, unser beider Lieblingssprache des öfteren zu hören und auch sprechen zu können. Denn obwohl der Konsul es ablehnte, zu Besuch in unsere Wohnung zu kommen, waren wir ihm als Gäste oft willkommen. In seinem eigenen Haus durfte er offenbar »fraternisieren«, fürchtete aber, von seinen Landsleuten auf Besuch bei Juden gesehen zu werden; fast schien es, als hätte er in dieser Beziehung Angst vor seinem Butler!

Von Aharonchik bekam ich wieder einmal den Auftrag, eine Unterschrift zu besorgen. Die des Konsuls benötigten wir, um Pässe für in Syrien ansässige Juden zu fälschen, denen auch dort bereits Gefahr drohte. Manche interessante Abende verbrachten wir zu viert, und als wir vertrauter wurden, kamen wir auch auf das Thema Antisemitismus zu sprechen.

Der Konsul bemerkte: »Wir Araber kennen keinen Antisemitismus. Wir sind ja selber Semiten.«

»Aber fast alle Araber, oder zumindest viele, hassen doch die Juden!« wandten wir ein.

»Natürlich. Aber nicht weil sie Semiten sind, sondern weil sie den Mittleren Osten mit ihren sozialistischen Ideen verseuchen!«

»Wie meinen Sie das?«

»Ja, schauen Sie nur mal an, wie Sie Ihr arabisches Dienstmädchen behandeln. Alle Juden sind so wie Sie. Die schenken ja den Dienstboten sogar ihre eigenen Kleider. Dann geht ›Fräulein‹ Dienstmädchen an ihrem Ausgehtag in der Création von Madame spazieren!« Er ereiferte sich sichtlich: »Und wozu brauchen die überhaupt einen freien Tag, wer hat denn so was schon gehört! Ihr behandelt die Dienstboten ja wie eure eigenen Kinder. Bei uns liegen sie auf einer Matte und sind zufrieden, wenn sie genügend Pita* und Oliven bekommen. Bei euch bekommen sie ja dasselbe Essen wie die Herrschaften! Ich habe gehört, daß manche sogar

* Pita (oder Pitah) = Fladenbrot.

mit am Tisch essen dürfen, und das sind zum großen Teil auch noch ARABISCHE Dienstboten …!« Er war jetzt ganz rot im Gesicht, beugte sich über den Tisch und fuhr mit schriller Stimme fort: »Was soll denn aus uns Effendis werden!? Wenn unsere Dienstboten an unseren Tischen essen und in unseren Badewannen baden – ich bitte Sie!! –, dann können wir unseren Fez verbrennen!* Und ihr stellt unsere Leute an, faßt sie mit Glacéhandschuhen an und lehrt sie, das niedrigste Volk, was dolce vita bedeutet. So etwas kann sich wie ein Lauffeuer im Mittleren Osten verbreiten! Glauben Sie ja nicht, daß unsere Brüder in den Golfstaaten keine Kenntnis hätten von dem, was Sie hier ›Arbeiterunion‹ nennen, von der Histadruth! Wir haben eine Jahrtausende alte Tradition, unsere Dienstboten bekommen keine Gehälter, die wollen auch gar nicht anders behandelt werden. Die würden sich zu Tode schämen, wenn sie bei uns am Tisch sitzen müßten. Was meinen Sie, was sollten die denn für Tischmanieren haben!? Dafür aber werden sie von uns beschützt. Je reicher und mächtiger ihr Effendi ist, desto stolzer sind seine Leibeigenen! Für sie ist es eine Ehre, uns zu dienen. Und darum hassen die Araber die Juden. Ihr macht euch ja selbst zu Proletariern!« Er wandte sich jetzt direkt an Walter: »Uns ist es unverständlich, Herr Doktor, daß Sie Ihrer Frau erlauben, das Dienstmädchen in Ihrer Badewanne baden zu lassen und sie dann in ihren eigenen Kleidern auf die Straße zu schicken!! Meine Frau hat mir das alles erzählt. Sie hat dafür auch keinerlei Verständnis. Verstehen Sie jetzt, was ich meine?!«

Wir verstanden.

Da saßen wir nun, vier zivilisierte, gebildete Menschen, die sich interessant und freundschaftlich unterhalten konnten, und dennoch bestand zwischen uns eine unüberbrückbare Kluft. Wir wechselten möglichst schnell das Thema und kamen auf Grapho-

---

* Der Fez, ein roter Filzhut mit schwarzer Quaste, ist ein Statussymbol der Araber. Angestellte waren immer quasi Leibeigene und durften niemals eine Kopfbedeckung tragen.

logie zu sprechen. Sie hatten nur eine sehr vage Vorstellung von dieser Wissenschaft. Als ich um ihrer beider Handschrift und Unterschrift bat, um ihnen zu demonstrieren, daß man aus der Schrift den Charakter deuten könne, erhielt ich zuerst nur die Schrift der jungen Frau. Sie holte freudig einen Block, auf dem sie mir einen sehr schmeichelhaften kurzen Brief schrieb und ihn auch unterschrieb. Ich konnte ihnen so viel über ihr Wesen erzählen, daß beide baß erstaunt und verblüfft waren. Als ich den Herrn Konsul auch um seine Schrift bat, nahm er etwas zögernd seine Visitenkarte und lieferte mir auf der Rückseite nur seine Unterschrift, wohl in dem Glauben, daß ich dann nicht allzu tief in ihn hineinschauen könnte. Da ich ihn aber ohnehin schon längere Zeit genau beobachtet hatte und seine Unterschrift zudem sehr charakteristisch war, konnte ich ihm viel über ihn selbst erzählen, auch viel Schmeichelhaftes, was tatsächlich der Wahrheit entsprach. Im Laufe des Abends, den Walter und ich mit Absicht etwas hinauszogen, tranken wir alle zusammen seinen französischen Likör, und als das Thema längst gewechselt war, ließ ich seine Visitenkarte vorsichtig in meine Jackentasche gleiten. Innerlich triumphierte ich. Dieses Kärtchen würde viele Menschenleben retten!

Wir waren bereits an der Haustür und nahmen freundlich Abschied, als die junge Frau, dicht neben mir stehend, das Kärtchen aus meiner Jackentasche wieder herauszog und lächelnd sagte: »Das lassen wir besser hier, nicht wahr?«

Heldenhaft erwiderte ich, ebenfalls lächend: »Ach so, das habe ich ganz vergessen.«

Meine Enttäuschung war unbeschreiblich! Wir haben die Unterschrift des Konsuls auch nie wieder beschaffen können. Walter sagte nur: »Cherchez la femme – aber die richtige!«

Unsere Wohnung auf dem Französischen Carmel diente der Haganah aber nicht nur zur Ausspionierung unserer Wohnungsnachbarn. Die Lage des Hauses war auch in anderer Hinsicht strategisch wichtig. Um Flüchtlingsschiffe frühzeitig zu entdecken, hatten die Engländer bei der Einfahrt zum Französischen Carmel eine Radarstation gebaut. Diese Radarstation war Ziel eines Sabotageplans der Haganah. Der erste Schritt bestand darin, daß meine stenographierenden »Englischschüler« ausgetauscht wurden gegen junge Chawerim, die in Sabotage ausgebildet waren. Die saßen nun abwechselnd, oft auch bei Nacht, bei uns auf der Dachterrasse. Von dort hatte man einen freien Blick auf die Radarstation und konnte Bewegungen um sie herum genau beobachten. Sie mußten feststellen, wo die Wachen postiert waren und in welchem Rhythmus sie wechselten. Dies genau herauszubekommen stellte sich als schwierig und langwierig heraus, denn die englischen Soldaten hielten sich an keinen regelmäßigen Zeitplan. Es waren eben keine preußischen Soldaten; sie schienen ihre Aufgabe nicht sehr ernst zu nehmen, weil sie offenbar auch nichts Schlimmes erwarteten. Unsere Nerven waren durch die langen Beobachtungssitzungen überspannt. Einerseits haßten wir die Vorstellung von Sabotage – es würde sicher Menschenleben kosten, auch wenn die Haganah zu einem Zeitpunkt sprengen wollte, wenn keine Wachposten in der Nähe waren. Andererseits aber mußten wir ständig an die zusammengepferchten verzweifelten Flüchtlinge denken.

Während dieser Zeit nervlicher Belastung bekamen wir von Aharonchik eine zusätzliche Aufgabe. Sie betraf das unserem Haus benachbarte englische Militärlager. Dessen Eingang war mit einer gewaltigen Schranke versperrt und wurde von zwei bewaffneten Soldaten bewacht. Zivilisten hatten keinen Zugang.

Unser kleiner Sohn, der inzwischen zu einem Schulkind geworden war, hatte durch die vielen englischen Gäste bei uns inzwischen auch etwas Englisch aufgeschnappt. Sein liebster Spielgefährte war ein kleiner Hund, ein Schnauzer namens »Puck«, dem er sich, da er keine Geschwister hatte, sehr viel widmete. Die beiden waren unzertrennlich, und der Hund folgte seinem kleinen Herrchen aufs Wort. Aharonchik fragte ihn nun eines Tages, ob der Hund bereits gelernt hätte, einen Ball zu apportieren. Mein Söhnchen strahlte und sagte: »Der kann noch viel mehr!«

»Der muß nicht mehr können«, sagte Aharonchik, »aber dir müssen wir etwas beibringen.«

Eli lernte daraufhin, seine Schritte zu zählen und nach Pfadfinderart eine Zeichnung der jeweiligen Strecken und Entfernungen anzufertigen. Er sollte so herausfinden, wie weit voneinander entfernt die Baracken lagen, die sich hinter der Schranke zum Militärlager befanden. Diese Baracken standen zwar in der Regel leer, aber von dort aus könnte die Radarstation eventuell doch überwacht werden. Sie sollten, wenn sicher war, daß sich auch dort keine Wachtposten aufhielten, zusammen mit der Station gesprengt werden. Damit alles schnell und bei Nacht und Nebel geschehen konnte, brauchten die Saboteure eine genaue Zeichnung des Geländes. Eli, der bereits genau wußte, was »Haganah« bedeutete, war sehr stolz darauf, daß man ihm eine Aufgabe übertrug. Sie bestand für den Anfang darin, daß er eine Stunde früher als sonst aufstehen sollte, um jeden Morgen mit seinem Hund ostentativ »Ball apportieren« zu üben – vor der Schranke. Es gelang ihm auch, sich allmählich mit den englischen Posten zu befreunden, denen er gelegentlich Kuchen oder andere Leckereien von Zuhause mitbrachte. Die »Tommies«, die sich dort auf ihrem Posten sehr langweilten und die wie die meisten Engländer Hundefreunde waren, freuten sich über diese Abwechslung.

Allmählich fing Eli dann an, den Ball auch über die Schranke zu werfen, nach und nach immer weiter ins Gelände hinein; der Hund konnte spielend darunter hindurch laufen und hinter dem Ball hersausen. Nachdem Puck den Ball einige Mal apportiert hatte, gab Eli dem klugen Hund den Befehl, zwar hinter dem Ball herzulaufen, ihn jedoch nicht anzurühren, bis er selbst käme und ihn holte. Der Hund war entsprechend dressiert, so daß er tatsächlich den Ball liegenließ. Eli spielte daraufhin den Verzweifelten und bat einen der »Tommies«, er möchte doch bitte den Ball und seinen Hund zurückbringen! Dieser erklärte natürlich, daß er seinen Posten nicht verlassen dürfe, erlaubte ihm aber, den Hund samt Ball selber zu holen. Eli schlüpfte unter der Schranke hindurch und tat dann so, als könne er den Ball nicht finden. Er

»suchte« von Baracke zu Baracke, wobei er gewissenhaft seine Schritte zählte und sich bemühte, die verschiedenen Richtungen wie auch die jeweilige Anzahl seiner Schritte im Gedächtnis zu behalten. Später fertigte er eine kindliche Skizze an, die fachmännisch nachgezeichnet werden konnte.

Während dieser Zeit wuchs unsere Spannung ins Unermeßliche. Auf meine schüchterne Frage, ob unser Haus bei der Explosion Schaden nehmen würde, antwortete Aharonchik, verlegen zu Boden schauend: »Das kann man im voraus nicht wissen.«

»Könnten wir denn eventuell evakuiert werden?«

»Bist du von Sinnen?! Dann würdet ihr doch sofort verdächtigt werden!«

»Aber das Kind!«

»Ja, ich weiß. Aber wir haben ja alle Kinder.«

Ich schwieg betroffen.

Und dann kam der Tag, es war im Winter 1945, an dem Aharonchik uns mitteilte: »Heute um Mitternacht geht es los. Bitte legt die Bettdecken unter die Betten und schlaft unter dem Bett. Und deckt das Bett, unter dem das Kind liegt, noch zusätzlich mit einer Decke bis zum Boden ab; es könnten Splitter fliegen. Vor allen Dingen laßt alle Fenster trotz der Kälte sperrangelweit auf, wegen des Luftdrucks! Sicherheitshalber schon am Abend – dann kann euch gar nichts passieren. Die Mauern werden standhalten. Und vergeßt nicht: die Fenster weit öffnen!«

Wir lagen schon um elf Uhr abends unter den Betten; auf den kalten Steinboden hatten wir Decken gebreitet, die es jedoch nicht bequemer machten: Wir lagen steif, unbequem, ängstlich und warteten und warteten. Es geschah nichts … Die Saboteure waren mit ihrem Sprengstoff bereits unterwegs gewesen, als sie feststellen mußten, daß viel mehr Wachpersonal als erwartet an der Station war. Sie kehrten unverrichteter Dinge zurück. An den folgenden zwei Abenden das gleiche Schauspiel: Aharonchik warnte uns: »Heute nacht wird es passieren«, wir erwarteten zitternd unter den Betten liegend die fürchterliche Explosion, und es geschah absolut nichts. Am dritten Tag kam keine Warnung von Aharonchik, und wir nahmen an, daß die Aktion vertagt worden sei. Erschöpft und todmüde von den letzten Nächten fielen wir schon am frühen Abend in die Betten, mit einem erlösten Gefühl, daß uns nun eine ruhige Nacht gegönnt sei. Sicherheitshalber und fast schon aus Gewohnheit ließen wir alle Fenster offen. Plötzlich, mitten in der Nacht, zerbarsten uns fast die Ohren durch eine gewaltige Detonation, und wir fielen alle drei aus den Betten. Ich raste zu Eli, der aufgeregt schrie: »Drei Nächte mußte ich unter dem Bett schlafen, und jetzt falle ich auch noch heraus!« Das Haus wurde erschüttert wie bei einem Erdbeben, und unten in der Wohnung hörte ich sämtliche Fenster zerkrachen. Nachdem das Beben und der Höllenkrach vorbei waren, liefen wir hinaus auf die Dachterrasse. Riesige Rauchwolken standen über der zerstörten Station, Flammen loderten hoch, in deren Schein wir Menschen erkennen konnten, die wie aufgescheuchte Ameisen durcheinanderliefen. Da begannen auch schon die Sirenen zu heulen, Feuerwehr, Ambulanz und Polizei rasten herbei, Scheinwerfer warfen ein grelles Licht auf die Szene, Schreie von Anwohnern waren zu hören. Wir waren die einzigen Juden in nächster Nähe des Geschehens, und uns war wohl bewußt, daß wir nunmehr als verdächtig gelten und auf der schwarzen Liste der Engländer stehen würden.

Wir wußten nicht, was wir jetzt tun sollten, nach unseren unteren Nachbarn sehen oder zu der englischen Familie, die nebenan wohnte, laufen und nachsehen, ob ihnen nichts zugestoßen war. Aus Schuldgefühl verharrten wir in dieser Nacht zu Hause, tatenlos. Ganz früh am nächsten Morgen kam die sehr nette Engländerin, die sich ehrlich besorgt zeigte. Mehr als erstaunt, fast ungläubig mußte sie feststellen, daß nichts bei uns passiert war. Ich merkte sofort, daß sie mißtrauisch zu werden begann. Aufgeregt sagte sie: »Bei mir sind nicht nur alle Fenster geplatzt, auch die Läden wurden abgerissen! Mein gesamtes Porzellan ist hin! Alles liegt in Scherben auf dem Steinboden, mein Mann hat Splitter abgekriegt!«

Wir murmelten unsere Anteilnahme, aber sie fuhr fort: »Wie ist das denn möglich? Ist bei Ihnen denn gar nichts passiert??«

»Nein«, bemühte ich mich ohne schlechtes Gewissen zu sagen, »das bißchen Porzellan, das wir haben, ist intakt. Wir machen nachts immer die große Dachterrassentür auf, damit wir in dieser kleinen Wohnung nicht ersticken, und deshalb hatten wir auch die übrigen Fenster offen. Wir können sonst nicht schlafen.«

Walter fügte hinzu: »Ich nehme an, daß der Luftdruck der Explosion sich in unserer Höhe nicht so stark ausgewirkt hat. Allerdings sind wir alle aus den Betten gefallen, wir werden sicher blaue Flecken davontragen. Kann ich Ihnen denn irgendwie helfen?«

Etwas kühl sagte sie: »Nein danke, mein Mann hat bereits Hilfskräfte aus seinem Büro bestellt, die werden für alles sorgen«, und fügte mit hochgezogenen Brauen hinzu: »Am besten, Sie gehen heute nicht zu Ihren Nachbarn, die haben alle keine gute Laune.«

Damit war die Freundlichkeit und relativ wohlwollende Toleranz, die unsere Nachbarn hier auf dem Französischen Carmel uns bisher entgegengebracht hatten, dahin. Wir fühlten uns, wenn überhaupt, gerade noch geduldet. Auch die Besuche unserer englischen Freunde nahmen merklich ab.

Dann kam die Zeit, als die extremistischen Organisationen Etzel und Lechi immer stärker gegen die Engländer vorgingen. Fast alle englischen Familien, zumindest die Frauen und Kinder, wurden nach England evakuiert, die übrigen mußten ihre bisherigen Wohnungen räumen und wurden auf den Französischen Carmel versetzt, der zum militärischen Sperrgebiet erklärt wurde, zum sogenannten »Compound«. Die dort ansässigen Araber und die wenigen Juden mußten innerhalb von vierundzwanzig Stunden ihre Wohnungen räumen, und keiner durfte mehr ohne englischen Paß diesen streng bewachten Bezirk betreten. Auch wir erhielten in diesen Tagen per Militärboten den Räumungsbefehl. Wohnungen waren zu dieser Zeit in Haifa kaum vorhanden. Die wohlhabenden Araber, die aus ihren schönen Villen ausziehen mußten, verließen das Land. Die Ärmeren und auch Juden, die dort gewohnt hatten, wurden obdachlos, soweit sie nicht bei Verwandten unterkommen konnten.

Wir hatten niemanden, zu dem wir hätten ziehen können, und überlegten ziemlich verzweifelt, wohin wir uns wenden könnten. Die Haganah konnte uns keine Unterkunft bieten. Zwar hätten wir bei irgendeinem unserer Kameraden unterkommen können, die das auch herzlich angeboten hatten, aber ich scheute mich, jemandem zur Last zu fallen. Fast alle wohnten damals ohnehin beengt und waren mittellos. Es mußte eine andere Lösung geben! Da hatte ich eine rettende Eingebung. Ich entsann mich eines früheren Chefs von mir bei der »Irak Petroleum Company«, für den ich kurze Zeit als Sekretärin gearbeitet hatte. Den obersten Boß, vor dem sich alle fürchteten, kannte ich natürlich nur von weitem. Dieser Mann war tatsächlich angsteinflößend: rothaarig, korpulent und jähzornig. Ich wußte, daß auch seine englischen Angestellten – und das waren nicht wenige – ihre Wohnungen verlassen und in das Sperrgebiet, den »Compound«, umziehen mußten. Durch die Haganah wußte ich zudem, daß die geräumten Wohnungen der Engländer erst einmal so wie sie waren, verschlossen wurden, denn alle hegten die Hoffnung, in absehbarer Zeit wieder zurückzukehren. Es mußte alles rasend schnell gehen, und so eilte ich, noch ehe ich unser Hab und Gut zusammengepackt hatte, zu diesem Mann. Ich wollte über ihn, wenn auch nur vorübergehend, eine dieser leerstehenden Wohnungen ergattern. In Gedanken sah ich meine kleine Familie und mich schon in wenigen Stunden mit Koffern auf der Straße stehen.

Auf dem Weg zu der »Company« überlegte ich verzweifelt, wie ich mein Anliegen bloß vortragen sollte, und als ich an der großen Eingangstür des in orientalischem Stil erbauten Firmengebäudes ankam, hatte ich immer noch keine Ahnung, was ich sagen sollte. Im Vorzimmer des Managers traf ich auf den bei den Engländern üblichen arabischen Bürodiener, der gleichzeitig als Handlanger und Bodyguard fungierte. Ich lächelte ihn freundlich an und legte ihm wortlos einen Geldschein unter ein Löschpapier auf seinem Schreibtisch.

Er sprang auf, und als ich ihm sagte, ich hätte gerne seinen Boß gesprochen, fragte er dienstbeflissen: »Sind Sie angemeldet?«

»Selbstverständlich!«

»Wie ist der Name?«

»Zucker.«

Er wiederholte: »Sucker?«

Ich nickte.

Er ging hinein und sagte bei offener Tür: »Mrs. Sucker for you.«

Ich hörte seinen Chef erstaunt nachfragen: »Mrs. Sucker?«

Aber da drängte ich mich schon hinter ihm durch die Tür und redete einfach los: «Mr. H., Sie kennen mich nicht. Ich war einmal Ihre Angestellte.«

Er sagte abweisend: »Ich bin jetzt sehr beschäftigt, ich habe für niemanden Zeit. Gehen Sie!«

Der Bürodiener war inzwischen verschwunden, und ich schloß, anstatt zu gehen, einfach die Tür hinter mir: »Mr. H., bitte, Sie müssen mir helfen. Ich bin in einer schrecklichen Situation, und Sie sind der einzige, der mich retten kann.«

Mit hochgezogenen Augenbrauen blickte er mich weiterhin abweisend an und fragte unwirsch: »Was habe ich mit Ihnen zu tun? Wovor sollte ICH Sie retten??«

Bescheiden bat ich, mich setzen zu dürfen, tat es einfach, ohne eine Antwort abzuwarten und antwortete: »Das englische Militär hat mich und meine kleine Familie auf die Straße gesetzt. Es bleiben mir nur noch wenige Stunden, um meine Wohnung zu räumen. Ihre Beamten müssen doch auch alle ihre Wohnungen verlassen!? Bitte«, flehte ich und sagte rundheraus: »Geben Sie Ihre Einwilligung zu einem Tausch!«

Nach kurzem Stutzen: »So ein Tausch geht nicht, das gibt's nicht. Die Militärbehörde weist den Engländern die neuen Wohnungen im Compound doch an. Außerdem geben wir unsere alten Wohnungen nicht auf, wir schließen sie nur ab. Dieses Compound wird sowieso nicht lange bestehen. Die ganze Idee ist hirnverbrannt! Glauben Sie, mir ist gut zumute dabei, daß ich aus meiner Wohnung raus muß?«

Mit flehendem Blick sagte ich: »Dann können Sie mich ja verstehen«

Seine Züge wurden jetzt etwas milder. Im gleichen Moment öffnete sich die Tür, und ein Bote brachte die Korrespondenz zur Unterschrift. Kaum hatte der Manager das erledigt, da griff ich unverschämterweise einfach nach einem der Briefbögen: »Erlauben Sie? Ich möchte Ihre Unterschrift sehen.«

»Wie kommen Sie dazu??«

Er konnte es kaum fassen, aber ich redete schnell weiter: »Ich bin ausgebildete Graphologin und kann Ihnen aus der Schrift Ihren Charakter deuten, ich könnte Ihnen auch die Charaktere Ihrer Angestellten und Freunde aus deren Schrift deuten.«

»Graphologie?« Er verstand nicht recht, wollte aber wissen, was das ist.

»Ich zeige es Ihnen«, sagte ich einfach und versenkte mich in seine Schrift: »Darf ich Ihnen etwas über Sie selbst erzählen?«

Ich war mir sicher, auf dem richtigen Weg bei ihm zu sein. Rothaarige Menschen sind meist weder kleinkariert noch schüchtern. Aus seiner Schrift sah ich auf den ersten Blick, daß er abenteuerlustig veranlagt und phantasiebegabt war und auf mich eingehen würde. Ich begann ihn also hochlobend zu analysieren, was allerdings auch der Wahrheit entsprach, und er hörte mir mehr und mehr gefesselt zu. Dann sagte er: »So etwas habe ich noch nie erlebt. Das ist ja umwerfend! Können Sie das auch, ohne dem betreffenden Menschen in die Augen zu schauen, einfach nur anhand seiner Schrift?«

»Ja, natürlich.«

»Dann werde ich tatsächlich gelegentlich von Ihrem Können Gebrauch machen. Bitte erzählen Sie mir noch mehr über mich. Sie kriegen eine Wohnung.«

Selten habe ich wohl mit so viel Freude eine Schrift analysiert!

Wir bekamen eine Wohnung, wie er gesagt hatte. Sie war in einem wunderschönen weißen Haus, das oberhalb eines tiefen Wadi lag und aussah wie ein Schiff. Um zur Haustür zu gelangen, mußte man über einen langen Steg gehen, der in der Luft zu schweben schien. Die früheren englischen Bewohner, die damit rechneten, bald wieder einzuziehen, hatten sie uns möbliert vermietet. Ich mußte mein allerdings dürftiges Mobiliar teils verkaufen, teils konnte ich es bei Freunden unterstellen. Die Miete war hoch, aber trotz der drückenden finanziellen Belastung waren wir überglücklich! So elegant wie dort hatten wir in diesem Land bisher noch nie gewohnt. Mein ganzes Glück war eine große Küche mit Elektrogeräten! So lange wir dort wohnten, schwebte mir als Kontrast dazu unsere merkwürdige »Spionage-Küche« vor Augen, in der ich aus Angst vor Geräuschen nicht einmal wagte, Teller zu spülen.

Die Wohnräume waren mit Mahagonimöbeln ausgestattet, und sogar die Kleiderbügel waren aus poliertem Holz. Wir fühlten uns mitunter nach Bonn zurückversetzt. In dem tief unter uns liegenden Wadi befand sich ein geheimer Schießstand, wo junge Mitglieder der Haganah, die mindestens siebzehn waren, jeden Samstag ausgebildet wurden. Seit wir die Wohnung bezogen hatten, hieß es für die jungen Schützen, sobald sie sich beobachtet fühlten, sofort in unsere Wohnung oder genauer in unsere Kleiderschränke zu flüchten. Wieder war unsere Seelenruhe dahin …

Der Sohn eines mit uns befreundeten deutschen Ehepaares namens Better – sie hatten auf dem Hadar eine moderne Klinik errichtet – gehörte zu diesen jungen Schützen. Er neigte zum Draufgängertum, und als der Instrukteur einmal den Befehl ausgab, sofort zu flüchten, zögerte er noch ein Weilchen und kam erst nach seinen Kameraden bei uns an. Diese waren längst in den Kleiderschränken versteckt. Zwei englische Soldaten waren ihm auf den Fersen geblieben und erwischten ihn noch in unserem Wohnzimmer. Wir zitterten, ob sie die anderen auch finden würden, aber da wir als Engländer-Freunde bekannt waren, machten sie keine Hausdurchsuchung. Der Junge jedoch wurde wegen illegalen Waffenbesitzes verhaftet und kam für längere Zeit ins Gefängnis. Wir hatten ihn sehr liebgewonnen, hatte er doch oft mit Eli gespielt und ihm bei den Hausaufgaben geholfen. Walter übernahm die schwere Aufgabe, den Eltern die Verhaftung ihres Sohnes mitzuteilen. Er wurde durch unsere Beziehungen Gott sei Dank relativ früh begnadigt.

Die Haganah besaß natürlich illegal Waffen und auch Sprengstoff, die sich in geheimen Verstecken befanden. So ein Waffenlager befand sich auf dem Carmel in einer sehr schönen Villa in der Yarkon-Straße. Die Besitzer, bei denen, besonders zu großen festlichen Anlässen, auch Engländer verkehrten, waren für die Haganah eine gute Adresse, da sie alles andere als verdächtig schienen. Um die Waffen an die jeweiligen Orte zu schaffen, wo man sie gerade brauchte, wurden vorzugsweise junge gutaussehende Mädchen und Frauen eingesetzt – auch ich war darunter. Ich fuhr damals einen kleinen Zweisitzer, in dem hinten ein verschließbarer Gepäckkasten eingebaut war. Eines Abends, als ich an der schönen Villa ankam, sagte mir der Verantwortliche für das Waffenlager: »Heute abend muß ich deinen kleinen Wagen leider sehr voll laden. Wir brauchen dringend Nachschub in Beit Oren[*].«

Auf den mit Waffen vollgepackten Gepäckkasten setzten sich zwei junge Männer, die sich noch ihr großes Gewehr unter die Füße legten und deren Taschen obendrein mit Handgranaten gespickt waren. Vorne am Steuer saß ich und hatte zwei Revolver im Büstenhalter. In die Lücke zwischen den Vordersitzen packte man dann noch kleine rechteckige TNT-Sprengstoffpakete und deckte sie mit einer Decke ab. Als beim besten Willen nichts mehr in das kleine Auto hineinging und ich den Wagen anließ, bückte sich der Verantwortliche zu meinem offenen Fenster und sagte: »Gott segne dich, und laß dir ja keine englische Patrouille begegnen!«

Als ich mich der großen Kreuzung der Hauptstraße näherte,

---

[*] Ein Waldgebiet oberhalb des bewohnten Carmel-Plateaus.

stand plötzlich unvermutet mitten auf der Straße eine von uns so gefürchtete Barrikade, wie sie bei den Engländern üblich war: ein großer Kreuzbock und drumherum Stacheldrahtballen. Ein einziger von diesen Böcken genügte, um die damals noch recht schmalen Straßen zu blockieren. Ich ging sofort vom Gas. Mein Herz schlug bis zum Hals, und ich fühlte meine Hände am Steuer zittern. Und dann waren auch noch in einem erleuchteten Jeep die berüchtigten Patrouillen zu erkennen, die mit den roten Kappen.

Die beiden Jungs hinter mir stöhnten nur: »O, du großer Gott!«

Ich drehte mich um und zischte leise: »Ihr schweigt! Kein Wort!!«

Einer der »Rotkäppchen« sprang vom Jeep, lief zu mir herüber und klopfte aggressiv gegen die Scheibe. Während ich sie langsam herunterkurbelte, wußte ich, jetzt ist unsere letzte Stunde gekommen. Und als er schrie: »Raus mit euch, der Wagen wird untersucht!« war mir klar: »Wenn ich jetzt versage, ist alles vorbei.«

Instinktiv wußte ich plötzlich, daß Angriff hier die einzig mögliche Verteidigung war und daß die Engländer deshalb so aggressiv und rabiat mit uns umgingen, weil sie von den Extremisten in dieser Zeit verstärkt angegriffen wurden. Ich drehte den Spieß um, und mein Erschrecken mußte ich nicht vortäuschen: »Was wollen Sie denn von uns? Was ist denn los?? Haben die Terroristen euch wieder angefallen? Ist schon wieder was geschehen?«

Der »Tommy« guckte mich verdutzt an, und ich ließ einen nervösen Redeschwall los: »Mach dir nichts draus! Komm, ich bin unterwegs nach Hause. Ich habe viele englische Freunde. Ich habe Bier, Wurst und vieles andere. Ich bin mit meinen beiden Brüdern auf dem Weg zum Abendessen. Ihr könnt alle mitkommen. Sag deinen Kameraden, sie sollen mir nachfahren. Dann könnt ihr alle bei mir essen. Ich habe viel Bier im Haus. Sag Ihnen doch Bescheid!« Ich hörte nicht auf zu reden und sagte noch mehrmals:

»You are welcome«, wenn auch mit zitternder Stimme, und lächelte.

Der »Tommy«, der mich sprachlos angestarrt hatte, drehte sich jetzt um und rief zu seinem Captain hinüber: »She's mad! Die ist verrückt! Die steigt nicht aus!«

Der Captain schrie zurück: »Das werden wir sehen!« und sprang aus seinem Jeep.

Der eine Junge hinter mir, der genau wie ich das Verlies in Akko und den Strang schon vor sich sah, flüsterte kläglich: »Ich hab in die Hosen gemacht!«

Ich stöhnte, kaum hörbar: »Schutzengel, wo bleibst du?!«

Und so unglaublich es klingen mag, er kam! Sonst wäre ich heute nicht mehr am Leben. Er kam in Gestalt eines großen jüdischen Autobusses, in dem die Patrouillen lohnendere Opfer vermuteten als in meinem kleinen Auto. Der Captain hielt also mitten im Laufen inne und schrie: »Hold the bus! Laßt das verrückte Frauenzimmer fahren und holt mir jeden einzelnen aus dem Bus hier raus auf die Straße! Leibesvisitation! Und den Bus untersucht ihr bis in den letzten Winkel!«

Ich war einer Ohnmacht nahe. Und schon schob einer der »Tommies« den Bock so weit beiseite, daß wir knapp daran vorbei fahren konnten. Noch nie in meinem Leben hatten meine Knie derart gezittert. Im Rückspiegel sah ich, wie die Menschen aus dem Bus unsanft herausgezerrt und auf der Straße herumgeschubst wurden. Erst allmählich begriff ich, daß wir gerettet waren und losfahren konnten. Es dauerte eine Weile, bis ich es tatsächlich fertigbrachte, den Wagen zu starten. Er stotterte, als ich an dem Bock vorbeifuhr. Vor uns lag die offene Straße. Ich glaube, keiner von uns dreien konnte es wirklich fassen. So kamen die Waffen wieder einmal dort an, wo sie gerade dringend benötigt wurden.

Aber nicht immer ging alles so glatt. Einer unserer Chawerim, ein Mann namens Sirkin, wurde auf der Rückfahrt von einer Waffenlieferung von einer Patrouille aufgehalten und mußte sich eine Leibesvisitation gefallen lassen. Leichtsinnigerweise hatte er eine

Liste der abgelieferten Waffen dabei, und noch dazu in seiner eigenen Handschrift! Er wurde verhaftet und später vor ein Militärgericht gestellt. Das CID, die Kriminalpolizei, war fair und beschloß, daß gegen ihn nur dann Anklage erhoben würde, wenn sich herausstellte, daß es seine eigene Schrift sei, was Sirkin strikt leugnete.

Er wurde nun gezwungen, wieder und wieder Schriftproben abzulegen, als Vergleichsmaterial zu dieser fatalen Liste. Das wurde dann alles dem offiziellen Gerichtsgraphologen der CID vorgelegt, Dr. Naphtali. Der wiederum war ein Haganah-Mitglied und bestätigte zwar eine Ähnlichkeit zwischen den Schriften, jedoch keine Identität. Mißtrauisch bestellte die CID ein weiteres Gutachten. Beauftragt wurde die bekannte Graphologin Chawa Razon. Sie verstand sofort, worum es ging, und schloß sich der Meinung von Dr. Naphtali an. Die Engländer gaben keine Ruhe, jetzt wurde ich als »Vertraute der Engländer« auch noch hinzugezogen. Meine Aussage glich natürlich der meiner beiden Graphologen-Kollegen, und Sirkin war gerettet. Ich erfuhr erst im nachhinein, daß Dr. Naphtali von »derselben Fakultät« war wie ich – uns wurde ja nie mitgeteilt, wer tatsächlich zu uns gehörte.

Mit die größte Angst, die ich jemals ausgestanden habe, hatte ich bei einem anderen Transportauftrag. Eines Morgens ganz früh wurde ich zu dem improvisierten Stützpunkt der Haganah gerufen, der in der Nähe unseres Hauses war. Wieder ging es um einen Waffentransport, und zu der damaligen Zeit, als alles improvisiert und manchmal auch dilettantisch organisiert war, fragte niemand danach, ob ich Mutter sei. Die Haganah war ohnehin keine straffe militärische Organisation; keiner arbeitete dort in seinem eigentlichen Beruf, sondern bekam jeweils das übertragen, wofür er mehr oder weniger geeignet war. Natürlich passierten in dieser verzweifelten Zeit auch viele Unfälle. Mein Auto hatte richtige Berühmtheit erlangt, weil ich des öfteren schon sagenhaftes Glück gehabt hatte. Ich kam also an dem Stützpunkt an, wo mich bereits ein mir unbekannter Chawer erwartete.

Er war recht rundlich, eine wohlwollende, gemütliche Erscheinung, und sagte zu mir: »Da bist du ja, mein Kind, und dein berühmtes kleines Auto! Ich muß dir leider eine schwere Aufgabe anvertrauen.« Er drehte sich um und sagte: »Nathan, komm her und lad die Dinger ein.«

Der hochgewachsene Nathan verstaute ein Paket hinten in dem Kasten hinter meiner Rücklehne und mußte sich dabei sehr bücken. Der andere räusperte sich verlegen und fuhr fort: »Da hast du jetzt zwei Zeitbomben drin, sie sind bereits eingestellt. Wenn dich eine Patrouille aufhält, geht ihr allesamt in die Luft. Der Auftrag ist, eine Brücke zu sprengen, um einen arabischen Stadtteil von einem jüdischen abzutrennen. Die Angriffe der Araber haben, wie du weißt, fürchterlich überhand genommen. Das geht jetzt leider nicht ohne Opfer. Unsere Jungs stehen vor der Brücke, im Wadi Rushmia. Die werden dir die Dinger abnehmen, sie wissen, daß sie bereits ticken. Du brauchst zwanzig Minuten bis zur Brücke. Die Jungs müssen sehr schnell handeln, sonst geht der Überraschungseffekt verloren, und selbst einstellen können sie die Bomben nicht. Wenn die Mission erfüllt ist, komm bitte sofort hierher zurück. Ich will wissen, daß du heil bist!«

»Ja, aber«, fragte ich konsterniert, »auf wann sind die Dinger denn jetzt eingestellt, wann gehen die denn hoch, die Fahrtzeit eingerechnet??«

Er wandte sich an Nathan: »Wieviel Spielraum hat sie?«

Und Nathan antwortete, sehr lakonisch: »Drei Minuten.«

»DREI Minuten?? Für die Übergabe? Sie muß doch aussteigen, und dann wieder wegfahren können!«

»Drei Minuten genügen.« Nathan blieb ungerührt.

Da zog mich der andere mit einem Seufzer eng an sich, drückte mir einen Kuß auf die Stirn und sagte mit fast erstickter Stimme: »Gott soll mit dir sein.«

Ich dachte: Was hat Gott mit Zeitbomben zu tun? Auf diesem Weg kann er wohl kaum mit mir sein. Meine pazifistische Seele lehnte sich auf, und doch mußte ich diese Mission erfüllen. Es gab kein Zurück.

Es ging um die Rushmia-Brücke, auf der ich damals in jener schlimmen Nacht mit meinem Beiruter Taxifahrer ins Schlingern kam und der mich vor der aufgebrachten arabischen Bevölkerung rettete – ausgerechnet um diese Brücke handelte es sich jetzt. Ich mußte den Carmel hinunter, durch den ganzen Hadar auf schlecht gepflasterten Straßen und mit der tickenden Zeitbombe in meinem Rücken. Bei jeder Erschütterung brach mir der kalte Schweiß aus. Ich beobachtete alles, was sich bewegte, ob es sich um englisches Militär handelte. Die Briten trugen damals khaki-farbene Uniformen, aber auch die jüdische Bevölkerung trug viel Khaki, weil daraus billige und praktische Kleidungsstücke genäht werden konnten. So zuckte ich fortwährend zusammen, wenn ich Khaki nur aus der Ferne sah. So früh am Morgen gab es Gott sei Dank nicht viel Verkehr, und doch zitterte ich vor Angst, wenn vor mir auch nur wenige andere Autos fuhren.

Als vom Berg aus dann endlich die Brücke zu sehen war, flehte ich zum Himmel: Laß mir nur noch die zwei Minuten, die ich brauche, um heil anzukommen! Die Jungs, die mich erwarten sollten, konnte ich natürlich nicht entdecken, sie hielten sich versteckt. Meine Gedanken überschlugen sich: Was, wenn niemand an der Brücke ist – Wo sind die bloß – Was passiert jetzt – Warum sehe ich niemanden – Soll ich vor der Brücke halten – Soll ich drauffahren …!? Ich verlor fast die Kontrolle über den Wagen, und in meiner Panik kam mir überhaupt nicht der rettende Gedanke, daß ich das Auto einfach auf der menschenleeren Brücke stehenlassen und weglaufen könnte. Da tauchten die beiden plötzlich auf. Mit kreischenden Bremsen blieb das Auto stehen, ich stürzte heraus, während die Jungs schon die Beifahrertür öffneten und nun ganz vorsichtig das Paket aus dem Auto hoben. Sie verschwanden damit unter der Brücke, und der eine drehte seinen Kopf noch schnell zu mir um und rief: »Fahr zurück! Weg mit dir!«

Wieder auf dem jüdischen Hadar, parkte ich am Straßenrand. Mir rannen die Tränen über die Wangen. Es war totenstill, und ich erwartete in den nächsten Sekunden eine starke Explosion, die alles erzittern lassen würde. Nichts regte sich, ich verstand die Stille nicht. Langsam fuhr ich weiter, zurück zum Stützpunkt. Der Chawer nahm mich fest in seine Arme und murmelte: »Gott sei Dank, Gott sei Dank, du bist heil zurück.«

Die Rushmia-Brücke ist nie gesprengt worden. Nathan war unerfahren und ein Dilettant, und seine Bomben sind niemals losgegangen. Ich verdanke ihm jedoch etliche graue Haare.

ELFTES KAPITEL

»Madonna« – »Galgali« – David – Bei den United Nations – Monsieur Grand – Umzug ins King-David-Hotel in Jerusalem – Mit Schutzengel nach Hause

Am 29. November 1947 besiegelte die UNO mit einem offiziellen Beschluß die Rücknahme des britischen Mandats für Palästina. Wir warteten sehnsüchtig auf den Abzug der Briten, obwohl uns klar war, welchen Gefahren wir dann ausgesetzt sein würden: wir als Minderheit gegenüber der arabischen Mehrheit im Land, dazu noch die benachbarten arabischen Staaten, deren Drohungen, uns zu überfallen, bereits in der Luft lagen. Das bevorstehende Ende des Mandats wurde greifbar, als die Engländer begannen, nach und nach die sogenannten »Taggert-Buildings« an die Araber zu übergeben. Dies waren besonders solide gebaute, festungsähnliche Gebäude, die die Engländer im ganzen Land errichtet hatten und die ihnen als Polizeistationen dienten. Die jüdische Gemeinschaft, der Yishuw, konnte gegen diesen Beschluß nichts ausrichten. Die Folge war, daß diese strategisch bedeutende »Erbschaft« der Engländer die Moral der Araber ungemein stärkte und sie sich bereits als deren Nachfolger fühlten.

Für uns war es lebenswichtig, frühzeitig über alle beabsichtigten Übergaben Bescheid zu wissen. Es galt, an den obersten militärischen Befehlshaber, General Stockwell, heranzukommen. Aharonchik beschloß, sich an eine junge Frau zu wenden, die so schön war, daß wir sie »Madonna« nannten. Sie trug fast immer teure blaue Georgette-Kleider, die ihre Augen noch mehr strahlen ließen und ihre Zartheit unterstrichen. Ihr feingezeichnetes Gesicht wurde von wallenden dunklen Haaren umrahmt, die sie mit Mittelscheitel trug – ganz wie eine Madonna mit Veilchenaugen. Am meisten bewunderte ich ihre zarten gepflegten Hände. Auch konnte sie sich ein Parfum leisten, von dem unsereins nur träumen konnte. Damals gab es wenige Festivitäten, jedoch gehörte sie zu den »happy few«, den oberen Zehntausend, die stets auf der Gästeliste der Engländer standen. Dabei kam ihr zugute, daß sie zu den wenigen Juden gehörte, deren Muttersprache Englisch war. Seltsamerweise ist sie nie, wie alle anderen jungen Leute, von der Haganah aufgefordert worden, dem Widerstand beizutreten. Wahrscheinlich fand man sie zu ätherisch und zu zart, um irgend etwas Nützliches leisten zu können. Auch wir, die wir immer Khaki trugen und ungeschminkt waren[*], trauten ihr weder Initiative noch Mut zu. Sie schien eben keine von uns …

Aber Aharonchik bewies wie immer gute Menschenkenntnis, »Madonna« auf Stockwell anzusetzen. Meine Aufgabe war es, sie zu Aharonchik zu bringen. Ich teilte ihr also mit, daß unser Vorgesetzter sie zu sehen wünschte. Sie war vollkommen überrascht, aber auf ihr Nachfragen konnte ich nur andeuten, daß man eine ungeheuer wichtige Aufgabe für sie hätte. Welche, durfte ich ihr jedoch nicht sagen, und sie hörte nicht auf sich zu wundern, willigte jedoch in ein Treffen ein. Natürlich war ich bei dem tête-à-tête zwischen ihr und Aharonchik nicht dabei, jedoch erfuhr ich, daß es ihn große Überredungskünste gekostet hatte, bis sie sich bereit erklärte, sich mit Leib und Seele dem Kampf für ein befreites Israel anzuschließen. Ihre Aufgabe war es, Stockwell auf sich aufmerksam zu machen und sein Herz zu erobern, so daß er ihr jeden Wunsch von den Augen ablesen und ihr nichts abschlagen würde.

Es gelang ihr. Und so erfuhren wir nicht nur, welche englischen Festungen und andere strategisch wichtige Stützpunkte wann an die Araber übergeben würden, sondern wir erfuhren auch den genauen Zeitplan des Abzuges sämtlicher in Palästina stationierter

---

[*] Wir zogen uns nicht an, um »gut« oder gar »elegant« auszusehen, sondern um etwas auf dem Körper zu haben. Alles andere galt als frivol. Eine »echte« Chawera rührte auch keinerlei Schminke an; man zeigte sich so, wie man war, alles andere galt als »Heuchelei«.

Engländer – alles strengstens geheimgehaltene Daten, die für uns schicksalhaft waren, da mit dem Verschwinden des letzten Engländers auf den Tag genau die arabischen Heere losmarschieren würden.

Am Abend des 14. Mai 1948 wurde der Staat Israel proklamiert, es war unsere offizielle Unabhängigkeitserklärung. Am nächsten Tag, dem 15. Mai, bestiegen dann die allerletzten Engländer die Schiffe in Haifa und verließen den gerade aus der Taufe gehobenen Staat Israel endgültig. Palästina gab es nicht mehr.

Und wie wir alle vorausgesehen hatten, begannen noch am selben Tag gleichzeitig im ganzen Land die arabischen Angriffe. Haifa wurde über Nacht männerleer. Nicht nur alle erwachsenen Männer, sondern auch alle halbwüchsigen Jungen waren wie vom Erdboden verschwunden. Wir Frauen wußten nicht, wo unsere Männer geblieben waren, alles wurde geheimgehalten. Auf den Straßen sah man nur gelegentlich Frauen und Kinder. Haifa glich einer Geisterstadt, der Krieg hing wie eine graue Wolke über ihr, und die Bedrückung der dort Gebliebenen war unbeschreiblich. Ich selbst hatte bis dahin manche Gefahr überlebt und war nicht selten in panische Angst verfallen, aber diese plötzliche Menschenleere flößte mir mehr Grauen ein als alles bisherige.

Wenige Tage später bekam ich den Befehl, ein Hotel auf dem Hadar als Kinderhort herzurichten. Dort sollten alle Kinder gesammelt werden, falls Haifa dem Ansturm der Araber nicht standhalten könne. Die Vorbereitungen gingen schnell voran, und kaum hatten wir alle Mütter informiert, daß eine Sammelstelle für Kinder bereitstünde, falls es hart auf hart kommen sollte, folgte schon die nächste Aktion. Alle Frauen, die ein Auto besaßen und fahren konnten, gleich welchen Alters, wurden zu einer Versammlung bestellt. Ein betagter deutscher Jude namens Sachs, der unserer Militärabteilung angehörte, sollte uns Frauen zu einer motorisierten Einheit aufstellen und uns entsprechend schulen. So viele folgten diesem Aufruf, daß die Gruppe geteilt werden mußte – keine Frau, die einen Führerschein besaß, hatte sich entzogen. Wir wurden »Galgali« genannt, was so viel heißt wie »mein Steuerrad«. Eine bildschöne Kameradin namens Renate, eine deutsche Jüdin, wurde die Befehlshaberin der ersten Gruppe, und mir wurde der Befehl über die zweite übertragen.

Unsere Hauptaufgabe war es, die Kämpfer an den Grenzen des jüdischen Hadars zu den arabischen Vierteln – das waren in der Hauptsache die Front Richtung Meer und bei dem großen Industrieareal oberhalb der Rushmia-Brücke, am Ende der Herzl-Straße – mit Verbandszeug, Spritzen, Proviant, Munition und so weiter zu versorgen. Die Kugeln flogen natürlich über diese Linien hinweg, so daß jede unserer Versorgungsfahrten ein lebensgefährliches Risiko bedeutete. Auch mein kleines Auto wurde mehrmals getroffen, aber wie durch ein Wunder blieb ich unverletzt.

Bei einer dieser Fahrten wurde ich von unserem jüngsten Chawer aus der »Küche«, David, aufgehalten. Er war von der unteren Frontlinie, wo er im Schützengraben gelegen hatte, zur Verstärkung in das Industriegelände gerufen worden. Er sagte mir: »Mußt du unbedingt runter zur Sirkin-Straße? Heute ist es dort besonders gefährlich. Wenn man mich hier oben nicht so dringend brauchen würde, wäre ich an deiner Stelle gefahren. Ich habe ein sehr ungutes Gefühl dabei, wenn ich dich als Frau da runter fahren sehe.«

Ich stieg aus, um ihn in meine Arme zu schließen. Er war für uns alle wie ein kleiner Bruder. Ich habe mir oft überlegt, ob ich ihn hätte zurückhalten können. So fuhr ich weiter, während die Kugeln um mein Auto herum pfiffen, und David blieb auf seinem Posten. Als ich zurückkehrte, traf ich ihn dort nicht mehr an. Sicherlich war er schon bei seinen Kameraden, im Fabrikgebäude oberhalb der Rushmia-Brücke. Irgend etwas zwang mich, dort noch vorbeizufahren, um schnell nach ihm und den anderen zu sehen. Schon am Eingang kam mir ein Chawer entgegen, er trug den am Kopf blutenden toten David. Ich bin fast zusammengebrochen. So wie er auf den Armen seines Kameraden lag, erinnerte er mich an den jungen blutenden Jesus in den Armen der

Maria, an die Statue ›Pietà‹ von Michelangelo. Beides junge Juden. Ich habe diesen Anblick nie vergessen. David lebend und David tot wird immer bei mir sein.

Irgend jemand mußte seiner verwitweten Mutter, deren einziges Kind David war, die Nachricht überbringen. Die Chawerim wollten mich schicken. Ich habe es nicht über mich gebracht. Ich war zu feige.

Aharonchik hatte mich zu ungewöhnlicher Zeit durch einen Boten in die »Küche« rufen lassen, es mußte sich also um etwas handeln, das »top secret« war. Niemand außer mir war da, und er nahm mich strahlend in Empfang: »Wir haben jetzt DIE Gelegenheit, im Zusammenhang mit der Friedenskonferenz auf Rhodos* nicht nur an Informationen heranzukommen, sondern die Verhandlungen bis zu einem gewissen Grad sogar zu beeinflussen! Bis auf zwei jüdische Chauffeure besteht der gesamte Stab der United Nations nur aus Ausländern, keine Juden und auch keine Araber. Sie werden ihr Hauptquartier für die administrative Arbeit hier in Haifa einrichten, im Hotel ›Zion‹ auf dem Hadar! Nur die Verhandlungen selbst, bei denen die ›big boys‹ sitzen, finden auf Rhodos, auf neutralem Boden statt. Der Verhandlungsleiter dort, Dr. Bunch, scheint unparteiisch und kein Antisemit zu sein. Der militärische Repräsentant allerdings ist General Reilly, dessen Einstellung uns gegenüber sehr unklar ist.«

Aharonchik freute sich sichtlich über das, was er mir da erzählte, jedoch verstand ich nicht, warum er mich allein und zu so ungewöhnlicher Zeit hatte rufen lassen, und fragte nach: »Aber wie willst du denn Dinge erfahren und auf welche Art und Weise beeinflußen, Aharonchik?«

»Durch dich.«

Ich empfand einen leichten Schock: »Wieso durch MICH? Bist du von Sinnen?«

---

* Die Rhodos-Konferenz, auf der ein Waffenstillstand zwischen Arabern und Juden ausgehandelt werden sollte, fand vom 13. Januar bis zum 3. April 1949 statt.

»Jetzt hör einfach zu: Der UN-Stab hat sich an den französischen Konsul gewandt mit der Bitte, einen Pressekommentator zu suchen. Es ist ja allgemein bekannt, daß der Konsul gegen unsere Interessen ist. Du erinnerst dich sicherlich an sein Benehmen, als es um dein Visum für Beirut ging und er gezwungen werden mußte. Den jedenfalls hat die UNO gebeten, jemand ausdrücklich neutralen aus dem Yishuw auszuwählen, der zwar Hebräisch kann, sich jedoch möglichst nicht mit dem jüdischen Staat identifiziert.«

»Wo zaubert man so einen her?«

Augenzwinkernd zeigte er auf mich.

»Du meinst tatsächlich MICH?«

»Ja, natürlich! Dieser Konsul hat eine französische Privatsekretärin, der er blind vertraut. Sie ist Jüdin, und sie ist eine von uns, wovon er natürlich keine Ahnung hat. Er wiederum hat nun sie gebeten, jemand Geeigneten zu finden. Sie hat es mir gleich erzählt. Und deshalb hab ich dich rufen lassen.«

»Um was für einen Job handelt es sich denn?«

»Das nennt sich ›Assistant Press Officer‹. Die Aufgabe wird sein, jeden Tag aus sieben hebräischen Zeitungen den jeweiligen Leitartikel ins Englische zu übersetzen.«

Ich mußte herzlich lachen: »Du hast wohl vergessen, daß ich kein ›Alef‹ von einem ›Beth‹ unterscheiden kann! Ich hab doch nie Hebräisch lesen gelernt! Kaum daß ich es sprechen kann. Gerade du machst dich doch ständig über meine Fehler lustig!«

»Es kann aber keiner von uns so gut Englisch wie du.«

»Sag mal, bist du wahnsinnig geworden? Was nützt mir das Englisch, wenn ich kein Iwrith kann?«

»Wir werden dir den besten Hebräischlehrer der Stadt bezahlen. Ich habe schon alles in die Wege geleitet. Du wirst jeden Tag zwei Stunden Unterricht haben und danach Hausaufgaben bekommen.«

»Ja, aber bis wann sind die denn bereit, auf ihren Übersetzer zu warten? Soviel ich weiß, hat die Konferenz in Rhodos längst angefangen!«

»Eigentlich erwarten sie, daß du morgen anfängst und dich heute noch vorstellst«, und ehe ich überhaupt reagieren konnte, fuhr er fort: »Was du auch tun wirst!« Fassungslos starrte ich ihn an, aber Aharonchik redete weiter: »Du wirst dort hingehen und ihnen erklären, daß du absolut perfekt bist in beiden Sprachen, aber daß du deinen jetzigen Boß nicht von heute auf morgen sitzen lassen kannst und du den Posten erst in vierzehn Tagen antreten wirst. Bis dahin mußt du dann Hebräisch lesen können.«

»Aber bis dahin werden die sich doch längst jemand anderen gesucht haben!«

»Die Sekretärin des Konsuls ist doch informiert! Sie wird dafür sorgen, daß sie niemand anderen finden.«

»Aharonchik«, sagte ich mit verzweifelter Stimme, »wie kann ich da heute hingehen? Was wird sein, wenn die mich prüfen wollen!?«

Ich spürte seine Verlegenheit, als er zögernd sagte: »Wir müssen es eben riskieren. Bisher hast du dir noch immer aus schwierigen Situationen heraushelfen können.« Er schaute mir tief in die Augen: »Ich verlasse mich auf dich.«

Sein Blick brannte in dem meinen. Es war, als versuchte er, mich zu hypnotisieren. Dieser Blick sollte mich überzeugen. Doch plötzlich fing mein Herz an wild zu pochen. Ich wußte nicht mehr, was er eben gesagt hatte, und fühlte mich von diesem Blick in seinem schönen Gesicht magisch angezogen. Aharonchik wurde blaß. Er nahm mit zitternden Händen mein Gesicht und zog es nah an sich. Die knisternde erotische Spannung drohte uns beide zu überwältigen. Wir versanken in einen langen Kuß und vergaßen alles um uns herum. Als wir uns wieder anblickten, erschraken wir vor der Heftigkeit unserer Gefühle, die wir doch nicht zulassen durften. Ich löste mich aus seiner Umarmung. Er ließ mich widerstrebend los. Eilig nahm ich die Adresse des UNO-Hauptquartiers, steckte sie in meine Tasche und rannte raus, ohne mich noch einmal nach Aharonchik umzudrehen.

Ich erschrak zutiefst, als ich meinen Körper vor unerfülltem

Verlangen brennen fühlte. Ich war froh, daß niemand zu Hause war, als ich mich umzog, um mich auf den Weg zu machen. Mein Gesicht im Spiegel kam mir völlig fremd vor. An den Weg zum Autobus und auch die Fahrt kann ich mich nicht erinnern. Ich erinnere mich nur an die entsetzliche Spannung – durch das Vergessen-müssen von Aharonchiks blassem Gesicht und durch die entsetzliche Angst vor der eventuellen Prüfung. »Was tue ich bloß, wenn die schon heute mein Hebräisch prüfen wollen? Wie kann ich mich davor drücken? Wie kann Aharonchik so etwas von mir verlangen?« – mir brummte der Kopf …

Erschöpft erreichte ich das UNO-Hauptquartier. Ich stieg voller Furcht und klopfenden Herzens die Treppe zum Eingang hinauf und wurde oben von einem sehr freundlichen japanischen Zivilisten, der sich mehrmals vor mir verbeugte, während er ständig lächelte, empfangen. Er bat mich, in der großen Halle Platz zu nehmen und zu warten. Bald darauf erschien ein Captain in Uniform und mit vielen Orden auf der Brust. Instinktiv stand ich vor dieser imposanten Erscheinung auf.

Er hielt es nicht für nötig, sich vorzustellen, sondern sagte nur: »Sie wollen unser hebräischer Press Officer werden?! Wie heißen Sie?«

Ich stellte mich vor und versuchte, gefaßt und charmant zu wirken, worauf er wiederum nur knapp sagte: »Im Nebenzimmer sitzt unser Herr Fischer, der wird sie prüfen. Sie können sich hinsetzen, bis er frei wird.«

Der Sitz auf meinem Stuhl wurde heißer und heißer, und ich überlegte mir, ob ich nicht lieber fliehen sollte, als mich einer absolut horrenden Blamage auszusetzen. Ich weiß nicht, ob der nochmals an mir vorbeistolzierende Captain mir etwas angemerkt hatte, denn er wandte sich plötzlich nochmals an mich und fragte mißtrauisch: »Ich nehme doch an, daß Sie in beiden Sprachen perfekt sind, Englisch und Hebräisch?«

Ich hauchte: »Ja, selbstverständlich.«

Da öffnete sich auch schon die Tür, und Herr Fischer trat mir entgegen. Er war in Zivil und sah sehr jüdisch aus. Wie ich später erfuhr, war er ein getaufter Jude. Gerade diese Übergetretenen waren meistens antisemitischer als Nicht-Juden. Dieser hier war tatsächlich bemüht, bei jeder Gelegenheit sein Nicht-Judentum herauszustellen. Er bat mich in sein Zimmer und wiederholte die Frage des Captains. Wie schon so oft, auch wenn man es kaum glauben mag, murmelte ich innerlich meinen Schutzengel herbei: »Schutzengel, wo bist du?« Ich nahm Fischer gegenüber am Schreibtisch Platz, und er wühlte in seinen Papieren und sagte unschlüssig: »Tja, wie soll ich Sie denn eigentlich prüfen?«

Ich schaute ihn unschuldsvoll mit weit aufgerissenen Augen an und antwortete natürlich nicht.

Da kam ihm plötzlich die mich rettende Idee. Er blickte erst auf das kleine Radio auf seinem Schreibtisch und dann auf seine Uhr und sagte: »Ah, ich hab's! Es ist jetzt zwei Minuten vor zwölf.« (Ich fühlte mich schon längst wie »zwei Minuten vor zwölf«!!) »Um zwölf kommen die hebräischen Nachrichten. Die werden Sie simultan übersetzen. Hier haben Sie Papier und Bleistift. Schreiben Sie alles auf Englisch auf, was auf Hebräisch gesagt wird. Gleich danach kommen nämlich die Nachrichten auf Englisch. Die werde ich dann mit Ihrem Manuskript vergleichen.«

Die Erleichterung, die ich empfand, kann ich nicht beschreiben. Verstehen konnte ich das gesprochene Hebräisch längst, und bei den Nachrichten handelte es sich ja um kaum etwas anderes als die aktuelle politische Lage. Die entsprechenden Formulierungen kannte ich ja fast auswendig. Ich übersetzte also fließend ins Englische, was Herr Fischer dann mit den verlesenen englischen Meldungen verglich. Freudig, mein Manuskript noch in der Hand haltend, lief er in die Halle und rief dem Captain zu: »She is perfect!«

Danach brachte ich den Mut auf, ihm zu sagen, daß ich erst in vierzehn Tagen den Job antreten könne. Es schien ihn nicht sonderlich zu stören, und er bereitete am Tisch des Japaners meinen Vertrag vor. Als ich die Höhe des Gehalts sah, mußte ich mich zurückhalten, damit man mir nicht anmerkte, daß ich von einem solchen Gehalt bisher höchstens hätte träumen können.

Im nachhinein habe ich mich oft gefragt, wie ich die Ruhe selbst hatte vorspiegeln können. Vielleicht, weil ich schon des öfteren in Gefahr gewesen war, dem Henker in Akko zu begegnen, und hier hätte mir höchstens eine fürchterliche Blamage und Abfuhr gedroht, aber nicht der Galgen.

Der Captain wurde jetzt leutseliger, stellte sich tatsächlich auch vor und sagte dann: »Sie werden jetzt Ihren Boß kennenlernen, unseren ›Chief Press Officer‹. Er ist Franzose, sein Name ist Monsieur Grand.«

Monsieur Grand war, anders als sein Name sagte, ganz und gar nicht groß, er war kaum größer als ich, und er sah ausgesprochen gütig aus. Er war blond und hatte frappante blaue Augen, die seltsam unverdorben in die Welt zu blicken schienen. Er trug die blaue Uniform eines französischen Offiziers, passend zu seinen Augen. Monsieur Grand verbeugte sich galant vor mir, indem er seine Offiziersmütze abnahm.

Nachdem der Captain sich entfernt hatte, fragte er mich: »Sprechen Sie zufällig Französisch?«

»Fließend. Ich bin in Lausanne und in Genf zur Schule gegangen, und damals war mir Französisch so nah wie meine Muttersprache.«

Er schien begeistert und bat mich höflichst um die Erlaubnis, mich zu einem Kaffee einladen zu dürfen: »Est-ce-que vous me permettez de vous inviter pour une tasse de café?«

Ich bedankte mich und sagte, daß ich nur schnell meinen Vertrag unterschreiben müsse. Da ich noch sehr jung und nicht ganz unattraktiv war, dachte ich bei mir: »Natürlich, der Franzose: Amour, Amour! – er fängt schon an.«

Da hatte ich ihn aber verkannt. Wir gingen zusammen die Treppe hinunter, in dieselbe arabische Bar, in der ich Abyad kennengelernt hatte. Nach der schweißtreibenden Hitze draußen empfing uns die angenehme Kühle in dieser schummrigen orientalischen Umgebung. Grand schien etwas verlegen und redete über Belanglosigkeiten, bis der süße parfümierte arabische Kaffee serviert wurde. Dann faßte er sich zusehends ein Herz und sagte:

»Ich bin heute den ersten Tag in diesem Land. Ich habe mich noch nie für Palästina interessiert. Ich habe keine Ahnung, was sich hier tut. Sie müssen mir helfen bei meinem Job, sonst bin ich verloren. Wer ist eigentlich Ben Gurion? Wer ist Golda Meir? Was heißt eigentlich Histadruth??«

Monsieur Grand hatte mir von Anfang an gefallen, aber jetzt wurde er mir richtig sympathisch! Ich mit meinen mangelnden Hebräischkenntnissen und selbst nicht versiert im politischen Labyrinth hätte mir keinen besseren Vorgesetzten wünschen können.

Ich bluffte also, erleichtert, daß ich im Moment um Antworten nicht verlegen war: »Ich werde Ihnen alles erklären. Ich bin ja schon so viele Jahre hier, da gibt es kaum etwas, was ich nicht weiß.« Ich erklärte ihm, daß David Ben Gurion der Staatsgründer und Ministerpräsident Israels sei, daß Golda Meir ebenfalls zur Mannschaft gehörte, und daß Histadruth der Name der hiesigen Arbeitergewerkschaft sei. Auf die noch folgenden Fragen erfand ich einfach etwas Plausibles. Umgekehrt zeigte auch ich mich neugierig und fragte ihn nach dem Verhandlungsleiter der Rhodos-Konferenz: »Wie ist eigentlich Dr. Bunch? Kennen Sie ihn?«

»Ja, sicher. Er ist ein wunderbarer Mensch. Als farbiger Amerikaner hat er es bis zum Verhandlungsleiter gebracht. Er ist äußerst klug und vollkommen vorurteilslos. Außerdem ist er überaus liebenswürdig zu jedem, ungeachtet dessen Ranges. Er würde Ihnen gefallen, zumal er aussieht wie Harry Belafonte.«

So unterhielten wir uns lebhaft, und nach einer Stunde ging jeder seiner Wege.

Ich schaute auf die Uhr, die tägliche Versammlung in der »Küche« war bereits im Gang. Wir wurden zwar aus Sicherheitsgründen nie alle auf einmal bestellt, jedoch trafen sich alle, die etwas zu berichten hatten oder neue Order erwarteten, zweimal täglich, einmal nach Mittag und einmal spätabends. Ich wollte Aharonchik unbedingt meinen Triumph mitteilen, und dennoch zögerte ich auf dem Weg. Vor den anderen durfte ich von diesem

geheimen Auftrag ja nichts erwähnen, und ihn allein ins Nebenzimmer zu bitten, davor scheute ich doch. Durch die Prüfung und
die angenehme Stunde im Café war ich zwar nicht mehr so auf-
gewühlt, wußte jedoch nicht, wie Aharonchik reagieren würde,
wenn ich ihn beiseite bäte. Aber ich hätte mir denken können, daß
Aharonchiks eiserne Disziplin die Oberhand gewonnen hatte: Er
begegnete mir, als wäre nichts geschehen, und im Nebenzimmer
hielt ich ihm triumphierend den Vertrag vor die Nase.

»Du hast es mal wieder geschafft?« fragte er ungläubig. Dann
steckte er die Hände tief in seine Hosentaschen, entfernte sich ein
paar Schritte von mir und sagte: »Diesmal habe nicht einmal ich
geglaubt, daß du es schaffen würdest. Ein Glück, daß du überhaupt zur Verfügung standest, meine anderen Sprachbegabten
sind ja alle auf festen Posten.«

Glücklich über Aharonchiks Genugtuung, schob ich den Gedanken an das vierzehntägige Martyrium noch von mir, das mich
nun erwarten würde. In zwei Wochen Hebräisch fließend lesen
zu lernen ist fast unmöglich. Das Entziffern der Schrift, die nur
aus Konsonanten besteht und noch dazu wie Hieroglyphen aussieht, ist für Europäer ein reines Rätselraten.

Nun lernte ich meinen Lehrer kennen. Dieser Herr, der mir bis
heute Gänsehaut und Gruseln verursacht, wenn ich an ihn denke,
hieß Dr. Alexander. Er war deutscher Jude, Dr. phil. für orientalische Sprachen und bildete sich wahnsinnig viel darauf ein, daß
er als Jecke klassisches Hebräisch vollkommen beherrschte. Seine Unterrichtsstunden waren horrend teuer. Er unterrichtete eigentlich nur Leute, die von der Jewish Agency ausgesucht waren
und später einmal offizielle Ämter bekleiden sollten. Unter diesen Größen war ich natürlich völlig deplaziert und in seinen Augen bestimmt nur ein kleiner Fisch, ein sehr kleiner. Als Lehrer
war er streng, schroff, taktlos und unfreundlich, aber effektiv.

Da ich tatsächlich mehr oder weniger Zeitung lesen lernte, hätte ich diesem großen korpulenten Mann seine höchst unangeneh-
me Art verziehen, wenn er mir die Stunden nicht durch eine
»Todsünde« endgültig vermiest hätte: Durch seine Beziehungen

hatte er die Möglichkeit, bei der NAFI* einzukaufen. Für gewöhnliche Sterbliche hingegen waren damals alle Lebensmittel rationiert, und von Delikatessen wagte man nicht einmal zu träumen. Dieser Dr. Alexander nun ließ sich von seiner Haushälterin jeden Vormittag Punkt elf Uhr eine große ovale Platte mit kleinen bunten Canapés aus französischem Weißbrot servieren. Sie waren mit importiertem geräuchertem Lachs, mit harten Eiern mit Kaviar, mit gekochtem Schinken und allerhand Geräuchertem belegt. Dekoriert waren diese kleinen Häppchen obendrein mit Kapern und Anchovis. Mir lief jedesmal das Wasser im Mund zusammen. Solch kulinarischen Luxus hatte ich zuletzt in Europa gesehen. Unsereins konnte nicht einmal auf dem Schwarzmarkt Eier ergattern. Die vierzehn Tage, die mir fast wie Jahre erschienen, vergingen, ohne daß Herr Dr. Alexander mir jemals auch nur einen einzigen dieser Leckerbissen angeboten hätte, was ich ihm niemals verzeihen werde. Seine Schlemmerei vor meinen Augen war eine richtige Gemeinheit. Falls es ein Karma gibt … nun ja!

Mit Erleichterung verließ ich meinen schlemmenden gestrengen Lehrer und wurde sogleich von Aharonchik instruiert, meinen Job anzutreten.

Das Hotel »Zion«, in dem die Presse- und Schreibabteilung des UNO-Stabs untergebracht war, war das größte und eleganteste Hotel unter den wenigen, die es überhaupt in Haifa gab. Dort war also meine neue Arbeitsstelle, und mein erster Gang morgens führte mich zu Monsieur Grand, der die sieben hebräischsprachigen Tageszeitungen für mich bereithielt. Er kreuzte die Artikel an, die er übersetzt haben wollte, aber da er ja nicht einmal die Überschriften entziffern konnte, handelte es sich fast ausschließlich um die an prominenter Stelle stehenden Leitartikel. Ab und an ließ er sich von mir die Überschriften anderer Artikel übersetzen, die ihm relevant vorkamen, und entschied dann, ob sie ebenfalls übersetzt werden sollten.

* Delikatessengeschäfte, die nur dem Militär und dem Personal der United Nations zugänglich waren.

Meine Arbeit sollte ich in dem Sekretärinnen-Pool erledigen, und ich überlegte schon am ersten Tag, wie ich es anstellen könnte, irgendwo allein zu sitzen, um unbeobachtet die Wörterbücher wälzen zu können, die ich zur Übersetzung brauchte. Von Aharonchik hatte ich die Anweisung bekommen, niemals durch den Haupteingang einzutreten, sondern immer durch den Kellereingang. In dem geräumigen Keller saß nämlich ein von der Jewish Agency eingeschleuster Verbindungsmann namens Harry Beilin, der schon vor meinem Eintreffen sämtliche Leitartikel gelesen hatte. Ihm sollte ich jeden Morgen zur Begrüßung die Hand schütteln, wobei er mir unbemerkt einen kleinen Zettel zustecken konnte. Auf diesem Zettel stand, welche Artikel aus welcher Zeitung ich mittels meiner Übersetzung betonen und welche ich herunterspielen, wo ich Akzente setzen oder etwas weglassen sollte, zum Beispiel: »Play down ›Haaretz‹, play up ›Dawar‹.«[*]

Als ich am ersten Tag mit meinen Übersetzungen fertig war und sie meinem Chef brachte, der immer höflich und konziliant war, erklärte ich ihm, daß ich bei dem Schreibmaschinengeklapper um mich herum unmöglich konzentriert und vernünftig arbeiten könne. Ich schlug ihm vor, mir jeden Morgen die Zeitungen abzuholen und sie zu Hause zu übersetzen, und versprach, jeden Nachmittag Punkt fünf Uhr die fertigen Übersetzungen bei ihm abzuliefern. Punkt sechs wurden sie dann täglich mit einem Sonderflugzeug der UNO nach Rhodos geflogen. Grand willigte ein, und da ich höchst gewissenhaft und pünktlich war, hatte er an dieser Regelung nie etwas auszusetzen.

Am Anfang ging die Arbeit langsam und mühselig voran. Eli, der inzwischen dreizehn war, konnte Hebräisch natürlich fließend lesen und nahm mir einen Teil der Arbeit ab, indem er die Artikel ins Deutsche übersetzte. Diese orthographisch eigenwilligen »Meisterwerke« (Eli konnte Deutsch sprechen, aber nicht schreiben) übersetzte ich dann in ein möglichst klassisches Eng-

---

[*] ›Haaretz‹ und ›Davar‹ waren zwei der wichtigsten Tageszeitungen in hebräischer Sprache.

lisch. Für diese Teamarbeit bekam ich nach kurzer Zeit ein hochlobendes Telegramm von Grand, der sich auf Rhodos bei Dr. Bunch aufhielt. Ich glaube, er freute sich über meinen Erfolg noch mehr als ich selbst, da dies dem Ruf seiner gesamten Abteilung zugute kam.

Wichtiger für mich war, daß Aharonchik sehr zufrieden schien, obwohl ich keine Insider-Informationen für ihn hatte – außer der weltbewegenden Tatsache, daß unter dem Bett von General Reilly, dem UNO-Vertreter in Haifa, Abhörwanzen montiert worden waren. Der General hatte eine große Schwäche für die Damen aus dem Sekretärinnen-Pool, und es gab wenige, die widerstehen konnten – sei es seinem Charme, seiner Uniform oder seinen »befördernden« Beziehungen. Lange Zeit empfing er entsprechenden Besuch in seinem Zimmer im Hotel »Zion«, und alles ging gut, bis der General eines Nachts durch einen Zufall die Wanzen entdeckte. Wütend liefen sowohl er als auch die leicht bekleidete Dame aus dem Zimmer, und er verlangte lauthals, daß man die Dinger auf der Stelle abmontieren und ihm übergeben solle. Dieser Auftritt sorgte dafür, daß seine nächtlichen Vergnügungen an die große Glocke gehängt wurden und am nächsten Tag von seinen Angestellten bis hinunter zum Chauffeur schadenfroh breitgetreten und kommentiert wurden.

An meiner Arbeit war wichtig, daß ich, nach den Vorgaben von Harry, genau die richtige Dosis positiv-jüdischer Atmosphäre in die Übersetzungen hineinbrachte, die die Verhandlungsleiter dazu bewegen sollte, für unsere Interessen auf der Konferenz einzutreten. Das Schwierigste dabei war, die verbalen Ausfälle der rechtsextremistischen jüdischen Organisationen, die natürlich in den Zeitungen zitiert wurden, glaubhaft zu dämpfen. Aharonchik war mit meiner Arbeit sehr zufrieden, und mir wiederum gefiel das Arrangement: morgens abholen, schnell nach Hause, Wörterbücher wälzen, nachmittags meinen Sohn einspannen, dann hübsch anziehen, zurück zu meinem Boß – und Feierabend.

Eines Tages, als ich zu Hause über den Übersetzungen saß, läutete es an der Tür. Dort stand ein gutgekleideter Orientale, der mir ein sehr elegantes, zart lilafarbenes Kuvert übergab. Ich war höchst erstaunt und bat den jungen Mann herein, was dieser jedoch ablehnte. Er machte eine Verbeugung und ging. Voller Neugierde öffnete ich das Kuvert. Es enthielt eine blumig formulierte Einladung zu einer Privataudienz bei dem arabischen Bischof von Haifa, Bischof Hakim. Nach kurzer Rücksprache mit Aharonchik folgte ich dieser Einladung, voller Spannung, was das zu bedeuten hätte. Zum angegebenen Termin erschien ich in der prunkvollen Wohnung des Bischofs. Er wohnte am Fuß des Carmel mit herrlichem Blick aufs Meer. Die Böden aus italienischem Marmor waren bedeckt mit kostbaren persischen Brücken, und es gab eine Vielzahl von Angestellten, hochgewachsene Sudanesen in langen weißen Gewändern. Ich wartete ein Weilchen auf einem roten Samtsessel in einem Vorzimmer, dann wurde ich in das große, helle Arbeitszimmer des Bischofs gebeten. Er thronte hinter einem überdimensionalen, reich geschnitzten antiken Schreibtisch und erhob sich sogleich, um mir ein paar Schritte entgegenzukommen und mir die Hand zur Begrüßung zu reichen. Er trug einen imposanten Goldring, in dem ein sehr dunkler Amethyst eingefaßt war. Ich wußte, daß die Gläubigen diesen Ring bei jeder Begegnung küssen mußten, ich jedoch nahm Abstand davon.

Nachdem er sich wieder gesetzt hatte und mich gebeten hatte, ebenfalls Platz zu nehmen, dankte er mir auf Französisch für mein Kommen. Ich fragte erstaunt: »Woher wissen Sie, daß ich Französisch spreche?« worauf er mit überlegener Miene antwortete: »Aber chère Madame …!«

Bischof Hakim wurde mir jetzt etwas unheimlich, er schien zuviel über mich zu wissen. Er klatschte in die Hände und sogleich erschien einer der Diener mit einer silbernen Teekanne und einer Unmenge ausgesuchtester Petits fours. Sofort kamen mir die mir vorenthaltenen Canapés meines Hebräischlehrers in den Sinn. Hier nun konnte ich nach Herzenslust auswählen und fühlte mich sehr verwöhnt. Längst vergessene deutsche Konditoreien paradierten vor meinem inneren Auge, und mich packte eine nostalgische Sehnsucht ...

Da holte mich die wohlklingende Stimme des Bischofs in die Gegenwart zurück: »Ich habe erfahren, daß Sie als Press Commentator bei den United Nations angestellt sind. Ich verstehe, daß von Ihnen natürliche strengste Diskretion verlangt wird.«

Ich dachte bei mir: »Ist der so schlau, daß er vielleicht vermutet, meine Übersetzungen der Artikel könnten gefärbt sein??«

Er fuhr fort: »Das Original Ihrer Übersetzungen stammt doch aus den Zeitungen. Da wäre es doch nicht indiskret, wenn Sie mir Kopien Ihrer Arbeiten zukommen ließen. Das würde sich für Sie finanziell außergewöhnlich bezahlt machen – the sky is the limit ...«[*]

Natürlich schwebte mir daraufhin vor Augen, was ich mir alles würde leisten können. Aber selbst wenn ich das Angebot annähme – die Haganah würde nur zustimmen, wenn die Gelder ihr zugute kämen. Und was waren überhaupt seine Beweggründe? Ich fragte den Bischof also betont harmlos: »Aber warum möchten Sie gerade MEINE Übersetzungen haben? Sie können sich doch so viele Übersetzungen machen lassen, wie Sie wollen!«

Augenzwinkernd antwortete er: »Mein liebes Kind, ich bin aber an IHREN Übersetzungen interessiert.«

Ich sagte, daß es mir noch immer unverständlich wäre, doch würde ich es mir überlegen und ihm Bescheid geben.

Ich überlegte mir, daß Aharonchik vielleicht an einem Draht zu dem einflußreichen Bischof interessiert sein könnte. Er jedoch lehnte diesen Handel strikt ab, und außer bei offiziellen Gelegenheiten habe ich den Bischof nie wieder getroffen.

Noch im Januar 1949 beschloß die UNO für uns alle überraschend, etliche Abteilungen des administrativen Stabs, darunter auch die Presseabteilung, von Haifa nach Jerusalem zu verlegen. Mr. Grand rief mich in sein Büro, um mir mitzuteilen, daß er auf

---

[*] Deutsch etwa: ein Betrag in unbegrenzter Höhe.

gar keinen Fall auf mich verzichten möchte, und bat mich mitzukommen. Wir sollten im altehrwürdigen King-David-Hotel stationiert werden, einem wunderschönen hocheleganten Bau aus dem sandfarbenen Jerusalem-Stein. Das Hotel war nach dem Bombenattentat Anfang der vierziger Jahre inzwischen vollständig restauriert und wieder aufgebaut worden und hatte der Britischen Mandatsregierung als Verwaltungsgebäude und Militärhauptquartier gedient. Nun hatte es die UNO requiriert.

Grand erklärte etwas verlegen: »Die Bedingungen im King David werden für Sie etwas schwierig sein: Sie sind die einzige Jüdin unter sechzig Kollegen. Ich darf Ihnen nicht verschweigen, daß man Sie dort in gewisser Weise verdächtigen wird.«

»Wieso verdächtigen?«

»Nun, man nimmt an, daß sie, und sei es aus Unachtsamkeit, geheime Informationen ausplaudern könnten.«

Meine Gedanken rasten, und ich überlegte fieberhaft, ob ich vielleicht irgendwo einen Fehler gemacht hatte, der einen Verdacht hätte wecken können. So gefaßt wie möglich und mit verletztem Unterton sagte ich: »War ich denn jemals indiskret?«

»Natürlich nicht«, versicherte mir Grand, »ich habe volles Vertrauen zu Ihnen, immer. Aber Sie kennen doch unsere ›big bosses‹ … Auf jeden Fall wird Ihnen nicht erlaubt sein, ohne Bewachung das Hotel zu verlassen, teils zu Ihrem Schutz, teils damit Sie nicht mit der Bevölkerung in Jerusalem in Kontakt kommen. Sollten Sie dennoch einmal dringend das Hotel verlassen müssen, brauchen Sie eine offizielle Erlaubnis, und der Grund für Ihren Ausgang muß absolut zwingend sein. Sie dürfen natürlich auf der Straße mit niemandem sprechen. In Jerusalem herrscht nach Einbruch der Dunkelheit ›curfew‹ und ›blackout‹*, so daß an Ausgehen sowieso nicht zu denken ist.«

Ich bekam einen gelinden Schreck, denn mir war klar, daß ich einwilligen mußte, ich stand bei der Haganah quasi unter mi-

---

* Bezeichnung für die nächtliche Ausgangssperre für alle Zivilisten und die Verdunkelung.

litärischem Befehl und hatte gar keine Wahl. In meiner ehemaligen Untermieterin Malka hatte ich zwar tagsüber eine rührende Ersatzmutter, aber was war mit den Nächten? Eli war zwar bald vierzehn, aber ihn nachts allein lassen? Und was war mit mir? Walter und ich fanden immerhin in der Nacht Ruhe, wenn wir uns in den Armen hielten. Ich wußte, daß er es genau wie ich sehr schwernehmen würde, wenn ich nicht da wäre. Wir waren durch unsere Arbeit in der Haganah zwar immer auf Unvorhersehbares eingestellt, jedoch hatte ich nie in Betracht gezogen, meine Familie und Haifa verlassen zu müssen. In dieser entsetzlichen, unsicheren Zeit war der Zusammenhalt in der Familie die einzige Beruhigung. Ich sagte zu Grand, daß ich zuerst mit meinem Mann sprechen müsse und ihm morgen Bescheid geben könne. In Wirklichkeit war ich nur gezwungen, Aharonchik zu fragen, und dessen Antwort war mir von vornherein klar.

Nach der Besprechung mit Aharonchik informierte ich Monsieur Grand, daß ich unter der Bedingung mitkommen würde, daß ich das Wochenende bei meiner Familie in Haifa verbringen dürfte. Grand willigte sofort ein und sagte, daß ich selbstverständlich mit den weißen UNO-Transportfahrzeugen hin- und herfahren könnte.

Ich packte einen großen und einen kleinen Koffer, in die ich hauptsächlich meine Wörterbücher verstaute. Die paar Kleider, die ich brauchte, nachdem an abendliches Ausgehen ja nicht zu denken war, nahmen den geringsten Platz ein.

Gleich bei meiner Ankunft im King David sagte ich meinem mir so wohlgesonnenen Boß, daß ich auch hier nicht im Sekretärinnen-Pool arbeiten werde, sondern auf meinem Zimmer. Das Zimmer konnte ich abschließen, und es gab einen großen Schrank dort, in dem ich die Wörterbücher verwahrte. Es gab hier für jede Etage nur zwei arabische Zimmermädchen, die jeweils für die Zimmer rechts und links vom großen Gang zuständig waren, und ich hoffte, daß meines nicht in den Schrank gucken oder ihr zumindest nichts auffallen würde. Aharonchik hatte ich bereits in Haifa gefragt, was mit den Anweisungen von Harry Beilin sein würde, ob er auch im King David wäre. »Nein«, hatte er geantwortet, »Er ist zwar in Jerusalem, aber in den Büros der Jewish Agency.«

»Und wie bekomme ich dann seine Anweisungen?«

»Sorg dich nicht«, hatte er nur gesagt.

Mehr hatte ich aus ihm nicht herausbekommen. Am zweiten Tag meines Jerusalemer Aufenthaltes erschienen noch vor dem Frühstück zwei junge Männer in sauberen blauen Overalls und mit je einem Werkzeugkasten. Sie riefen das Zimmermädchen und sagten ihr, daß alle Telefone in den Zimmern auf dieser Gangseite kaputt seien. Sie solle bitte alle Türen öffnen. Tatsächlich hatten die Apparate alle einen leichten Defekt, und die Männer gingen nun von Zimmer zu Zimmer, um sie zu »reparieren« – die Haganah hatte sie zur Tarnung sabotieren lassen –, und kamen dann zum Schluß in mein Zimmer. Hier verschlossen sie hinter sich die Tür, flüsterten mir auf Iwrith zu, daß ich dableiben solle, und öffneten den Kleiderschrank. Im Handumdrehen hatten sie an dessen Rückwand hinter meinen Kleidern ein zweites Telefon installiert, und einer der beiden sagte zu mir: »Dein direkter Draht zu Harry Beilin! Er selbst wird dich nicht anrufen, es wird also nie klingeln, aber du mußt jeden Morgen um Punkt sechs Uhr den Hörer abnehmen, dann ist er dran und gibt dir die Anweisungen durch.« Dann wechselte er noch blitzschnell das Schrankschloß aus, gab mir den Schlüssel und sagte: »Den mußt du immer bei dir tragen, laß ihn ja nie in fremde Hände kommen.«

Das Telefon funktionierte tatsächlich wie eine Schweizer Uhr. Sowie ich um Punkt sechs den Hörer abhob, hörte ich schon Harrys Stimme: »Play down …, play up …«, wonach er, ohne ein weiteres Wort zu verlieren, wieder einhing, während ich mir noch Notizen machte.

Mein Aufenthalt im King-David-Hotel war ziemlich abenteuerlich und durchaus nicht immer angenehm. Gleich gegenüber dem wunderschönen Garten, der sich über die ganze hintere Front des Hotels erstreckte, standen auf den Mauern der Jerusalemer Altstadt arabische Scharfschützen, so daß man den Garten überhaupt nicht betreten konnte. Die Engländer nannten diese Schützen »trigger happy«, was bedeutete, daß sie Anfälle von Schießwut hätten. Mein Zimmer ging zur Gartenseite hinaus, lag also im Visier der Araber, und einige Scheiben des Hotels waren bereits zerschossen. Gott sei Dank war aber niemand getroffen worden. Mein Schreibtisch, ein schweres antikes Möbel, stand direkt neben dem Fenster, und ich konnte ihn in diesem kleinen Zimmer beim besten Willen nirgendwo anders hinstellen. So mußte ich also notgedrungen auf diesem gefährlichen Platz direkt neben dem Fenster sitzen und klopfenden Herzens meine Arbeit machen; durch die dünnen Gardinen konnte ich die Schützen auf den Mauern einzeln ausmachen.

Als die UNO das Hotel für sich requiriert hatte, war fast das gesamte Personal entlassen worden. Übrig waren ein Koch mit ein paar Küchenhelfern und eine Handvoll sonstiges Personal. So ließen der Zimmerdienst und die allgemeine Sauberkeit zu wünschen übrig. Die Folge war, daß man abends zum Beispiel, wenn man in der prunkvollen, mit wertvollen Teppichen ausgelegten Lobby saß, immer mal wieder eine riesige Ratte herumrennen sah, woraufhin einige der Sekretärinnen in hysterisches Kreischen ausbrachen. Der Speisesaal war schon damals, wie heute noch, mit großen runden antiken Tischen ausgestattet, an denen jeweils feste »Stammtisch«-Runden saßen, bei denen es immer lebhaft und lustig zuging. Ich war tatsächlich die einzige Jüdin unter sechzig Mitarbeitern, und das vergleichsweise köstliche Essen war für mich alles andere als ein Genuß. Ich saß alleine an einem kleinen, in eine Ecke gepferchten Tisch direkt an der großen zugigen Glastür. Es war Januar, und ich fror mich dort halbtot, da ohnehin im ganzen Hotel kaum geheizt war. Grand hatte mich zwar vor dem Hausarrest gewarnt, ich hatte jedoch nicht damit gerechnet, daß ich auch im Hotel menschlich vollkommen isoliert sein würde. Fast alle mieden den Kontakt zu mir, Grand hatte recht gehabt: Ich war als Jüdin, und dazu als einzige, verdächtig. Von den Tischgesprächen um mich herum, die sich meistens um den Frieden zwischen Juden und Arabern drehten, schnappte ich nicht selten Ausdrücke auf wie: »Fuck the jews!«

Grand war meine Situation sichtbar peinlich, und er kam des öfteren nach dem Essen zum Kaffee an meinen Tisch und unterhielt sich freundschaftlich mit mir, aber doch ein wenig verlegen. Sogar Herr Fischer, der mir die rettende Sprachprüfung via Radio beschert hatte, wagte sich ein oder zweimal in meine Gesellschaft.

Ein viel besseres Verhältnis hatte ich zu Robert McNamara, der später Verteidigungsminister der USA werden sollte. Außer ihm, der öfters Gast im King David war, durfte dort nur noch die sehr betagte Mrs. Guest wohnen, die Mutter eines Senators, der den Spitznamen »poloplaying guest« hatte. Durch die Protektion ihres Sohnes wurde Mrs. Guest mit ihrer »Privatsekretärin«, wohl eher eine Privatpflegerin, im Hotel geduldet. Seit Jahrzehnten schon pilgerte sie einmal im Jahr nach Jerusalem und seit jeher ins King David. McNamara und diese beiden Damen sollten außer Grand und Fischer meine einzigen Gesprächspartner während meiner ganzen Jerusalemer Zeit sein.

Da ja Ausgangssperre bestand, zog sich McNamara jeden Abend zu einem Drink in die Hotelbar zurück. Er saß dort an einem einsamen Tischchen und schien sich mächtig zu langweilen. Die übrigen Gäste wagten sich nicht in die Nähe des hoheitsvoll aussehenden Amerikaners, geschweige denn, ihn einfach anzusprechen. Auch ich saß dort allein an einem Tisch, ebenfalls einen Drink vor mir. Abends machte man sich fein, und auch ich versuchte, aus meiner Garderobe das beste zu machen. Er dachte wahrscheinlich, daß ich ebenfalls ein hohes Tier sei, da ich wie er nicht in Begleitung war. Bald trafen sich unsere Blicke, und wir lächelten uns zu. Das Lächeln bewirkte, daß er sich zu mir setzte. Natürlich brauchte er sich nicht vorzustellen, und als er mich um meinen Namen bat, reichte ich ihm eine kleine Visitenkarte.

Mit hochgezogenen Brauen las er laut: »Graphologin? Glauben Sie tatsächlich daran?«

So kamen wir ins Gespräch, das auch in Zukunft, wann immer er sich in Jerusalem aufhielt, nie abreißen sollte.

Auch Mrs. Guest wurde gemieden, dies aber wegen ihrer lauten skurrilen Ansprachen, die sie fortwährend ungefragt hielt. Sie frequentierte zwar nicht die Bar, lauerte mir aber mitsamt ihrer Sekretärin jeden Nachmittag kurz nach fünf Uhr auf, wenn ich meine Übersetzungen zu Grand brachte. Sie sprach sehr viel über den Heiland und daß er ihr geweissagt hätte, daß sie persönlich dem Heiligen Land den Frieden bringen würde. Sie hatte sich eine Liste aller Staatsoberhäupter anfertigen lassen und bestand darauf, jedem von ihr entworfene Botschaften zu telegrafieren.

Wenn sie die »Telegrafier-Wut« überkam, war sie nicht zu halten, und auch die Ausgangssperre hielt sie nicht davon ab, eilenden Schrittes die naheliegende Hauptpost, die auch nachts geöffnet war, aufzusuchen. Sie schien so einflußreich zu sein, daß keiner ihr zu widersprechen oder sie gar aufzuhalten wagte. Zu meinem Mißvergnügen bestand sie darauf, daß nicht nur die Sekretärin, sondern auch ich sie auf diesen Ausflügen begleiten solle. Sie suchte sogar Monsieur Grand deswegen auf, der sich natürlich ihren Wünschen nicht widersetzte ... So willigte ich wohl oder übel ein, denn die Gefährlichkeit einmal beiseite lassend, war dies für mich die einzige Gelegenheit, vor die Tür zu kommen. Mrs. Guest war sich in ihrem Wahn keiner Gefahr bewußt, aber ihre Sekretärin pflegte auf dem ganzen Weg zur Hauptpost zu zittern und sich unablässig zu bekreuzigen.

Ich erinnere mich besonders an eine Nacht, wo wir, begleitet von zwei extra für uns abgestellten UNO-Wachposten, bei Eiseskälte und in strömendem Regen, mit Taschenlampen ausstaffiert die nur spärlichst beleuchtete Post erreichten, während wir in der Nähe dauernd Schießereien hörten. Mrs. Guest klebte ihre mit Bleistift geschriebenen Bittbotschaften, dem Heiland bei seinen Friedensbestrebungen zu helfen, auf Telegrammformulare und adressierte sie an den König von Jordanien, den König von Saudi-Arabien, den Präsidenten der Emirate am arabischen Golf, an den Schah von Persien und weitere Honoratioren. Der Text war so skurril, daß wir alle, auch unsere »Bodyguards« und der Beamte am Telegrammschalter, das Lachen kaum unterdrücken konnten. Sie blätterte unzählige Dollars hin, und angesichts des listig-fröhlichen Lächelns des Beamten kamen mir Zweifel, ob jemals eines dieser Telegramme sein Ziel erreichen würde. Ich hatte den Verdacht, daß er lieber seine Taschen »grün füttern« würde, als diesen Blödsinn weiterzuleiten. Jedenfalls beklagte sich die Dame fortwährend, daß sie niemals eine Antwort auf ihre »wichtigen« Botschaften bekäme.

Ihre Phantastereien steigerten sich zu regelrechten Halluzinationen. Eines Nachts wurden wir durch lautes hysterisches Geschrei geweckt. In Nachthemden und Pyjamas stürzten wir aus den Zimmern. Aus der hinteren Suite erschien Mrs. Guest mit hoch erhobenen Händen in einem vollkommen durchsichtigen Negligé, gefolgt von ihrer treuen Sekretärin in einem ebenso durchsichtigen Gewand, und kreischte: »Jesus, I'm coming! Jesus, I'm coming!« Ihre Begleiterin versuchte vergebens, sie zu bändigen, aber da war sie schon an der Treppe und im Begriff, sich wie von Sinnen hinunterzustürzen. Einige Herren sprangen hinzu, um sie zu überwältigen, und während sie sich abwechselnd an den einen, dann den anderen klammerte, schrie sie »Jesus! Jesus!« Schließlich gelang es mit vereinten Kräften, sie in ihre Suite zurückzubringen, und der bald herbeieilende Arzt verordnete ihr Medikamente, die dafür sorgten, daß sich solch ein Auftritt nicht wiederholte.

Eines Tages bat ich Monsieur Grand um Erlaubnis, einen Buchladen aufzusuchen. Da er selber ein Bücherwurm war, zeigte er Verständnis, forderte aber zwei Wachen an, die mich begleiten sollten. Ich wollte mir ein neu erschienenes Wörterbuch zulegen und machte mich mit den UN-Soldaten auf den Weg. Unterwegs traf ich Reuven, einen guten alten Freund, den ich freudig begrüßen wollte. Aber schon stellten sich die Wachen zwischen uns und unterbanden den Kontakt. Mir war die Freude am »Ausgang« vergangen, und von da an blieb ich immer im Hotel und wartete sehnsüchtig auf die Freitagnachmittage, an denen ich im weißen UN-Auto nach Haifa gefahren wurde. Ungeduldig und immer leicht besorgt standen Walter und Eli auf der Terrasse und warteten auf mein Kommen. Das bloße Zusammensein mit meiner kleinen Familie war jedes Mal ein Fest, da wir während der Woche ständig umeinander bangten. Walter hatte wie ich auch noch keine festen Wurzeln in dieser neuen Heimat geschlagen, und zu Deutschland waren alle Brücken abgebrochen. Unsere wirkliche Heimat fanden wir nur jeder in den Armen des anderen.

Mit der Zeit gingen mir die Übersetzungen immer leichter von der Hand, und oft hatte ich Freude an der Arbeit. Ich frisierte meine Texte zwar nach Harrys Anweisungen, hatte aber dennoch das Gefühl, eine nützliche friedensfördernde Arbeit zu vollbringen, die mit eigentlicher Spionage Gott sei Dank nichts mehr zu tun hatte. Weiterhin litt ich jedoch sehr unter meiner Einsamkeit in den Prunkräumen des King David.

Eines Freitags stand das weiße UN-Auto schon gegen Mittag bereit, viel früher als üblich. Es war wie immer ein großer Kastenwagen. Der Chauffeur saß in einer erhöhten, nach hinten abgeschlossenen Fahrerkabine, die Passagiere saßen hinten auf zwei sich gegenüberliegenden Bänken. Um dort hineinzugelangen, mußte man zwei hohe Stufen hinaufklettern. Ich stand schon am Auto, als sich der Fahrer, ein sehr großer blonder Amerikaner, leicht torkelnd näherte. Es war offensichtlich, daß er nicht ganz nüchtern war. In letzter Minute, ich saß schon hinten, sprang noch ein Fahrgast herein, schlug die Türen hinter sich zu und setzte sich mir gegenüber. Es war ein mir unbekannter französischer Offizier, der mich höflich grüßte, mit dem ich jedoch aus der Gewohnheit heraus, gemieden zu werden, keinerlei Gespräch suchte. Wir fuhren die lange abschüssige Strecke von Jerusalem hinunter durch das Wadi Bab el Wad, ein Wadi, das noch heute traurige Kriegserinnerungen weckt. Zu beiden Seiten der

Schlucht lagen Autowracks, die man dort bis zum heutigen Tag hat liegenlassen, als Denkmal für die unzähligen jungen Leute, die damals bei dem Versuch, das belagerte Jerusalem zu versorgen, ihr Leben gelassen haben.

Mit einem Mal geriet der Wagen bedenklich ins Schleudern. Der Offizier blickte mich groß und erstaunt an, zuckte dann mit den Schultern und sagte nichts. Wir näherten uns allmählich dem Ende des Wadi. Fuhr man weiter geradeaus, kam man direkt in arabisches Gebiet, was für jeden Juden lebensgefährlich sein konnte. So fuhr man statt dessen in einer scharfen Linkskurve einen Umweg, und auch die UN-Chauffeure hatten strikte Anweisungen, diesen Umweg zu nehmen. Unser Fahrer war mir zwar nicht ganz geheuer, aber Angst hatte ich nicht, die Strecke von Jerusalem Richtung Küste und dann weiter nach Haifa war Routine. Ich machte mich also auf die besagte Kurve gefaßt, die alle Fahrer ausnahmslos ohne abzubremsen nahmen, da fuhr mir ein Todesschreck in die Glieder: Wir rasten geradeaus weiter, ins arabische Gebiet! Ich sprang sofort auf und hangelte mich in dem rumpelnden Auto nach vorne zur Trennscheibe, aber es gelang mir nicht, sie zu öffnen. Der Offizier kam mir aber zu Hilfe, und ich schrie den Fahrer an: »He! Stop! Ich bin Jüdin! Ich darf nicht in dieses Gebiet, kehren Sie sofort um!!«

Er blaffte zurück: »Dam you! I will hier zum arabischen Pub, meine girlfriends warten auf mich, und ich brauche jetzt ein Bier.«

Außer mir schrie ich weiter: »Sie haben den strikten Befehl, mich nur durch jüdisches Gebiet zu fahren!!«

Er drehte den Kopf und rief: »Fuck the Jews!«

Diesen Ausdruck hatte ich ja schon öfters gehört, aber nie in einer so gefährlichen Situation. Ich sagte tonlos zu dem Offizier: »Das wird für mich lebensgefährlich«, aber er antwortete zuversichtlich: »Machen Sie sich keine Sorgen, ich beschütze Sie.«

Zitternd kauerte ich mich auf die Bank, da waren wir schon mitten in einer arabischen Siedlung und kamen vor einer Spelunke zum Stehen, aus der orientalische Musik und Grölen bis zu uns zu hören waren.

Der Fahrer sprang aus dem Wagen und rief schon in der Eingangstür: »I've got a couple of Jews in the car!«[*]

Vor mir lag die enge Dorfstraße, und ringsherum waren nur Felder – wenn ich jetzt weggelaufen wäre, hätte ich nur eine lebende Zielscheibe abgegeben. Neugierige sammelten sich bereits um das Auto, und da riß auch schon einer die hinteren Türen auf. Viele Augen glotzten uns an, es wurde wild durcheinander geredet und gelacht und ein paar waren dabei, zu uns hineinzudrängen, einer fuchtelte mit seinem Dolch herum. Mit einem Satz sprang der Offizier zur Tür und zog einen Revolver aus seinem Gurt, den ich bis dahin überhaupt nicht bemerkt hatte. Der Araber ließ seinen Dolch fallen, hob die Hände und stand wie erstarrt, und als der Offizier mit schneidender Stimme »Raus hier!« rief, verzog sich die Menge auch schon und konnte nicht schnell genug in die Spelunke zurücklaufen. Unser Chauffeur war nirgends zu sehen. Aber er hatte den Schlüssel stecken lassen, was auch meinem Mitfahrer aufgefallen war. Er rief mir zu, mich gut festzuhalten, sprang aus dem Auto heraus, eilte in die Fahrerkabine, und schon startete der Wagen. Mit kreischenden Reifen drehte der Franzose um und raste den Weg zurück Richtung Bab el Wad.

Wie gelähmt, hielt ich mich krampfhaft auf der harten Rückbank fest, und erst nach der Kreuzung, wo wir vorhin in das jüdische Gebiet hätten abbiegen müssen, realisierte ich, daß ich wieder einmal einen Lebensretter gehabt hatte. Ich rutschte auf der Bank nach vorne und versuchte, das Fahrgeräusch zu übertönen: »Merci!« rief ich mehrmals, er aber antwortete nur mit einer abwehrenden Handbewegung: »Ça va, ça va.« Eigentlich sollte unsere heutige Route über Tel Aviv gehen, weil er dort aussteigen wollte, jetzt aber bog der Offizier schon im Landesinneren nach Norden ab und fuhr mich direkt nach Haifa. Zu Hause angekommen, bat ich ihn inständig, mit hineinzukommen, er lehnte jedoch ab und sagte, er würde dringend erwartet und mache sich

[*] »Ich hab hier ein paar Juden im Auto!«

sofort auf den Weg Richtung Süden, nach Tel Aviv. Ich versuchte, Worte zu finden, um ihm zu danken, stammelte aber nur: »Wie soll ich Ihnen danken? Sie haben mir das Leben gerettet. Ihr Mut ist großartig.« Er lächelte und sagte charmant: »Was tut man nicht alles für eine Dame. Glauben Sie mir, in der Fremdenlegion habe ich Schlimmeres erlebt.« Und wieder ging ein Schutzengel von mir, ohne daß ich ihn jemals in meinem Leben wiedergetroffen hätte.

Walter sah mir sofort an, daß etwas passiert war: »Was ist denn los?« fragte er als erstes.

Ich schilderte ihm aufgeregt meine Erlebnisse und machte meiner Empörung über den betrunkenen amerikanischen Chauffeur entsprechend Luft. Fast fiel es mir schwer, mein Erlebnis zu beschreiben, so unwirklich kam mir alles im Nachhinein vor.

Walter sagte plötzlich mit aller Entschiedenheit: »Jetzt ist Schluß. Du gehst nicht mehr zurück!«

»Um Gottes Willen, was wird Aharonchik sagen?«

»Den rufe ich jetzt sofort an. Der soll mal herkommen.«

Und tatsächlich, Aharonchik erschien umgehend, und nachdem Walter ihm erzählt hatte, was passiert war, schloß er sich spontan an: »Du bleibst jetzt hier. Die schließen sowieso sehr bald die Bude.«

Ich war erleichtert, und doch hatte ich ein unangenehmes Gefühl, daß ich meiner Aufgabe einfach den Rücken kehren sollte.

Aharonchik redete mir zu: »Wir stellen bereits eine reguläre Armee auf die Beine, da wirst du sehr bald deinen Platz finden. Wir brauchen Leute wie dich im Verfassungsschutz, das ist nicht mehr Spionage. Und eine Graphologin ist hierbei unbezahlbar.«[*]

Ich starrte ihn ungläubig an: »In die Armee?? Du meinst in Uniform?«

---

[*] Damals gab es nur drei Graphologen im ganzen Land, Dr. Naphtali, Chava Razon, von denen schon die Rede war, und mich.

»Ja, natürlich«, Aharonchik lächelte, »die wird dir gut stehen.«
»Nee, dazu kriegen mich keine zehn Pferde. Hast du vergessen, daß ich Pazifistin bin? Ich war bereit, unserem Volk zu helfen, weil wir mit dem Rücken zur Wand standen. Wenn wir nachgegeben hätten, hätte man uns doch ins Meer gejagt. Ich war nolens volens eine Spionin – aber Teil eines uniformierten Heeres werden? Nie im Leben, das paßt nicht zu mir!«

Arno Lustiger
Zum Kampf auf Leben und Tod!
Vom Widerstand der Juden 1933-1945
dtv 30097

Die erste umfassende Darstellung des von Juden in ganz
Europa geleisteten Widerstandes gegen den nationalsoziali-
stischen Terror. Damit wird das weit verbreitete Bild von der
Passivität der Opfer gründlich revidiert. In den zwölf
Kapiteln des Buches werden Gruppen und Einzelkämpfer in
Deutschland, in Polen, in den Vernichtungslagern, im Balti-
kum und in der Sowjetunion, in Süd- und Südosteuropa, in
Frankreich, Holland und Belgien geschildert. Aus den zahl-
reichen Zeugenberichten, Kurzbiographien und Dokumen-
ten wird die Vielfalt des jüdischen Widerstandes beeindruckend deutlich.

»Lustigers Buch kommt das unzweifelhafte Verdienst zu, den
tatsächlichen Umfang des verzweifelten, meist aussichtslosen
Widerstands europäischer Juden gegen ihre Auslöschung
dokumentiert und darüber hinaus zahlreiche Gruppen und
Einzelkämpfer der Namenlosigkeit entrissen zu haben.«
(Eva-Elisabeth Fischer, Süddeutsche Zeitung)

»Zu sagen, es wäre ein wichtiges Buch, ein gelungener Versuch, Versäumnisse hauptamtlicher Forscher nachzuholen,
wäre zwar richtig, aber eine freche Untertreibung. Es ist eine
gigantische Fleißarbeit von höchstem Gebrauchswert.«
(Henryk M. Broder, Die Woche)

dtv

Inge Deutschkron im dtv

Das Lebensschicksal einer engagierten Journalistin – ihre
Kindheit als jüdisches Mädchen in der Nazizeit und ihr
Leben nach dem Überleben.

Ich trug den gelben Stern
dtv 30000

Ein unprätentiöser Bericht über das verzweifelte Leben und
Überlebenwollen eines jüdischen Mädchens in Berlin. Ent-
rechtet und verfolgt, befürchtet die Familie jeden Moment
Deportation und Tod. Ein Leben in der Illegalität beginnt,
unter fremder Identität, lebensbedrohend auch für die
Freunde, die ihnen Beistand gewähren. Nach Jahren quälen-
der Angst vor der Entdeckung haben Inge Deutschkron und
ihre Mutter den bürokratisierten Sadismus des nationalsozia-
listischen Systems überlebt: zwei unter den 1200 Juden in
Berlin, die dem tödlichen Automatismus entronnen sind.

Mein Leben nach dem Überleben
Die Fortsetzung von ›Ich trug den gelben Stern‹
dtv 30460

Wie richtet sich Inge Deutschkron ihr Leben nach 1945 ein?
Wie geht ihre Geschichte weiter? „Ich malte mir ein Idealbild
vom neuen Deutschland aus – ein Deutschland, in dem es
einen neuen Geist geben würde. Erfahrung hatte ich zwar im
Kampf ums Überleben, aber, wie sich bald zeigen sollte, war
ich sehr naiv, was des Lebens Wirklichkeit betraf." Die streit-
bare Journalistin gibt in diesen Aufzeichnungen ein spannen-
des Zeitzeugnis der fünf Jahrzehnte vom Kriegsende bis in die
Gegenwart, die gerade auch in ihren persönlichen Erlebnissen und durch ihre unbestechliche, ungewöhnliche Sicht-
weise begreifbar werden.

dtv